時がつくる建築
リノベーションの西洋建築史

加藤耕一

Architecture in Time:
Survival of buildings
through history and social change

Koichi Kato

東京大学出版会

Architecture in Time:
Survival of buildings through history and social change
Koichi Kato
University of Tokyo Press, 2017
ISBN 978-4-13-061135-0

時がつくる建築　目次

はじめに

建築は「粗大ゴミ」ではない

本書の前提にあるのは、近代という時代はもう幕を閉じようとしているのではないか、われわれは近代と次なる時代のあいだの過渡期に立っているのではないか、という問いかけである。ここでいう近代とは、簡単にいえば「成長時代」としての近代である。

大局的に見れば、「いま」という時代は成長時代から縮小時代への歴史的転換期にあたるといえそうである。むろんグローバルには、アジアの一部やアフリカなど、まさにいま成長のまっただなかにある地域も残っている。しかし、先進国は成長期を終え成熟期に入っているのであり、「成長」「成熟」という比喩が示しているとおり、成熟した「大人」がフィジカルな「成長」を望み続けても、発達するのは胴回りばかりであろう。

縮小時代のわれわれが直面しているのは、人口減少、少子高齢化、縮小《シュリンク》する都市、郊外・地方都市の空洞化、空き家問題などである[1]。これは近代の建築が直面していた問題とは正反対のベクトルを有する問題といえる。成長時代の最中には、人口爆発、都市のスプロールこそが問題であり、二度の大戦を経て世界中で住宅の大量供給が問題となった。モダニズムと呼ばれる二〇世紀前半の建築は、まさにこれらの問題を解決するために登場し、二〇世紀後半になると、成長し続ける都市に対していかに建築的に対応するかということが、いっそう大きなテーマとなった。

二〇世紀の建築問題、都市問題を解決してきた方法論は、東南アジアやアフリカに持ち込めば、いまでも有効かもしれない。しかし翻って、日本はどうなるのか。二〇世紀的な方法論の持続は、われわれを幸せにしてくれるだろうか。

同じ「成熟期」にある欧米と日本を比較したとき、日本人の建築観はきわめて異質であるように思われる。日本の住宅はたとえば三五年の住宅ローンの支払いが終わったとき、支払った総額分の価値を有していない。築三五年の住宅の資産価値は驚くほど低い。その住宅が建つ土地を不動産売買しようと思うと、古い住宅の取り壊し費用がかかるため、更地にしてから売った方が高く売れるという。住宅はほとんど粗大ゴミ扱いである。また、全国の空き家率は二〇〇〇年頃を境に一〇%を超え、ますます増え続けている[2]。それらの空き家はいま、やっかいな粗大ゴミとして、いかに撤去すべきかが検討されている。

しかし欧米では、住宅に対する投資額と資産額が一致することも多いようだ。すなわち欧米では古い住宅は粗大ゴミではない。それどころか、投資額に見合った価値ある資産として、中古住宅が不動産市場で売買されるわけである。筆者が留学時代にパリで出会った不動産業者も、「パリのアパルトマンは買った額と同じ値段で売れますよ」と言っていた。残念ながら彼は営業する相手を間違えていたが……。

欧米人と日本人の中古住宅に対する感覚の違いはいったいどこから来るのだろうか。日本人には伝統的、文化的に新築信仰がそなわっていて、それは変えることができないものなのだろうか。たしかに日本には伊勢神宮がある。二〇年に一度、新築してピカピカの社殿に神様をお迎えする式年遷宮で有名な、日本の伝統を体現する建築である。だが一方で日本には法隆寺もある。傷んだ部材を交換しながら、一三〇〇年以上建ちつづける世界最古の木造建築である。また日本には侘び寂びのような古びたものを愛でる文化的伝統もあったはずである。たとえ日本の伝統的な木造建築が、西洋の伝統的な石造建築に比べて寿命が短いように見えたとしても、世界最古の木造建築を擁する日本人としての誇りをもっと持ってもよいのではなかろうか。

こういうと、法隆寺は積年の部材交換の繰り返しで一三〇〇年前の木材などほとんど残っていないのではないか、という意地の悪い反論が聞こえてきそうである。しかし石造建築でも、木造建築に比べれば少ないものの、割れたり欠けたりした石材は取り替えて修理されることも多い。木造と石造の差は程度の問題であり、根本的な違いではないのだ。

本書の試みは、このような日本人の建築観、価値観に対する挑戦である。古くなったものを捨て新しいものを求める価値観は、二〇世紀の日本に特有の異常な価値観だったのではないか。むろん、新しいものに喜びを感じる心は日本人に限ったことではないだろう。しかし、「うちは古家で恥ずかしい」という日本人の感覚と、古い住宅が不動産業界で高値で取引される欧米人の感覚の差から見えてくるものは、日本人の無意識下に潜む、新旧のあいだの価値のヒエラルキーである。すなわち、新しいものが善で、古いものが悪という前提があるのではないか。

それはおそらく、多くの日本人に共通する価値観であろう。そして、欧米では現に古い住宅が高値で取引されていると知ると、きっとこう言うのである。「日本の建物と欧米の建物は違うからね」と。しかし、日本が西洋化する以前の、欧米とは違うつくりかたの時代の建物、すなわち明治以前の木造建築はすでにそのほとんどが文化財級の存在であり、ここで論じられている不動産売買の対象ではない。問題となっているのは日本が近代化し、西洋の建築を学ぶようになったあとの建物なのである。つまり違っているのは建築そのものではなく価値観なのだ。そしてその価値観はおそらく日本の伝統的な価値観ですらない。ここではそれを「二〇世紀的価値観」と呼んでみることにしたい。目指すべきは、二〇世紀的価値観からの脱却である。

リノベーション≠建築の再利用

本書の中心的な主題は、既存建物の再利用である。二〇世紀末以来の経済停滞と呼応するように、わが国でも「リノベーション」という言葉がしばしば聞かれるようになった。一般の人からすると、まだまだ「リノベーション」は業界用語に聞こえるようだが、古い物に手を入れるという意味で、じつは欧米では普通の人が当たり前に使う言葉である。一方日本でも、建築の世界では「リノベーション」はもうすっかり普通名詞である。だが建築の世界でもまだ、仕事としてのリノベーションは新築の仕事とはまったく別の、一段低い位置に見られているように思われる。つまり、リノベーションなんて最近の経済状況に応じて流行してきたニッチな隙間産業くらいの存在でしかない、というわけだ。

しかし果たして本当にそうなのだろうか。本書が提示したいのは、建築の長い歴史から見れば既存建物の再利用もまた、きわめて本質的な建築行為であったということ、そしてスクラップ&ビルドの新築主義がリノベーションより上位に見えてしまう価値観の方こそ、二〇世紀的建築観によってもたらされたわずか一世紀の流行に過ぎないのではないか、という仮説である。本書が明らかにするように、西洋の建築の歴史を繙くと、数々の既存建物の再利用の事例が登場する。しかしそのことはこれまで、ほとんど注目されることはなかった。二〇世紀的価値観のなかでは、必要のない論点だったからである。むしろこれまでの建築史研究は、歴史上の建築家がいかに新しい建築を創造したのかということに光を当ててきた。だが歴史上の建築家たちは、どうやら新築もリノベーションも、いずれも重要な建築的創造行為として、その能力を振るってきたのである。おそらく欧米の人々は、その歴史をごく当たり前に理解しているのではないだろうか。建築は新築がすべてではない、古い建物を再利用して現代的な建築に生まれ変わらせることが、建築のもうひとつの側面であるということを。

一方、日本が伝統的な「大工」と「建物」の世界から、西洋風の「建築家」と「建築作品」にシフトしてからの歴史はきわめて浅い。だがそのシフトは徹底的なものであり、この一世紀のあいだに日本人は「二〇世紀的建築観」を強固なものにしてきた。われわれ日本人は西洋における既存建物再利用の歴史をほとんど知らず、翻って日本の伝統的木造建物が部材の再利用を繰り返してきた歴史とも、現代社会は断絶していると感じている。建築といえば新築のことであり、古い建物を使い続けることを恥ずかしいと感じている。最近では世の中に古い建物を魅力的に再生した事例が増えてきているにもかかわらず、それはごく一部の文化的な場で起こっている特殊事例に過ぎず、わが家とは関係のない出来事だと感じている。ふたたび「欧米と日本は違うからね」という感覚の登場だ。こうして既成概念の檻に自らを閉じ込め、そのくせ新築とリフォームのあいだに厳然たるヒエラルキーを打ち立て続けるのは、不幸なことではないだろうか？

筆者の専門は西洋の建築の歴史であり、日本の伝統的な建築の再利用の歴史について論じることはできない。しかしまずは西洋の建築における再利用の歴史を知ることで「二〇世紀的建築観」から脱却することができれば、次のステップに進めるのではないかという漠とした期待を抱いている。

（1）これらの問題を扱った以下の書籍に、本書執筆の大きな刺激を受けた。松村秀一『建築―新しい仕事のかたち――箱の産業から場の産業へ』彰国社、二〇一三年、大野秀敏＋ＭＰＦ『ファイバーシティ――縮小の時代の都市像』東京大学出版会、二〇一六年。

（2）現代日本の中古住宅市場が直面している問題については以下の論考を参照。島原万丈「日本の住宅市場の課題と成長可能性――なぜ今、リノベーションなのか？」『STOCK & RENOVATION 2014』HOME'S総研、二〇一四年。

1章　建築時間論の試み

1　既存建物に対する三つの態度

「再開発」「修復／保存」「再利用」

「近代」という成長時代から、縮小時代への歴史的転換点である現在、建築の世界では「既存ストックの活用」「空き家問題」など、二〇世紀にはまったく考えられなかった問題が最重要課題となりつつある。このことは、歴史的に見ると、近代的な建築観を根本から改めなければならない時代に、われわれが直面しているということを示しているといえるだろう。

本書の主題は、建築の時間論である。「時が建築をつくる」という観点から建築の歴史を見つめ直することで、建築に対する人々の価値観がどのように変化してきたのかを明らかにしていきたい。この問題にアプローチするために、まずは古くなった建物に対する態度を「再開発」「修復／保存」「再利用」の三者に分けるところからはじめてみたい（図１－１）。

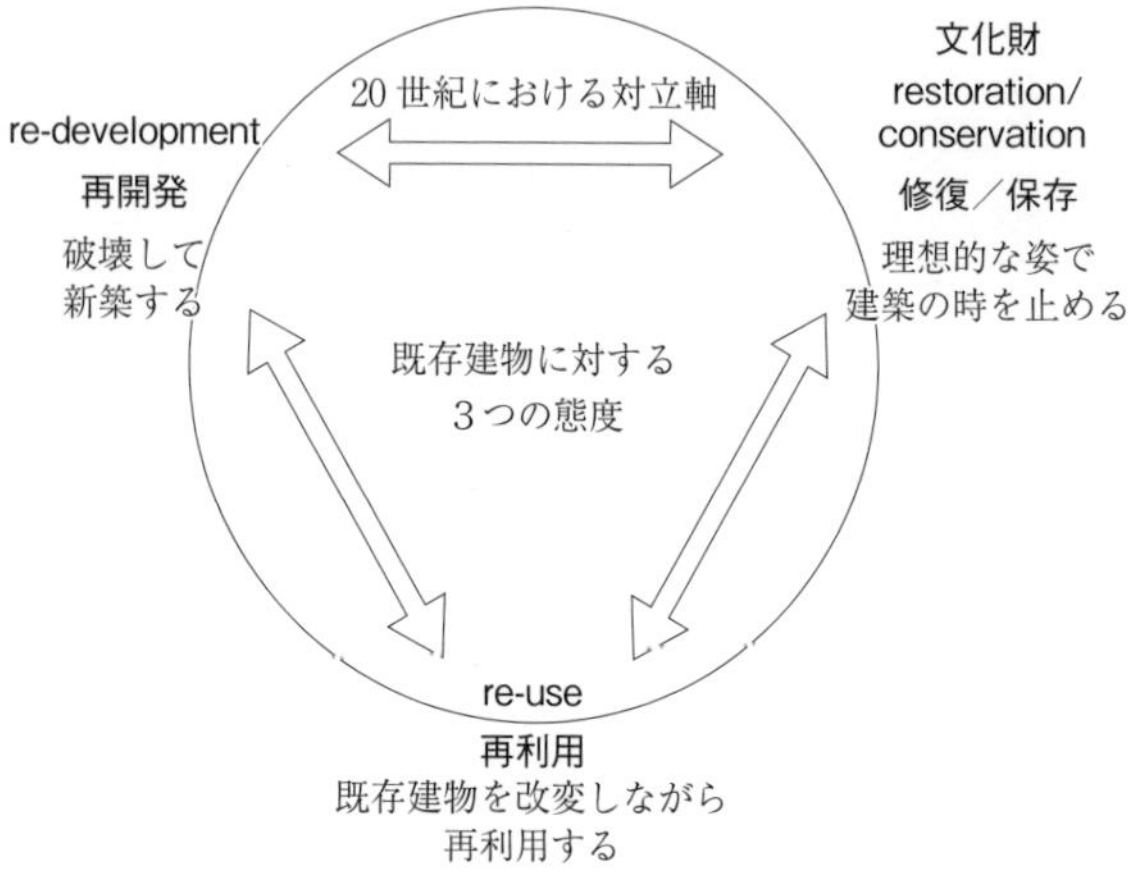

図1-1　既存建物に対する3つの態度

一九世紀から二〇世紀にかけての圧倒的な成長時代においては、既存建物に対する態度として大勢を占めていたのは「再開発」であった。時を経て古くさくなり、時代の要請にあわないために使いにくいと判断された建物は、「破壊して、新築する」という手法によって、消し去られていった。「再開発（re-development）」という手法は、さらなる発展、さらなる開発、さらなる成長を求める「近代」の精神を体現していた。こうした現象を支配していたのはいうまでもなく経済原理である。

こうした経済原理至上主義に対抗して、歴史的な建築が経済的価値観の荒波に揉まれ海の藻屑として消え去ることに歯止めをかけようとしたのが「保存」である。「保存」は、「再開発」が自らを正当化する経済原理に対抗する方便として、「文化財」という概念を産み出した。英語の heritage、フランス語のpatrimoineなど、文化財に相当する語は、本来「世襲財産」「相続財産」「遺産」などを意味する経済用語である。すなわち歴史的建築は人類が先祖代々受け継いだ「遺産」であるという、経済用語のメタファーを用いることで、歴史的建築の「価値」を訴えたわけである。日本語の「文化・財」という用語は、まさにこれを端的に表している。この「開発vs保存」から見えてくることは、成長時代(＝近代)において、経済原理、経済的価値がいかに絶対的なクライテリア(基準)になっていたかという事実であろう。「保存」は「文化・財」というメタフォリカルな概念を唯一の武器に、「近代」という開発のブルドーザーと闘い続けてきたわけである。

しかしいま、このブルドーザーの勢いに翳りがあらわれている。ようやく「保存」が有利に闘いを進めることのできる時代がやってくるのだろうか。どうもそういうことにはならないようだ。「保存」は「再開発」のアンチテーゼであり、表裏一体の関係にあった。一方が弱まれば他方も弱まらざるをえない。それに対して、「再利用」は「近代」の翳りと反比例して勢いを増してきている。リノベーションの流行という二〇世紀末に端を発する現象は、成長時代から縮小時代への転換を示す指標となっている。それどころか、ほかのどの分野にも先行して、建築分野だけがリノベーションによって「縮小時代」のあり方を実践しているともいえるだろう。

「再開発」と「再利用」

ここで「再開発」、「修復／保存」、「再利用」という三つの建築行為について、もう少し厳密な定義をしておきたい。

一般に「再開発」といった場合、それは都市的・面的な開発を伴う、大規模プロジェクトを指すことが多いが、本書では単体の建物、たとえ一軒の住宅であったとしても、「破壊して、新築する」という行為は「再開発」的な行為と見なすこととする。かつては「再開発」という言葉には「破壊と新築」という含意が当然のことどとして認められていた。再開発といえば、それは破壊を意味していたのである。しかし、近年の経済状況の変化のなかで、都市部の既存建物を「再利用」して、現代的なニーズ、テクノロジー、デザインに依拠して改変を行ったリノベーション事例が経済的な成功を収めるようになり、こうした事例も「都市の再開発」の新たな手法と見なされるようになってきている。しかしながら本書においては、こうした事例はあくまで「再利用」によるものであり、「再開発」とは別のものとして捉えたい。すなわち、かつては「再開発」によって実現されてきた都市の「再活性化(revitalization)」が、「再利用」によってもたらされるようになっているという事実こそ、現代の建築状況の大きな変化なのであり、この都市の再活性化の取り組みにおける新傾向を「再開発」という過去の概念で呼ぶことは議論を混乱させるのみと考えるからである。

二〇二〇年の東京オリンピックのメインスタジアム計画において、ザハ・ハディド設計の新国立競技場案が大きな議論を巻き起こしたことは、「再開発」と「再利用」の観点から見ても、きわめて重要な歴史的事件だったといえよう。本書の観点からすると、「再開発」(破壊して、新築する)と「再利用」(旧国立競技場のリノベーション)の対決という構図が、一時的にでも出現したという点において、この事件は歴史的な出来事だったといえそうである。五〇年前の東京オリンピックのメインスタジアムとしても使用された旧国立競技場の「再開発」問題において、文化財という観点による「保存運動」ではなく、古い競技場を「再利用」するリノベーション案が提案され、「再開発」案との闘いになりかけたことは、「開発vs保存」一辺倒だった二〇世紀とは異なる時代のはじまりとして歴史のなかに位置付けられることだろう。「再利用」案は、(一騒動あった後に)旧国立競技場が取り壊されたことによって早々に消滅するかたちとなったが、「もしも既存の競技場を再利用していたら違う未来があったかもしれない」という、「再利用」に未来を託す可能性が人々の心のなかに残り続けた事件だったといえるかもしれない。

「文化財」と「再利用」

他方、「修復/保存」と「再利用」の概念についても、整理しておく必要があるだろう。歴史的建造物の「保存」の場面でも、文化財を現代的なニーズのなかでいかに「活用」すべきかということは重要な課題である。(1) しかしながら、ここでいう文化財の「活用」の場面では、文化財の建物を改変する(部分的に破壊し、作り替える)ことなど、本質的には論外である。文化財の修復/保存の理念を定めた国際憲章であるヴェニス憲章には、次のように記されている。

記念建造物の保全は、建造物を社会的に有用な目的のために利用すれば、常に容易になる。それゆえ、そうした社会的活用は望ましいことであるが、建物の設計と装飾を変更してはならない。機能の変更によって必要となる改造を検討し、認可する場合も、こうした制約の範囲を逸脱してはならない。(2)

文化財保存の考え方は、歴史的建築を改変してはならないという理念を、その根幹に有している。それは当然のことである。放っておけば失われてしまう歴史的建築をいかに守るかということが、文化財制度の使命であった。文化財とは、経済原理一辺倒でモラルのない振る舞いをする企業や市民の建築行為を行政的に規制する仕組みであった。近年ではたしかに、この規制を緩和する仕組みもできている。しかしそれはあくまで「緩和」なのであって、前提にあるのは「改変するべからず」という理念である。

そこで本書では、この「文化財」の考え方と対置するために、既存建物の改変を必然的に伴うものとして「再利用」を定義したい。程度の差こそあれど、既存建物の「再利用」においては、既存建物の一部が古いまま残り、一部は新しいものに改変される。現代のリノベーションやコンバージョンは改変を前提としている点において、「再利用」に含まれることになるのである。

なぜわざわざこのような区分けをするのかというと、現代の都市の再活性化の試みのなかで「再開発」と「再利用」が重なり合ってきているように、現代社会に残された歴史的建築をいかに継承していくかという試みのなかでも「保存」と「再利用」は重なり合うようになってきているからである。たとえば英語圏でアダプティブ・リユーズ（adaptive reuse）と呼ばれる建築行為は、歴史的建造物を現代社会にうまく適応させることで、その歴史的継承と経済的成功の両立を目的とするもので、両者の境界を意図的にあいまいにする概念といえるだろう。

「再利用」の歴史性

しかしながら、わが国では（そしてじつは欧米諸国においても）、「保存」と「再利用」の溝はまだまだ深い。「保存」の対象となるのが「文化財」級の名建築であるのに対して、「リノベーション」の対象となるのはどこにでもありそうな住宅や団地、倉庫やオフィスビルなどばかりであるような印象が持たれがちである。また、「文化財級の名建築だから」と保存運動がわき起こった建物が、最終的にファサードなどごく一部が保存されて、大々的に改修される事例がある。これらは結果的には「再利用」事例といえるかもしれないが、「保存」側から見るとファサード主義（façadism）などといって批判され、妥協の産物あるいは保存の失敗例などと言われかねない。「保存」と「再利用」とをつなぐ回路はいまだ見えず、両者の主張はなかなか嚙み合わないままである。

またカタカナで「リノベーション」といったとき、単なる一過性の流行現象に過ぎないという印象を受ける人もいるかもしれない。日本のリノベーションは、一九九〇年代後半にその萌芽があらわれ、二一世紀のゼロ年代中盤に爆発的な広がりを見せるようになったものである。わが国におけるリノベーションの歴史はまだまだ浅い。

しかしながら「リノベーション」、すなわち既存構造物の再利用・転用という建築行為は、「近代」という驚くべき成長の時代を除けば、建築の歴史のなかで当たり前に繰り返されてきた、むしろ本質的な建築行為であったと考えることができそうである。建築史研究の分野においても、たとえばスポリア（spolia）と呼ばれる部材の転用・再利用への注目が近年ますます高まっている③。本書もまた、部材から構造物全体まで広く建築物を対象とした「再利用」に注目するものであり、建築の「再利用」が、歴史のなかでいかに幅広く行われてきたのかということに焦点を当ててみると、じつは驚くほどにそうした事例が多いことに気づかされる。

だが「近代」の建築観はその事実を巧妙に覆い隠し、あたかもすべての建築は、はじめに敷地（更地）が与えられ、そこで無から有を設計してきたかのように建築の歴史を物語ってきた。建築設計において、その場所の歴史的文脈、環境的文脈を重視すべきというコンテクスチュアリズムにおいてすら、「敷地」の歴史や「敷地」の周辺条件には気を配ったとしても、「敷地」という立脚点そのものは揺らがなかった。「敷地から考える」ことが設計のスタート地点であるというのが建築教育の基本であり、じつは「敷地」が生まれる前に、そこに「建物」があったということ、既存建物が破壊され更地にされたという「エピソード・ゼロ」には、ほとんど関心が払われることはなかった[4]。

一六世紀と一九世紀における、建築観の変化

都市の再開発という現象は、一六世紀以降の西ヨーロッパにおいて、顕著に登場してくる。中世に建設された高密度に建ち並んだ都市住宅が破壊され、新たな直線道路や広場といった「バロック的」要素が都市のなかに散りばめられる。こうした「破壊」を伴う「開発」に対して、「文化遺産」という観点から「保存」という概念が登場するのはようやく一九世紀になってからのことである。すなわち、「再開発 vs 保存」という対立は、一六世紀にはじまる既存建物に対する態度と、一九世紀にはじまる既存建物に対する態度の対立軸だったのである。

本書におけるもうひとつの重要な前提が、この歴史的な枠組みである。これはすなわち、既存建物

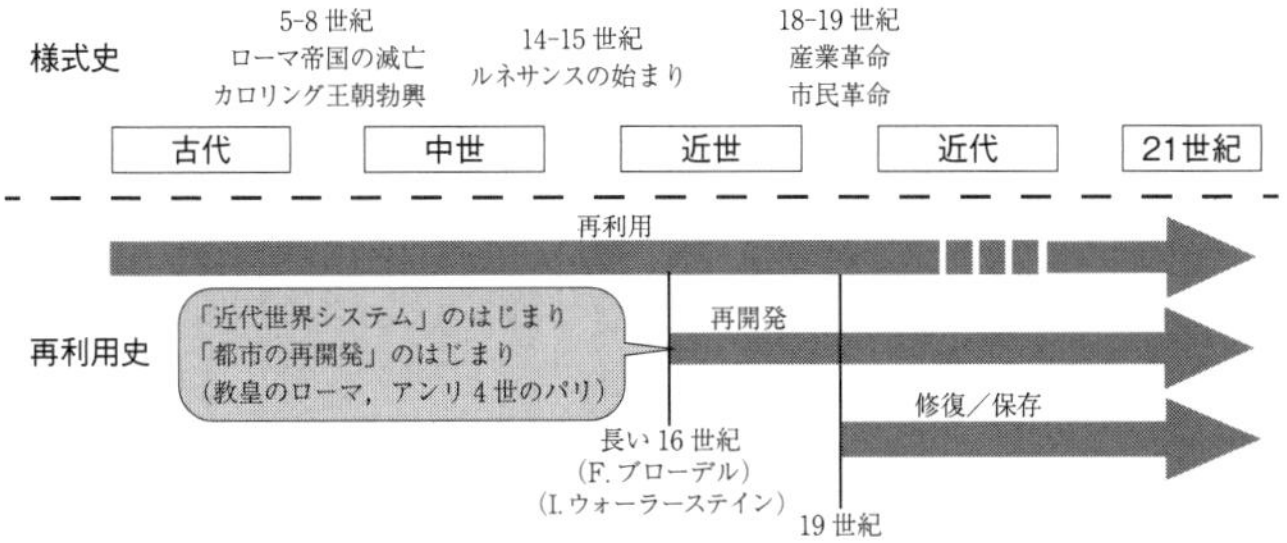

図 1-2　「3 つの態度」とその歴史的枠組

に対する三つの態度という観点から建築の歴史を見たとき、一六世紀と一九世紀に、きわめて大きな転換点があったのではないかという仮説である。一六世紀以前にも無論、まっさらな新築は多数存在するのだが、既存建物がそこにあれば、それを再利用することはごく当たり前のことであった。しかし一六世紀になると、そこに建つ既存建物がいかに由緒あるもので、あるいはまだまだ使用に耐えうる頑丈さを有していたとしても、それを取り壊して、まったく別の建物を新築するという再開発的な建築観が登場する。それは当初は直線道路や広場の建設という都市の整備、都市の美観を作り出すという観点で進められた。そして、真っ直ぐな道路に面してデザインの統一された新築の建築が立ち並ぶようになると、不揃いな建物、曲がりくねり先が見通せない道、密集した市街地といった前時代的な建築と都市のあり方は「野蛮」で「悪趣味」なものとみなされるようになっていく。

その一方で、一六世紀の新しい価値観、すなわち「再開発的」建築観が、「再利用的」建築観を消し去ることはなかった。「再利用的」価値観を棄却したのは一九世紀の「修復／保存」の価値観であったように思われる。図 1－2 が示しているのは、「再利用」の時代が古代から一九世紀前半まで続いたということ、そこに一六世紀からはじまる

「再開発」と一九世紀からはじまる「修復／保存」が段階的に加わり、二〇世紀には「再開発」と「修復／保存」という二つの手法が主流になったということである。そして現在、ふたたび「再利用《リノベーション》」への関心が高まっていることから、既存建物に対する態度が三つ巴の関係になってきている。これら三つの態度は、歴史上の異なる段階で異なる建築観のもとに誕生してきたという点が重要であろう。「再利用」と「保存」が、既存建物を（部分的にでも）残すというベクトルを有しているにもかかわらず、両者の議論が噛み合わないように見えるのは、二つの価値観が本質的に異なる時代に属するものだからではないだろうか。

「長い一六世紀」と再開発のはじまり

建築の歴史を様式で分類するのではなく、既存建物に対する態度という観点から読み解こうという本書の枠組みは、無謀な試みと思われるかもしれない。一九世紀に「修復／保存」が始まったのは頷けるとしても、一六世紀に「再開発」がはじまったという前提には納得がいかないと思われる向きも多かろう。本書が一六世紀に焦点を当てたことの背景にあるのは、フェルナン・ブローデルのいう「長い一六世紀」（一四五〇年頃から一六五〇年頃の約二〇〇年間）や、イマニュエル・ウォーラーステインが論じる「近代世界システムのはじまり」という観点である。ブローデルやウォーラーステインが論じたように、資本主義的近代のルーツが一六世紀の西ヨーロッパにあるのだとすれば、建築における「近代世界システム」のルーツを、一六世紀にはじまる都市の「再開発」に見出してみようというのが、本書の試みである。

はたして一六世紀には、いかなる価値観の転換が起こったのだろうか。一六世紀にはローマ教皇がローマという歴史的な都市のなかでいくつもの直線道路を開通させていった。なかでも教皇シクストゥス五世（在位一五八五―一五九〇年）による都市計画はよく知られている（図1-3）。また「長い一六世紀」の末期には、フランス国王アンリ四世（在位一五八九―一六一〇年）がパリで国王広場（現ヴォージュ広場、一六〇四年）やドーフィーヌ広場（一六〇七年）の建設をはじめる。いずれも「バロック的都市計画」のはじまりとしてよく知られた事例である。しかしこれらの事象は「バロック」という様式の変遷のひとつとして見るよりも、「再開発のはじまり」という過去との断絶の側面から理解すべきであろう。

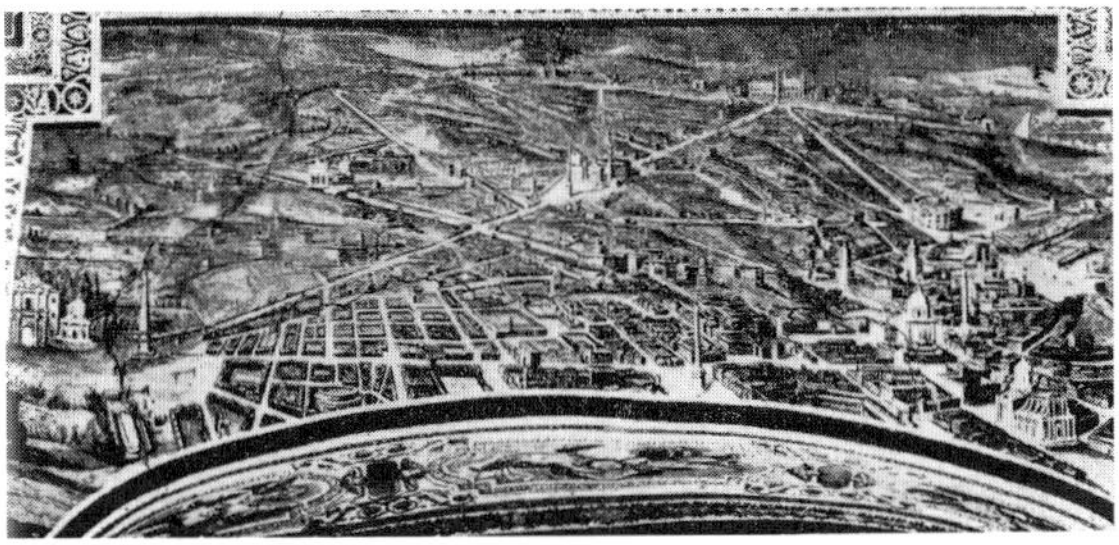

図1-3　教皇シクストゥス5世によるローマの都市計画（ヴァティカン宮殿図書館，システィーナ大広間のフレスコ画）

2　点の建築史から線の建築史へ

様式とは何か？

西洋の建築史というと、ゴシックとかルネサンスとかバロックとか、さまざまな建築様式で語るのが一般的である。ある時代に建設された建物は、その時代の様式と結び付けられて、その特徴が説明される。ガイドブックやテレビの観光番組を見ていても、「ゴシックの代表作」や「ルネサンスの傑作」などと紹介されるのをよく見ることだろう。

様式によって歴史上の建築をカテゴライズするという方法はじつに良くできていて、様式という括りで見てみると、ヨーロッパの都市に立ち並ぶさまざまな建物がそれぞれいつ頃建てられたものなのか、そのかたちの特徴からだいたい理解することができる。たとえば上端が尖ったアーチは尖頭アーチと呼ばれ、このかたちはゴシック様式の特徴である。ゴシック様式は一二世紀にフランスで誕生し、一五世紀頃までにかけて、ヨーロッパ全体に広がっていった。さらに詳細に見ると、たとえばフランスのゴシック建築ならば、薔薇窓と呼ばれる円形窓のなかで放射状に広がる直線的な装飾要素が強調されていれば、それはレイヨナン（放射式）ゴシックと呼ばれ、だいたい一三世紀から一四世紀頃の建設だろうと推定できる。一つひとつの装飾要素がいっそう華麗になり、尖頭アーチが炎のようなS字型の曲線を描くようになると、それはフランボワイヤン（火炎式）ゴシックであり、おそらく一四世紀から一五世紀頃の建設だろうと識別されることになる。

だがこうした「様式」は、その時代の建設者たちによって意識されていたものではない。レイヨナン式もフランボワイヤン式も、そればかりかゴシック様式という名称すらも、後代に命名されたものである。様式とは、建築の本質的な特徴として先天的に備わっているものではない。一八世紀から一九世紀にかけて、建築史家や美術史家たちが時代別の特徴的な形態を分類、整理して作り上げた研究上の方法にすぎないのである。「ゴシック様式」という考え方に限っては一九世紀の研究成果よりも早く、一六世紀に登場したものだが、それすらも同時代の人々に呼ばれたわけではないし、また当初は中世の建築すべてがゴシックと呼ばれたようだ。しかし一九世紀になって建築史・美術史的な研究が進むと、半円アーチが特徴的な中世前半の建築様式と、尖頭アーチが特徴的な中世後半の建築様式を、より厳密に分類しようという観点が生まれる。

中世前期の半円アーチは、形態としてはむしろ古代ローマに近いもので、形の特徴から整理された「様式」という方法論においては、「ゴシック」とは区別しなければならなかった。この様式の名付け親としては、一八一八年のフランス人考古学者シャルル・ド・ジェルヴィルが早かったようである(5)。このとき命名された「ロマネスク芸術」は、フランス語では"l'art roman"と表記する。ちなみに古代ローマの芸術は"l'art romain"であり、iが入るか入らないかの違いしかないため紛らわしいことこの上ない。翌一八一九年になるとイギリス人聖職者ウィリアム・ガンが命名した"Romanesque"の呼称が登場し(6)、「ローマ」そのものではなく「ローマ風」と命名されたことが、ようやくすんなりと理解できるようになる。

時間と形態という二つの指標

万事こういう具合で、建築様式というのは必ずしも建築の本質というわけではない。主として一九世紀の人々が過去の建築を整理、分類し、学習するために編み出したひとつの方法にすぎないものである。歴史のなかの建築を、時間軸上にクロノロジカルに並べ、それをかたちの特徴ごとに分類したものが様式なのであり、そこでは「形態」が「時間」を示す指標となった。一九世紀の建築家たちは、この方法論を応用して、今度はさまざまな特徴的な「形態」を駆使することで過去の「時間」を表現した。一九世紀には古代ギリシアを表現した建築、中世を表現した建築など、さまざまな時代の特徴を身にまとった建築が、リヴァイヴァリズムの名の下に真新しい姿で登場することになる。

畢竟、様式というものは、歴史上の建築をカタログ化するための優れた手段に過ぎないのである。そして様式は「形態」と「時間」という二つの指標によって整理されたため、建設年（竣工年）が必要以上に重視されることになった。たとえば本書2章でとりあげるパリ郊外のサン＝ドニ大修道院は、八世紀に建設された建物の一部が一二世紀に改築され、さらに一三世紀になるといっそう大幅な改築によって、八世紀の建設部分は地下の基礎部分を除いてほとんど失われたという事例である。歴史上の建築はこのように長い時間のなかで、改築を繰り返してその姿を変化させながら生き続けてきたものが多い。しかし、たとえばこのサン＝ドニの場合、一二世紀半ばの大修道院長シュジェールが指揮した教会堂東端部の内陣の改築ばかりを重視して、この建築を建築史カタログの一二世紀のページにレイアウトするのが一般的である。なぜなら、シュジェールの下で建設されたこの部分は、ゴシック様式の誕生の瞬間として、様式史上きわめて重要な瞬間だからだ。

持続する時間と建築

長く持続する時間（ブローデルに倣えば長期持続（longue durée））のなかで変化し続ける建築を、ある瞬間のみで評価する観点を「点の建築史」と呼んでみよう。持続する変化のなかで、サン＝ドニにおける新様式の誕生のような重要な瞬間が登場するのは確かである。だが、「点の建築史」は近代的建築観を色濃く反映した危うさを秘めているといえるだろう。歴史上の建築を建設年（竣工年）でカタログ化することによって、あたかも歴史上のすべての建築が、何もない「敷地」でゼロから生み出された「再開発」であったかのような錯覚を与えかねないという点に、その危うさはある。その錯覚は、実際には「線の建築史」のなかのひとつのハイライトに過ぎなかった瞬間に、「竣工時」あるいは「オリジナル」という幻想を生じさせる。オリジナルを過大に評価しようとする「保存主義」や「復原主義」は、結局のところ「再開発主義」の価値観に染まっているといえるのではなかろうか。時間軸とともに変貌する建築の姿を描く「線の建築史」は、時間を巻き戻して建築をあるひとつの瞬間の姿に戻そうとする「復原」や、時間を巻き戻さないまでもその時間を止めようとする「保存」という行為の特異性を浮き彫りにすることになるかもしれない。

歴史的建築に敬意を払う態度は、近代の文化財的価値観のなかだけにあるわけではない。既存建物の再利用の繰り返しによってもたらされたものは、建物のなかに刻み込まれた歴史の重層性である。そうして長い時間を生き続けた建築は、さまざまな時代、過去の欠片の組合せからなる建築空間を有しているのである。それは、ある一瞬だけをとりあげて建築の価値とする態度とは異なる、継続的な時間の流れ全体を評価する価値観といえよう。そうした観点から、建築の歴史を再考する「線の建築史」のケーススタディとして、かつてのフランス国立図書館の歴史を概観してみたい。

フランス国立図書館の歴史⑦

一七世紀前半、ルイ一三世の治世のことである。ルイ一三世の宰相をつとめた枢機卿リシュリューの屋敷であるパレ・カルディナル（現在のパレ・ロワイヤル）の北隣、プティ・シャン通りとヴィヴィエンヌ通りの角に、王の財務総監シャルル・デュレ・ド・シェヴリが建築家ジャン・ティリオに依頼

図 1-4　旧テュブフ館（J. ティリオ設計, 1635 年）

図 1-5　マンサールによる増築部分（1649 年以降）2 階内部がギャルリ・マンサール

して屋敷を建設した。一六三五年のことであった。一六四一年には会計検査院の総裁ジャック・テュブフがこの屋敷を買い取り、以後この建物はテュブフ館と呼ばれるようになる（図1－4）。一六四三年になるとリシュリューの後を継いでフランス王政を支えた枢機卿マザランがこの屋敷を借り上げ、一六四九年には自分のものとした。マザランは建築家フランソワ・マンサールにこの建物の増築を依頼し、マンサールは屋敷の北西の隅から北側に伸びる細長い建物を設計した。その外観はJ・ティリオが設計したテュブフ館と統一感をもたせたルイ一三世様式でまとめられ、コーナーと窓周りには白い切石が、壁面にはレンガが用いられた（図1－5）。なかでもその二階部分は「ギャルリ・マンサール」として知られる、美しい装飾が施された豪奢な空間となっている。

　この建物は一七一九年にはインド会社の手に渡るが、同じ頃、この街区内に王立図書館を設立する計画が動き出している。一七一九年に王立図書館司書に任ぜられたジャン＝ポール・ビニョンが王家の写本コレクションの整理をはじめ、一七二一年には膨大な資料群をこの街区の西側の建物に移動させた[8]。現在のフランス国立図書館には当時の王立図書館建設計画の図面が保管されており、最初に描かれた既存建物の改修計画図面は一七一七年のものである。

一七三四年から三九年にかけて作成された著名なパリの市街地図である《テュルゴの地図》からは当時の建物の状況を見てとることができる。図1－6の中央にある細長い街区がそれで、街区内の南北に走る中庭空間に"Bibliothèque du Roi"と記されている（同図では右上が南）。また街区の南東の隅で"Compagnie des Indes"と記されているコの字型の邸宅部分がインド会社となった旧テュブフ館である。図1－7はフランス国立図書館所蔵の一連の建築図面のひとつで、一七三四年のこの街区の全体像が示されている（右が南）。

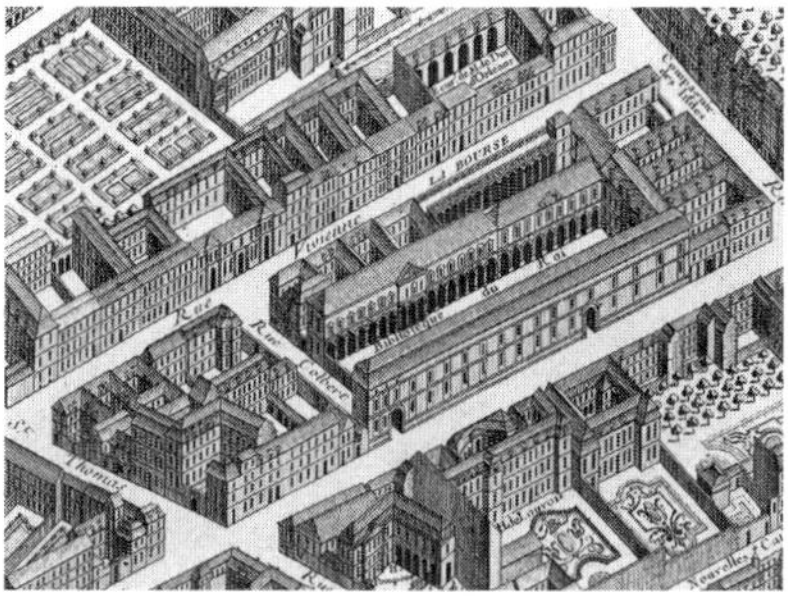

図 1-6 《テュルゴの地図》（1739 年）より「王立図書館」部分の詳細

一連の計画図面を総覧していくと、一七一七年から一七四〇年までのあいだに、いくつかのヴァリエーションを含む第一案から第七案までの計画図面が描かれていることがわかる。このうち一七四〇年に描かれた第七計画図だけが、ギャルリ・マンサールを破壊して街区を東西いっぱいに使う大胆な再開発計画となっているが、それ以外の計画はすべてギャルリ・マンサールと旧テュブフ館を残す計画であり、既存建物が大きく変化しない計画が多い。たとえば図1－7の第四計画図では図面中にもギャルリ・マンサールと旧テュブフ館が描き込まれている。第七案は「破壊」を、それ以外の案は「保存」を選択したかに見えるが、インド会社が

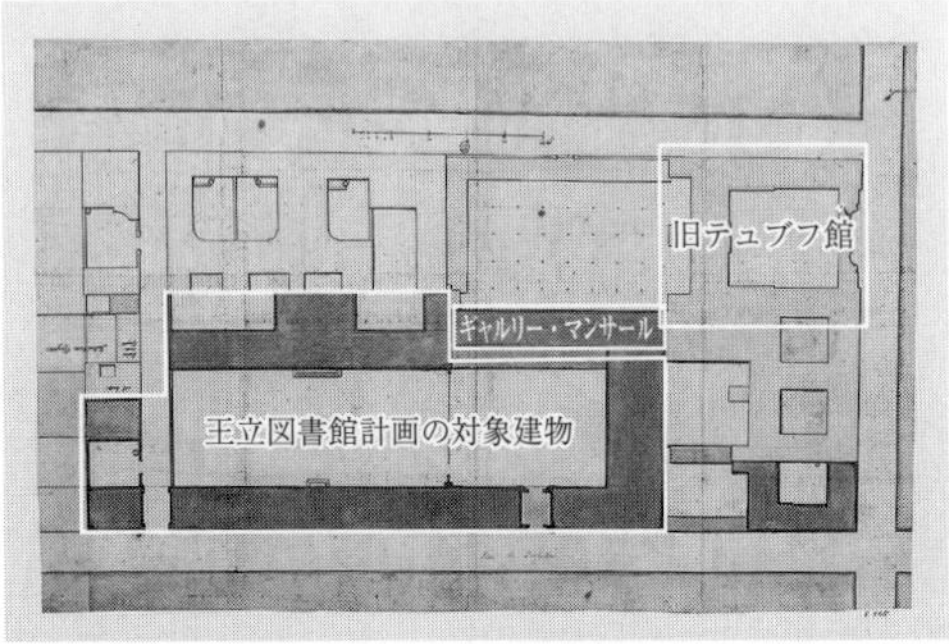

図 1-7　《王立図書館第 4 計画図》（1734 年）「街区内の建物群」に加筆

一七六九年までテュブフ館とギャルリ・マンサールを使用していたことを鑑みると、その建築の「歴史的価値」ゆえに「保存」するという判断が働いたわけではなく、単純に所有関係の問題からこの部分を改築することができなかったものと考えられ、一七四〇年の第七案はそもそも実現不可能な計画だったのであろう。

エティエンヌ＝ルイ・ブレの王立図書館計画

　一七八五年になると、新古典主義時代の「幻視の建築家」エティエンヌ＝ルイ・ブレが、この物語に登場してくる。彼の王立図書館の内観パース（図1－8）は建築を学ぶ者なら知らぬ者のない有名な作品だが、彼が描いたのはこの幻想的な空間だけではなかった。彼は一八世紀前半の一連の計画図と同じように既存建物を丁寧に平面図に描き込んでおり（そこにはギャルリ・マンサールも含まれている）、その既存建物群に囲まれた中庭空間こそ彼が選んだ「敷地」だったのである（図1－9）。

　これまでの建築史では、こうした事実はほとんど無視されてきたように思われる。彼のパースに描かれた空間が、いかに古代ローマ的壮大さを有していたかということは繰り返し強調されてきたが、彼のデザインが既存建物の中庭にインフィルされたリノベーション案だったという事実は、あまり語られてこなかった。建築史家エミール・カウフマンが一九五二年の著作『三人の革命的建築家』のなかで強調する、ブレの建築空間が有する「厳格さと冷徹さ」や「爆発的な緊張感」といった建築空間や建築意匠の観点から新古典主義、理性の時代の建築を論じるばかりでなく、[9]「再利用」という観点からこのパースを見ることで、カウフマンの語り口から脱することができるかもしれない。

図 1-8　エティエンヌ＝ルイ・ブレ，王立図書館計画の内観パース（1785-88 年）

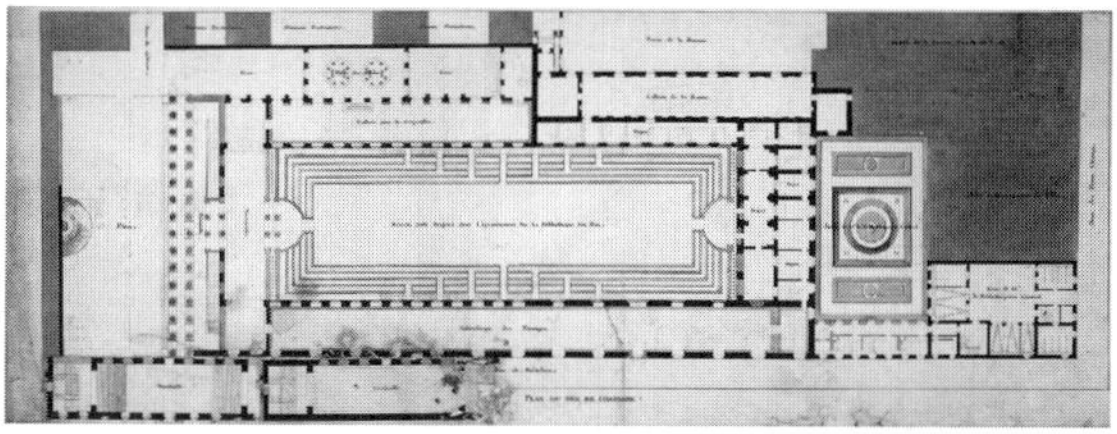

図 1-9　エティエンヌ＝ルイ・ブレ，王立図書館計画の平面図（1785-88 年）

ブレが「革命的建築家」と呼ばれるに相応しい才能の持ち主だったことは疑い得ないとしても、彼がその壮大な図書館大広間を設計するにあたって、既存建物の図面を丁寧に描いたうえで、どの壁を残し、どの開口部をふさぎ、そしてどの壁を新築するのか検討しながらこの壮大な図書館空間を設計したのかということに、もう少し目を向けるべきであろう。リノベーションとは些細な操作にとどまる消極的な行為ではない。それどころか、これほどまでに壮大な提案が再利用という枠組のなかから登場しうるという事実に光を当てることが、現代の建築史学の役割ではないだろうか。

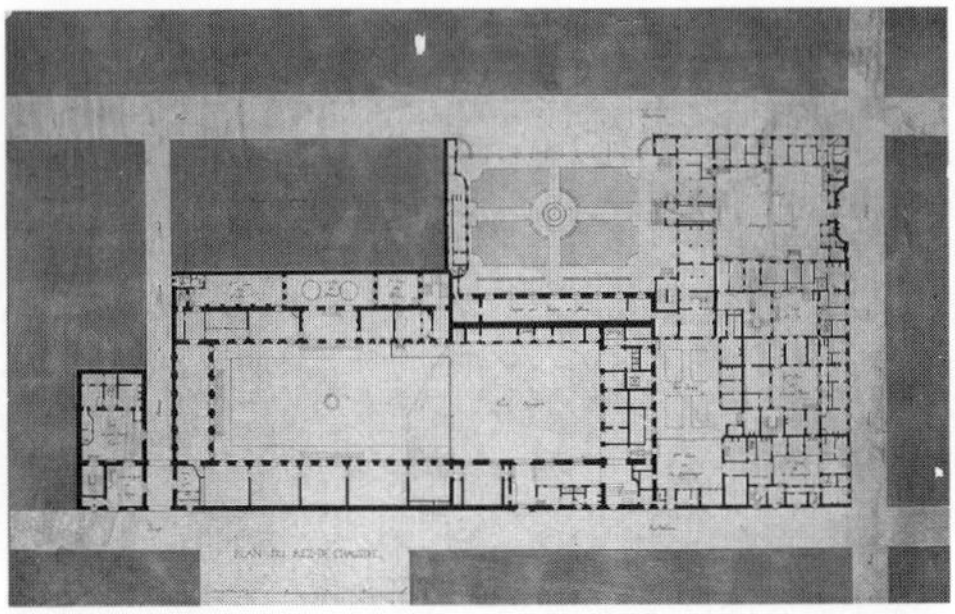
図 1-10　アンリ・ラブルースト，既存建物群の 1 階平面図

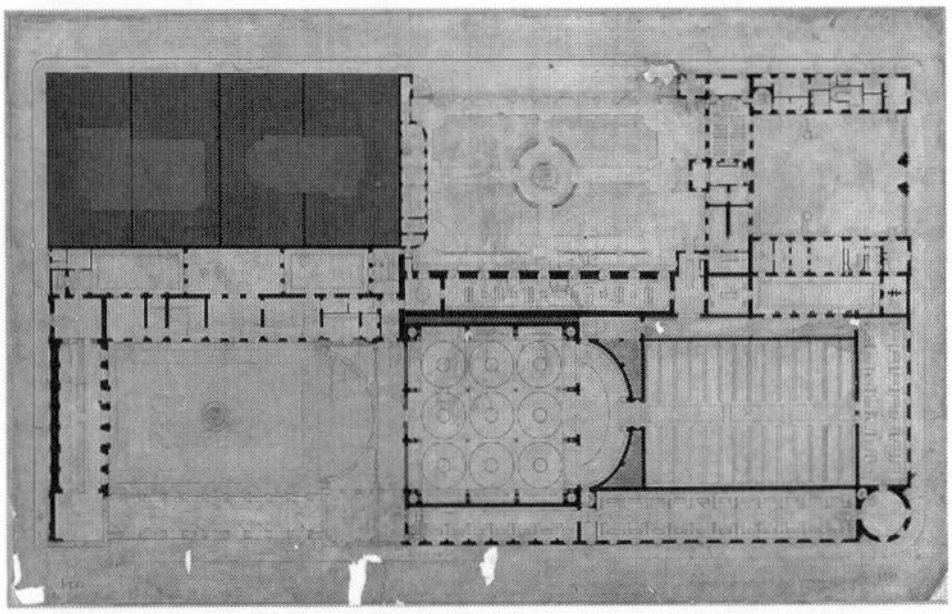
図 1-11　アンリ・ラブルースト，帝国図書館計画の 1 階平面図
図中中央下部の正方形の部屋がラブルーストが設計した閲覧室.

アンリ・ラブルーストの鉄のドームの閲覧室

結局のところブレの提案は実現しなかったではないか、という反論があるかもしれない。それに応えるために、この建物の物語をもう少し続けてみよう。フランス革命の混乱を乗り越え、一八四〇年代には再びこの図書館建築のプロジェクトが動き出しているようで、建築家ルイ・ヴィスコンティが既存建物の図面を丁寧に描き起こしている。続いて一八五〇年代末にアンリ・ラブルーストがこのプロジェクトに任ぜられたときにも、[10] 彼が最初に着手したのは既存建物の図面を描くことであった（図1-10）。ラブルーストの描いた平面図とヴィスコンティが描いた平面図を比較すると、ヴィスコンティが新たに設計した庭園側の門扉を除けば、当然のことながら二つの図面はほとんど同一である。これほど精密な図面をわざわざもう一度作成するのは無駄なようにも思われるが、このプロジェクトがある種のリノベーションであった以上、ラブルーストは既存建物について知るところからはじめなければならなかったのだ。

図1-12　アンリ・ラブルースト，閲覧室の内観

ラブルーストが描いた既存建物群の平面図（図1-10）と彼自身の設計した閲覧室と書庫が含まれた計画図（図1-11）を見比べてみると、正方形平面のなかに鉄製の九つのドームをおさめた閲覧室の東側の壁（図面では上側）がギャルリ・マンサールの西側の壁とのあいだにわずかな隙間を空けて二重になっている点が目を引く。おそらく構造的な理由から、ラブルーストは彼が設計した金属製ドームの閲覧室を包み込む壁体としてギャルリ・マンサールの壁を利用せず、かといって古い壁を壊すこともせずに、古い壁と平行に新しい壁を建設したのであろう。

ラブルーストが設計した、鋳鉄の細い支柱で支えられた九連ドームの閲覧室（図1‐12）は、同じく彼が設計したサント＝ジュヌヴィエーヴ図書館とともに、建築の歴史のなかで鉄の空間の可能性を鮮烈に示した近代建築のメルクマールとして語られてきた。建築家ラブルーストの鋭才は建築の歴史のなかでかけがえのないものである。しかしだからといってこの建築を建築史カタログの一九世紀のページに押し込んで満足していては見えないものが、「線の建築史」からは見えてきそうである。

ここまで見たフランス国立図書館のケーススタディは、これまでの「点の建築史」のなかではそれぞれまったく別の建築として描かれてきたブレとラブルーストの作品が、じつは「建築家のバトンリレー」[11]とでも呼ぶべき、ひと続きの「線の建築史」のなかに包含されることを示したものである。「点の建築史」の重要性が消えることはないが、それは「線の建築史」のなかのハイライトとして描かれうるであろう。

再利用《リノベーション》の創造性

何もないところにまったく新しい建築を創造するという行為には、あたかも神が世界を創造するかのような愉悦があるに違いない。それに比べるとリノベーションとは、誰かほかの「神」が創造した世界に手を加えるだけの、消極的な建築行為と思われていないだろうか。しかし考えてみてほしい。三〇〇年以上前の建築家が建てた聖堂との「適合性と一貫性」に細心の注意を払って建設されたサン＝ドニのリノベーション空間は、ゴシック様式というまったく新しい建築様式のはじまりとなった。そして、ブレの王立図書館は新古典主義を、ラブルーストの鉄骨の九連ドームは革新的な技術と斬新な空間で、建築の新時代の幕を開けることになったのである。

建築の再利用あるいは建築の時間変化を考えることは、現代社会と建築の関わり方に新たな可能性をもたらしてくれるばかりでなく、建築史という研究分野にも新たな方法論をもたらしてくれそうである。おそらくそれは、建築に対する見方そのものを根底から刷新してくれる視点なのかもしれない。

3　時間と建築の理念

近代建築は、誰もが永久に若くありたいという青年的願望がその初期のエスプリに塗り込められて誕生した。それが故に、ル・コルビュジエが唱えた〈白い〉建築の理念は、健康、希望、衛生を万人がわかちあうべきとする、新しい世紀の誕生にふさわしい建築のひとつの象徴であった。それにはやがて政治の理念にすら繋がってゆくエネルギーと魅力を胚胎していたと言えよう。当然、しみは若者たちの容貌では許されない汚点であったのだ[12]。（槇文彦）

時間を止めた近代の建築観

「永久に若くありたい」という願望に裏打ちされた二〇世紀の建築観こそ、一六世紀にはじまる非「再利用」的な建築観の、もっともピュアな最終形といえそうである。二〇世紀初頭に起こるモダニズムと呼ばれる建築運動は、ともすると過去と断絶した特別な建築の誕生と思われがちだが、時間と

表 1-1　既存建物に対する 3 つの態度・時間の観点から

再開発	破壊して，新築する	時間をリセットして，ゼロにする
修復／保存	理想とする姿で，永遠に持続する	時間を巻き戻す／時間を止める
再利用	既存建物を改変しながら，再利用する	時間を前に進める

建築の観点から見ると、その建築観のルーツは一六世紀に端を発する「再開発」的な建築観の登場にあるといえそうである。歴史ある既存建物を、あの手この手で変貌させ続ける「再利用」ではなく、その建物に流れてきた時間をいったんリセット（破壊して、新築）することで、初めてこの純白の若き建築が生み出されたのだ。

さらにいえば、「しみ」さえも許されない永久の若さを建築に求めるという態度は、建築に流れる時間を止めることといえそうである。建築の「時を止める」という考え方は、一見するとモダニズムとは無関係に見える一九世紀の建築行為のなかで登場してきた。歴史的建築の「保存」である。むろん、歴史的建築は「若い」建築ではない。年老いて、ときには崩れかけて廃墟と化した、そんな建築である。「修復」はその建築を若返らせる行為であり、「保存」はその若さを永遠に保つための手段であった。

本書の4章で見ていくように、一九世紀後半には、年老いた歴史的建築を若返らせて新品同様にしてしまう「修復」という行為に対する異論、反論が、イギリスのジョン・ラスキンらによって提示され、多くの支持者を獲得することになる。それは、一八世紀以来の廃墟愛好家、古物愛好家たちが好んだ「古趣《パティナ》」が歴史的な建物から失われることを嘆き、その建物に流れてきた真正なる時間を評価する、すなわちその建物の年齢（age）そのものを評価しようという姿勢だった。時の流れのなかで風化し、黒ずんだ石材を、真新しい白い石材に交換してしまうことを問題視した彼らの態度は、「時間を巻き戻すこと」を批判する態度だったといえるだろう（表1－1）。

時間と建築の観点からすると、一口に「文化財的建築観」といっても、一九世紀の「修復／保存」には二つの異なった態度が含まれていたといえそうだ。建築の時間を巻き戻そうとする「修復」と、建築の時間を止めようとする「保存」である。西洋ではラスキンの反修復論争の影響が強く、二〇世紀になると修復による大規模な時間の巻き戻しは、あまりなされないようになっていく。

日本における時間の巻き戻し

一方日本では、修復によってその建築を創建当初の姿に戻そうとする、当初復原と呼ばれる手法が、二〇世紀を通じて長く主流であった。近年でこそ、当初復原を再考すべきとする議論も出てきているようだが、「創建当初だけを重視するのではないとすれば、歴史上のどの段階に戻すべきか」という議論も多いようで、時間の巻き戻し行為そのものはやはり日本の修復の基本となっているようである。

さらに日本では、はるか昔に失われた建物を再建するという、究極の時間の巻き戻しともいうべき行為まで行われていて、いっそう興味深い。古くは一九五一年に実施された登呂遺跡（弥生時代）の復元にはじまり、三内丸山遺跡（縄文時代）の復元、さらに平城遷都一三〇〇年を記念して二〇一〇年に奈良の平城京跡で復元された大極殿もある。いずれも一〇〇〇年以上（三内丸山遺跡にいたっては五〇〇〇年ものあいだ？）この世から消え去っていた建築を突如として蘇らせた、タイムマシンのような建築である。戦災や自然災害などで失われた公共建築や宗教施設などを、住民や信者の希望で同じ姿でもう一度建て直すという復元は世界中で見ることができるが、日本の史跡で行われる時間の巻き戻しのスパンはケタ違いであり、時間の巻き戻しという観点では圧倒的な事例である。

メンテナンス・フリー

「建築の時間を止める」という価値観は、「保存」だけでなく「新築」にも共通する、二〇世紀特有の建築観となっていったように思われる。M・ムスタファヴィとD・レザボローは次のように論じた。

時間が経つにつれて、自然は建物の表層のみでなく骨組みをも破壊する。何らかの防止策をとらなければ、建物は最後は解体に導かれる。つまり廃墟になる。これは建築家、施工者、所有者の誰もが望まないことだ。そして、それを防ぎ、破壊の進行を遅くするには、補修をしなければならない。常識的には、補修とは再生のことであり、保存と交換の作業が行われる。ところが、この作業があまりに高コストなため、最近の建築はメンテナンス・フリーに、あるいは最小限の補修ですむように設計されている。しかし、いくらメンテナンス・フリーにしたところで、風化は避けられない[13]。

ムスタファヴィらの書籍の原題は『風化《ウエザリング》について』であるが、訳者の黒石いずみは邦題を『時間のなかの建築』とした。たしかに、この書籍で論じられているのは、表層的には建築の風化の問題であり、根源的には建築の時間の問題なのである。風化を忌避し、いかに建築を新築同然の状態のままで維持するか。一六世紀に端を発する「再開発」という「時間のリセット」は、二〇世紀に至って、

「リセットされた時間をゼロのまま止める」という野心に発展したのだった。

そして、ここであげられたキーワード「メンテナンス・フリー」は、二〇世紀的価値観を端的に示すものといえるだろう。おそらく建物の場合に限らず、二〇世紀の多くの製品《プロダクト》が、メンテナンス・フリーを目指してきた。無料修理の保証期間が過ぎてしまったら、古くなり、汚れ、少しでも故障した製品は、修理するよりも新品に買い替えたほうが安くなってしまうことも多い。メンテナンス・フリーとは結局のところメンテナンスを放棄する姿勢なのであり、修理して使い続けるという、どこか前近代的で再利用的な行為は、二〇世紀の価値観のなかでは、もっとも高くつくものとなってしまった。メンテナンス・フリーで、新品同様の状態で時間を止めたはずの建築は、結果としてきわめて短寿命なものになったのだった。

デベロッパー、プランナー、そして税務役人たちによる並行する努力、時に共謀によって、まだまったく問題なく使用可能であるにもかかわらず、利益をもたらすという観点からすると最適ではなくなってしまった建物は、テクノロジーとデザインを更新して新たな用途にリサイクルするよりも、壊してしまった方がよいとする「旧式化という考え方」が、二〇世紀を通じて強力に登場した。資本主義がスピードのために製造コストを最小化するのと同様に、建築の寿命も利益という名目の下で、その寿命を短縮されたのである。(14)

前近代の時間と建築

建築の時を止めることを目論んだ一九世紀の「保存」と、二〇世紀の「新築《モダニズム》」。だが論理的には、建築の時を止め、永遠に持続させることなど不可能である。実際、二〇世紀の新築は短命のスクラップ&ビルドという道を歩むこととなった。それでもなお、「時間はすべてを破壊する」という恐るべき真理に抗おうとする近代の建築観を、建築史家のM・トラクテンバーグは「時間恐怖症（chronophobia）」と呼んだ。近代の建築（彼によればルネサンスからモダニズムまで）における、この時間と建築の緊張関係を指摘したのが、彼の重要な著作『時間のなかの建物（*Building-in-Time*）』である。彼はアルベルティ以前（前近代）とアルベルティ以降（近代）に、建築における時間概念に大きな変化があったことを指摘する。

前近代の世界において、建築は深く時間の恩恵を受けていたが、その恩恵は近代になるとほとんど目に見えなくなった。この近代の忘却のなかで、時間は知らぬ間に建築の敵と断定され、近代建築は、この建築実践と歴史的思考の強敵《ネメシス》に対して、強固な防壁を築いたのである⑮。

トラクテンバーグが着目するのは、前近代の建築が完成するまでに要した長い建設時間と、完成した後に建物が生き続ける長い時間という、二つのフェーズである。彼は前近代の建物の特徴として次の三点をあげる。

（1）建設のスピードが遅い
（2）できあがった構築物は、きわめて長期にわたって持続する
（3）人間の生活世界《ライフワールド》の変化のスピードは比較的早い[16]

こうした特徴を持つ前近代の建築は、長い時間を要する建設の途中で、政変により領主が交代したり、気象条件によって農作物の収穫が減り経済状態が急変したりするといった生活世界の変化に応じて、中途でのデザインの変更が頻繁に行われることになる。なぜなら途中段階だとしても、その構造物は十分に堅固であり、社会が変化したからといって容易にスクラップ&ビルドするわけにいかないからである。

こうして建設に長い時間を要する前近代の建築は、その時々のニーズに応じて建てながら変化していくことになる。悪くいえばその変化はまったく「場当たり的」であり、とても「計画的」とはいえないものだ。しかし、それ以上に興味深いのは、このことからトラクテンバーグが導き出す結論である。彼は、次のように言う。

〈最終的な〉完成など存在しないし、おそらく絶対的なはじまりも存在しない。[17]

建築に「オリジナル」は存在するか？

近代の建築観のなかで、われわれは「最終的な完成」のことを「竣工」と呼び、「絶対的なはじま

り」を「着工」と呼ぶ。建設工事が完了し、クライアントに引き渡される直前の、ごくわずかな瞬間が「竣工」であり、二〇世紀の建築家は多くの場合、このわずかな隙間の時間に、その建築の「作品」としての理想を見出してきた。建築家が作り出した、彼／彼女の頭のなかにあった理想的な空間が実現した瞬間、それが竣工である。この作品は、クライアントに引き渡された途端に、作家の手を離れ、生活者の手に委ねられることになってしまう。作品は生活空間となり、そこには生活の痕跡が刻印されていくことになる。いかに「建築の時間を止める」近代建築といえども、それだけは避けることができない。

この竣工と引渡しのわずかな間に、この建築作品の「竣工写真」が記録される。そして、その竣工年、竣工月ごとに建築の雑誌に発表される「新建築」は、こうしてカタログ化され、アーカイブされていく。

したがって、「建築の竣工という瞬間は存在しない」というトラクテンバーグの発言は、近代的建築観からすれば、許されない暴論である。竣工が存在しないとしたら、いったいどうやって建築をクロノロジーのなかに位置付ければよいのか。おそらく、その答えは「点の建築史から線の建築史へ」という方法論の問題につながるだろう。じつは「最終的な完成など存在しない」歴史上の建築を、無理矢理、竣工か、それに類する概念で説明してきたのが「点の建築史」だったといえるからだ。トラクテンバーグは次のように語る。

もしも竣工前と竣工後の区別を放棄するならば――それはつまり、絶対的な意味における〈竣工〉すなわち〈オリジナル〉という考え方を抑え込むことだが——この二つをただ一つの、分け目のない連続的なプロセスのなかに統合することができる。そのプロセスとは、その敷地に建物が登場してから、その建物がさまざまな形の段階を経て、最後には避けることのできない消滅という段階を迎えるまでのことである[18]。

このような建築観においては、じつは再利用という考え方すら登場しないことになる。再利用は、いったん完成した後の「既存建物」という概念があってこそ成立するが、トラクテンバーグの理論のなかでは、すべては変化を続ける一連の建設行為に過ぎないのである。また、彼が「竣工」を「オリジナル」と換言し、この二つの概念がともに成立し得ないと主張していることも興味深い。「オリジナル」は修復、すなわち時間の巻き戻しと密接に関係する考え方だからだ。竣工もオリジナルも存在しないならば、修復という時間の巻き戻しは、明確な道標を失うことになるだろう。

設計《デザイン》と施工《コンストラクション》の分離

しかし、こうした考え方が通用するのは、前近代までの建築についてである。トラクテンバーグによれば、ルネサンスの建築家アルベルティの登場とともに、すべては変化した。

建築の時間性に関するコンセプトのレベルにおいて、この新時代の方向転換の直接的な責任を負っていたのは、アルベルティである。より正確に言えば、時間意識や、原作者という考え方を含む、著作権が生じるような制作物、そして一四〇〇年代半ばのイデオロギー上の要因といった新たな状況に刺激され、アルベルティは彼の偉大な建築論である『建築書』（一四五〇年頃）において、〈時間のなかの建物〉に対して、暴力的な、ただしあからさまではない批判を繰り広げた。非同時性によって生じる対立や、長期にわたる建設に内在するその他の問題に対する伝統的な妥協を拒絶し、アルベルティは、建築の制作における確固たる力である、時間を抑え込もうとしたのだった。建築の時間性と、生活世界《ライフワールド》の時間性の対立から脱却するために、彼は設計と施工の関係を切り裂き、建設プロセスから、理念的には完全に時間の概念を取り除いたのである⑲。

アルベルティの時間殺し（chronocide）。トラクテンバーグは、建築と時間の関係性の転換を、こう呼んだ。建築家の仕事は「設計」となり、「施工」は建築家の責務から切り離された。しばしば「中世には建築家はいなかった、いたのは石工の親方《マスター・メイソン》だけであった」という言い方がなされることがあるが、たしかにマスター・メイソンは設計構想者であると同時に施工責任者であった。もし両者を切り分け、設計《デザイン》だけに責任を負うのが建築家の定義とすれば、たしかに中世には建築家はいなかった、ということになるだろう。

トラクテンバーグの理論は、本書の枠組みと類似している。彼によれば「アルベルティの時間殺し」はモダニズムの「時間恐怖症」に結びつく。アルベルティに端を発する時間と建築の緊張関係は、一五世紀半ばから二〇世紀半ばまでの、五〇〇年間にわたって長く続いたのである。彼は、「同書の目論見は保存運動とは関係ない」と断言し、一九世紀における時間と建築の関係性の第二の変化をとりあげることはしていない。その代わり、一九六〇年代に、セドリック・プライス、スミッソン夫妻、レイナー・バンハム、アーキグラム、チームX、メタボリズムといった人々が、モダニズムに対して叛旗を翻し、建築のプロセス（時間の経過）という観点に光を当てたことに、彼はアルベルティ以前（前近代）の時間感覚の復活を見ているようだ[20]。

本書もまた、再利用という観点から建築と時間の問題に着目し、「長い一六世紀」（一四五〇年―一六五〇年頃）から二〇世紀までの、五〇〇年間続いた再開発的建築観を越えて、いまふたたび前近代の再利用的建築観が復活しつつあることを論じるものである。現代の建設業界に見られる「デザインビルド」と呼ばれる設計と施工を一括で発注する方式も、アルベルティ以来分離してきた設計《デザイン》と施工《コンストラクション》を再び結びつけようとする、前近代の復活の一側面といえるかもしれない。この五〇〇年という長期持続（longue durée）で推移する建築観の変遷は、様式史という観点からは見えてこないものであろう。

コピーとしての建築

トラクテンバーグの『時間のなかの建物』が出版された翌年、ロンドン大学の建築史家マリオ・カルポが、まったく別の観点から、同じアルベルティから二〇世紀までの長期持続に注目した。カルポが着目したのは、時間の問題ではなく、制作物の複製の問題である。彼は、アルベルティによる「建築デザイン」の発明に注目する。

アルベルティの理論において、建物とは建築家によるデザインと全く同一なコピーであった。すなわちアルベルティが、デザインと作ることを原理的に分離したことによって、人文主義＝ヒューマニズム的な意味における、原作者としての建築家、という現代的な定義が生まれたのである。[21]

カルポによれば、アルベルティからはじまる、「設計」とその「コピー」としての制作物という近代的なプロダクトのあり方は、現代的（二一世紀的）なデジタル・テクノロジーの興隆とともに終わりを迎えつつあるのだという。現代のデジタル・テクノロジーのもとで進められるプロダクト制作には、制作プロセスの途中での変更を容易にする可変性が備わっている。そしてそのデジタルの可変性がもたらす制作のあり方の変化は、「これまでの五世紀にわたる西洋の」本質であった「同一性に基づくものづくり」、すなわち「アルベルティ的な、原作者がデザインによって建物を作るという方法が終わったことを意味している」と、カルポは断言する。[22]

カルポがここで想定する歴史の枠組みは、①職人の手仕事によるものづくりが主流であった前近代、②コピーの同一性を前提としたものづくりが主流であった近代（アルベルティから二〇世紀まで）、③デジタルの可変性によってさまざまなヴァリエーションが生じることを前提とした現代（二一世紀）という三段階によって構成されていると見ることができるだろう。

長い歴史的時間の持続の中では、大量生産され規格化され機械によった同一的なコピーがなした時代は、あるひとつの合間のエピソードとして、かつ、比較的簡潔であったものとして――先行した、手作りによる時代と、今置き換わりつつあるデジタルによる時代の間にはさまれたものとして――見られるべきものであるように思われる。手仕事による製造はヴァリエーションを生み出すが、それはデジタル技術による製造でも同じである[23]。

規格化、大量生産という技術が建設産業に登場してくるのは、一般的には産業革命以降と考えられがちであるし、それが建築理論に高められてくるのは、二〇世紀初頭のモダニズムにおいてであると、考えるのが普通であろう。しかしカルポはそれを、アルベルティの活躍と、グーテンベルクの活版印刷術とが重なり合った時代、一五世紀後半まで遡上させる。

これらの新たな規範は、同一のコピーが印刷されることを意図してデザインされたものだが、ある場合には、建築の図面やデザインあるいは実際の建物にも、再利用され複製されることが意図されていた。このメディア革命において最も成功した副産物は、ルネサンス建築のオーダーによる新たな「メソッド」――世界の建築史において、最初のインターナショナル・スタイル――であったのである[24]。

「原作者性」に着目し、デザインする行為と建設する行為を分離した点に、アルベルティ以来二〇世紀まで五〇〇年にわたって続いてきた、建築のあり方を規定する考え方の原点があったとする点において、トラクテンバーグとカルポの観点は、驚くほど酷似している。トラクテンバーグはそこに

「アルベルティの時間殺し」を見出し、カルポはオリジナル作品としての図面とそのコピーとしての建築（「アルベルティの理論の中では、建物のデザインがオリジナルであり、建物はそのコピーである」[25]）という観点を見出した。じつは二〇一四年の「日本語版へのまえがき」のなかで、カルポ自身も二つの著作の類似に言及している。彼によれば、この「アルベルティ・パラダイム」の興隆に関する部分がトラクテンバーグの主張とよく似ていることに、執筆当時は気づいていなかったというが、どちらも「現代的な関心事と共振するもの」なのだという[26]。

本書の時間的枠組

本書もこれら二つの著作と同様に、一六世紀から二〇世紀までの五〇〇年間をはさんで、前近代の建築観が現在ふたたび息を吹き返しつつあることに注目するものであり、歴史の大枠の捉え方としてはかなり近いものである。ただし、再利用と再開発という観点からすると、アルベルティは再利用的な建築観をまだまだ維持していたように思われる。本書が注目するのはアルベルティの次の世代の建築家たちで、セバスティアーノ・セルリオやアンドレア・パラーディオといった建築家を、再開発的建築観を切り拓いた世代としてとりあげたい。

この点において、トラクテンバーグやカルポの著書と本書のあいだには、半世紀分のずれがあるとはいえ、おおよそ一六世紀から二〇世紀までの五〇〇年間をひとかたまりの期間として捉えようとしている点で共通している。またカルポは、ルネサンスのオーダーという「メソッド」が最初のインターナショナル・スタイルだったと看破した。この点についても、筆者はまったく同感である。しかしじつは、「五つのオーダー」というきわめてルネサンス的な概念が初めて書物のなかで整理され、形式化されたのは、アルベルティの次世代の建築家に当たるセルリオの『建築書』第四巻（一五三七年）や、ヴィニョーラの『建築の五つのオーダー』（一五六二年）の頃であり、一六世紀半ばのことだったのである。本書3章では、オーダーによる意図的な建築の形式化ではなく、無意識の形式化ともいうべき、一六世紀におけるペディメントの大流行に光を当ててみようと思う。

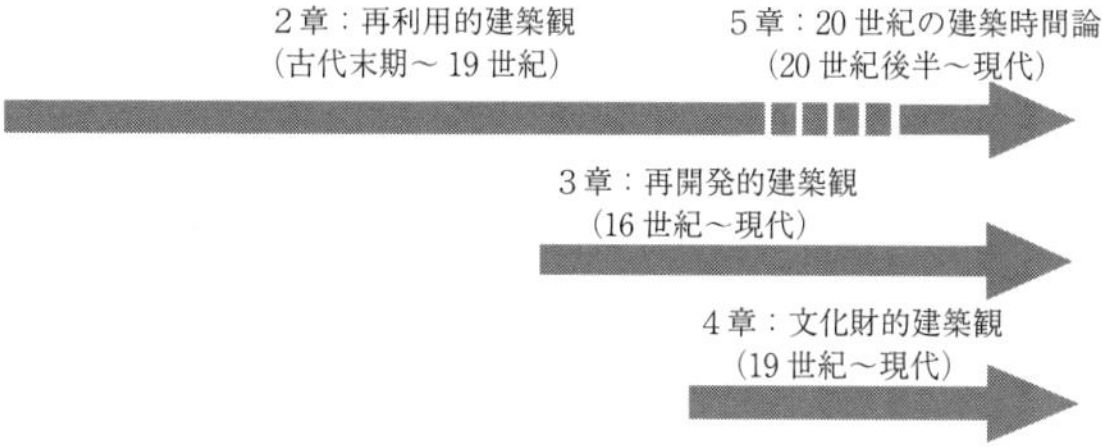

図1-13　本書の時間的枠組

一六世から二〇世紀までの五〇〇年間を、なんと呼ぶべきだろうか。ウォーラーステインに倣えば、これは近代世界システムの時代、すなわち「近代」ということになるだろう。一六世紀は「近代」のはじまりと考えることができる。しかし、伝統的な美術史学、建築史学の歴史区分の観点から見ると、一六世紀というのはなんとも中途半端な時代である。様式史的な歴史観からすれば、一五世紀のルネサンス、一六世紀のマニエリスム、そして一七世紀のバロックは、一般的には「近世」と呼ばれる時代に含まれる、ひとつの連続した芸術様式の展開として見るべきだからだ。一六世紀は「近代」ではなく「近世」と呼ばれることが多い。

だがここで議論したいのは、一六世紀は「近世」なのか「近代」なのかという問題ではない。むしろ筆者が強調したいのは、建築の歴史を考える上で様式は必ずしも絶対的な指標ではないということである。本書はその代りに、再利用的建築観の時代（古代末期〜一九世紀）、再開発的建築観の時代（一六世紀~現代）、文化財的建築観の時代（一九世紀~現代）という互いに重なり合う三つの時代区分によって、社会の変化とともに変貌してきた建築の歴史を捉えてみようという試みである。これら三つの建築観は、それぞれ本書の2章、3章、4章に対応している。そして5章として二〇世紀後半に見られる新たな建築時間論を確認することで全体のまとめとしたい。

（1）日本における文化財の保存と活用について幅広い観点から詳細に論じたものとしては、以下を参照。後藤治＋オフィスビル総合研究所『都市の記憶を失う前に——建築保存待ったなし！』白揚社新書、二〇〇八年。

（2）イコモス「記念建造物および遺跡の保全と修復のための国際憲章（ヴェニス憲章）」第五条『新建築学大系五〇　歴史的建造物の保存』彰国社、一九九九年、九二頁。

（3）「スポリアが熱い。最近二〇年から三〇年のあいだに、カンファレンス、セミナー、出版物が爆発的に増加し、これまでよく知られていなかったこの古代の事柄にスポットライトが当てられている。」——Dale Kinney, "The Concept of Spolia", Conrad Rudolph (ed.), *A Companion to Medieval Art*, Willey-Blackwell, 2010, p. 233. また以下には、近年のスポリア研究の展開がまとめられている（伊藤喜彦「再利用・再解釈・再構成されるローマ——コルドバ大モスクにおける円柱」『西洋中世研究』第七号、二〇一五年、七五—七八頁）。

（4）「土地の歴史」という観点からこの問題に迫った著作として、鈴木博之『東京の地霊《ゲニウス・ロキ》』（文藝春秋、一九九〇年）を忘れてはならない。「明治維新以来の首都の変貌」の歴史において、「未曾有の変貌」を遂げつつあった「土地の歴史」を論じた本著作が「時間のなかの敷地」を論じたことは、まさに「近代」という時代の集大成であった。それに対して本書は、脱近代的な観点から時間のなかで変貌する建築を論じてみたい。

（5）Lucien Musset, *Normandie Romane: La Basse Normandie*, Zodiaque, 1967, p. 19.

（6）William Gunn, *An Inquiry into the Origin and Influence of Gothic Architecture*, R. and A. Taylor, 1819, pp. 6, 80.

（7）本ケーススタディには、白鳥洋子氏から示唆をいただいた。記して感謝申し上げる。

（8）Bruno Blasselle et Jacqueline Melet-Sanson, *La Bibliothèque nationale de France*, Gallimard, 1990, pp. 27-28.

（9）エミール・カウフマン『三人の革命的建築家――ブレ、ルドゥー、ルクー』白井秀和訳、中央公論美術出版、一九九四年、一二九頁（原著は一九五二年出版）。

（10）一八五二年にナポレオン三世が第二帝政を敷いたことから、このプロジェクトは王立図書館（Bibliothèque royale）から帝国図書館（Bibliothèque impériale）に改称された。

（11）宮部浩幸による表現。

（12）モーセン・ムスタファヴィ、デイヴィッド・レザボロー『時間のなかの建築』黒石いずみ訳、鹿島出版会、一九九九年、序文より。

（13）ムスタファヴィ、レザボロー、前掲書、一頁。

（14）Marvin Trachtenberg, *Building-in-Time: From Giotto to Alberti and Modern Oblivion*, Yale University Press, 2010, p. 3.

（15）*ibid.*, p. 1.

（16）*ibid.*, p. xiii.

(17) *ibid.*, p. xix.
(18) *ibid.*, p. xix.
(19) *ibid.*, p. xxi.
(20) *ibid.*, p. xvii.
(21) マリオ・カルポ『アルファベットそしてアルゴリズム――表記法による建築―ルネサンスからデジタル革命へ』美濃部幸郎訳、鹿島出版会、二〇一四年、四頁。
(22) 前掲書、四頁。
(23) 前掲書、二八頁。
(24) 前掲書、三二頁。
(25) 前掲書、四六頁。
(26) 前掲書、八頁。

2章　再利用的建築観
——社会変動と建築のサバイバル

古代末期から一九世紀まで

1　古代末期の社会変動

オリンピック・スタジアムとコロセウム

二〇二〇年の東京オリンピックのための新国立競技場をめぐる一連の大騒動は、「近代」と「次なる時代」の狭間にあって、建築のあり方を根底から揺さぶる大事件であった。社会そのものが成長時代から縮小時代への歴史的な転換点を迎えており、八万人を収容する巨大スタジアムを建設し、のみならず維持・運営し続けることが難しい時代に直面していることは、計画段階から理解されていた。そのため、本来のスポーツ競技施設としての役割に、コンサート会場という別の役割を付加するというアイディアが生まれる。そちらの収入によって維持費を捻出しようというわけだ。しかし、今度は遮音性の必要からドーム構造という新たな要求が生じる。しかしドームが陽射しを遮り、スポーツ競技施設として求められる芝生の育成が阻害されることがわかると、この問題を解決するためには開閉式のドームが必要だ、ということになった。こうしてすべての条件をクリアし、なおかつ「近代オリンピック」という国際的な祭典の晴れの舞台に相応しいと期待されて選出された設計案の建設費用の見積りが計算されると、その金額はほとんど信じがたいような数値にまで跳ね上がっていたのだった。

同じ程度に巨大なスタジアムが、じつは古代世界にも存在した。ローマの円形闘技場、コロセウムである。収容人数については確かな史料が存在しないが、四万人から八万人ほどの観客が、そこで猛獣や剣闘士が死闘を繰り広げる残虐なスペクタクルに熱狂していたものと試算されている。円形闘技場が建設されたのはローマ帝国西方の首都ローマだけではなかった。コロセウムほど巨大ではなかったものの、ローマ帝国の支配下で建設された多くの都市に、この巨大建造物が建設されたのだ。遺構から判明しているのは、ブリテン島を含むヨーロッパ、北アフリカ、小アジア、地中海東岸地域からアラビア半島の一部にまで達するローマ帝国の版図で、二〇〇を超える円形闘技場が建設されたという驚くべき事実である。これらの巨大建造物の建設に必要な費用もさることながら、その維持もまた、簡単なことではなかったであろう。アフリカ大陸からライオンをはじめとする多数の猛獣たちを生きたまま輸送してきてイベントの日まで飼育するばかりでなく、血生臭いスペクタクルに熱狂する大観衆の前で命を賭して戦う剣闘士たちをも養わなければならない。この巨大建物そのものの維持管理だけでなく、この興行を継続的に開催することも考えると、円形闘技場を使い続けるためには、圧倒的な社会の安定が必要だったであろうことが、容易に想像できるのだ。

ローマのコロセウムは、ローマ皇帝ウェスパシアヌスの治世の西暦七〇年頃に建設がはじめられ、その後継者ティトゥスの治世の西暦八〇年に完成した。ローマ帝国はこの後、西暦九六年のネルウァの登位からトラヤヌス、ハドリアヌス、アントニヌス・ピヌス、マルクス・アウレリウスと西暦一八〇年まで続く五賢帝時代と呼ばれる安定時代に入る。トラヤヌスの治世にはローマ帝国の領土は最大に達したといわれ、帝国の絶頂期、「ローマの平和《パクス・ロマーナ》」などと呼ばれる時代であった。ローマのコロセウムはこうした時期に建設され、ローマ市民に熱狂で迎えられたものであり、同様の施設が帝国のいたるところで建設されたわけである。

縮小時代と建築の転生《アフターライフ》

しかし、繁栄の時代が永久に続くことはなかった。三世紀半ば頃から、社会は激動の時代を迎える。古代末期と呼ばれる、八世紀頃まで続いた社会変動の時代である。三世紀半ば以降、ローマ帝国には東方からの移民が大挙して押し寄せ、しばしば軍事衝突を引き起こした。二七一年には皇帝アウレリアヌスが、彼の名を冠して呼ばれるようになる市壁建設を命じ、都市ローマを防御させた。四世紀に入ると、皇帝コンスタンティヌス一世がミラノ勅令（三一三年）によってキリスト教を公認したことにより、それまで長く信仰されてきたローマの神々は、しだいに「異教」として排斥されていくことになる。おおよそ一〇〇〇年も続いた「古代オリンピック」がついに廃止されたのも、四世紀後半のことだった。異民族の流入は政治的な社会基盤を揺るがし、政治決定による宗教の変更は人々の精神的基盤を大きく揺さぶったことであろう。この古代末期と呼ばれる時代に、各地の円形闘技場の多くは軍事施設に転用され、ローマの神々を祀る神殿の多くは公共施設やキリスト教の聖堂に転用されていった。古代ローマの巨大娯楽施設、文化施設、宗教施設は、別の用途に変更されることで生き延びたのである。それらの建築は、むろん無傷で生き残ったわけではない。新しい用途に合わせて自在に改築されたわけであり、竣工時の建築だけを理想とする建築観からすれば、満身創痍ともいうべき状態に見えたかもしれない。しかしそれは建築の転生《アフターライフ》の物語、第二、第三のライフ・ステージだったのである。

近代以降の建築史家や考古学者たちは、変わり果てた末に廃墟となった建築に直面したとき、その当初の姿を明らかにすることを、当然のごとくその使命としてきた。これほど壮大な建造物が、いかなる社会のなかで、どれほどの技量と構想力を兼ね備えた建築家によって建造されたのか、そして完成した当初、その建築がどれほど素晴らしい姿だったのかを明らかにしたいという、至極当然の欲求であった。しかし、その結果として見落とされてきたのが、建築の転生《アフターライフ》の歴史だったと言えるだろう。建築はひとつの「作品」として完成した後も長い時間生き続けるものである。社会状況が建設当初から大きく変化したとき、新たな社会の要請にあわせて建築を変貌させることも、じつは重要な建築行為だったのである。

社会変動の時代となった古代末期以降、建築の歴史のなかで行われてきた既存建物の再利用は、新築とかわらない本質的な建築行為のひとつであった。本書は、一六世紀と一九世紀に大きな建築観の変化があったという仮説に基づいて論を進めるものだが、建築再利用の時代が古代末期から一九世紀まで続いたと考えると、この歴史をすっきりと整理することができそうだ。そこで本章では「建築のサバイバル」ともいうべき建築再利用の歴史を明らかにしていきたい。

古代末期という時代

ルネサンス以来、古代末期は「衰退」の時代であり、「古代文明の崩壊」「暗黒の中世のはじまり」と認識されてきた。このルネサンス人の歴史観については本書3章で詳しく論じることとして、ここではまず近年の歴史研究における「古代末期」の再評価に注目してみたい。これまで「衰退」や「危機」のような否定的《ネガティブ》な用語で説明されてきた古代末期が、「移行」「変化」「変容」といった、より中立的《ニュートラル》な言葉遣いで説明されるようになったのは、歴史家のピーター・ブラウンによる『古代末期の世界』(1)以降のことである。近年では、古代末期に光をあてる研究はますます増えているようだ(2)。

ネガティブな価値判断によって「衰退」や「崩壊」と決めつけられてきた古代末期が、じつはある状態から別のフェーズへの移行の時代だったという新たな視点がもたらされたことによって、一転してダイナミックで興味深い時代に見えてくるのは驚くべき転換といえる。建築史学でも、これまでの伝統的な見方を刷新する可能性が、ここにあるように思われる。西洋建築史を教科書的な通史として語るとき、古代ギリシア、古代ローマの建築の章が終わると、次の章はローマ帝国東方の首都コンスタンティノープルを中心とするビザンチンの建築が扱われることが多い。そしてふたたび舞台が西ヨーロッパに戻ると、いつの間にか時代はカール大帝（シャルルマーニュ）が西ヨーロッパを統一した西暦八〇〇年まで進んでおり、それ以降の中世建築の説明が始まるのである。西欧の古代末期の建築は、いくつかのキリスト教建築を除いて、ほとんど無視されスキップされてしまうことになる。「帝国が衰退するとともに建築と建築家も衰え……[3]」と語ったルネサンスの建築家アントニオ・マネッティの視点を、われわれはいまだに真に受けて、建築史を語ってきたといえるかもしれない。だが、このダイナミックな社会変動の時代にあっては、安定時代に新築された巨大建造物を新たな社会秩序に適合させるべく変貌させていったプロセスの方にこそ、むしろ本質的な建築行為を見出すことができそうである。

古代末期の社会変動の最大の要因は、伝統的に「ゲルマン民族の大移動」と呼ばれてきた、ローマ帝国への異民族の流入に求めることができるだろう。二五一年にはブルガリアのドブルジャ湿地帯におけるローマ軍とゴート軍の戦いでローマ皇帝デキウスが戦死し、三七八年のアドリアノープル（ハドリアノポリス）の戦いでは、ローマ皇帝ウァレンスが戦死した。そしてついに四一〇年には都市ローマが陥落し、市内に侵入したゴート人たちによって「ローマ掠奪」が行われたのである。

巨大構造物の軍事転用

政情不安によって引き起こされた治安の悪化は、直接的に人々の生活に影響を与えたことだろう。そして維持し続けることのできなくなった円形闘技場、劇場、皇帝の霊廟《マウソレウム》など、様々な古代の巨大構造物が、都市防備のための軍事施設に転用されていった。黒田泰介は『ルッカ一八三八年——古代ローマ円形闘技場遺構の再生』のなかで、イタリア半島に遺構が残る円形闘技場一〇八事例のうち四〇事例について、その再利用の歴史を明らかにしているが、その一覧によれば、イタリアでは四〇のうち二五の円形闘技場が軍事要塞化されている[4]。
こうした巨大構造物の軍事転用が行われたのは、イタリア半島内の「ローマ人」の都市だけではなかった。四九七年、南フランスからイタリア半島一帯には東ゴート王国が建国されたが、たとえば南仏の都市ニームでは、新たな都市住民の主体となったゴート人たちが、この都市の円形闘技場を軍事要塞化している。むろん、都市住民が「ローマ人」から「ゴート人」にそっくり入れ替わっているはずもなく、古代末期は両者の融合の時代であった。したがって、そもそも誰が都市住民の主体だったのかを論じること自体、意味のないことかもしれない。ただし、「蛮族」に脅かされた「ローマ人」が都市を防備したというような、主役と悪役を描き分けるような語り口でこの建築再利用の歴史を語るべきではないだろう。これは社会変動と建物の物語なのだ。

図 2-1 《ブラウンとホーヘンベルフの地図》より，16 世紀のニームの都市地図
左側に市壁に組み込まれた円形闘技場の遺構が見られる．

イタリア半島の外、現在のフランスに目を向けると、ペリグー、トゥール、アルル、ニーム、サンリスなど各地の円形闘技場が、古代末期から中世にかけて軍事要塞化された。これら人口減少によって縮小《シュリンク》した都市は、防備のために市壁で囲われ、円形闘技場由来の城塞は市壁の一部となった[5]。一六世紀に描かれたニームの都市図（図2-1）からは、この時代になってもなお、市壁の一部となった円形闘技場が残存している様子を確認することができる。円形闘技場のような、古代ローマ都市の中核機能を有するわけでもなかった娯楽目的の巨大建造物は、相対的に都市の周縁部に立地しており、その立地ゆえに市壁の一部となるに適していたのである。[6]

古代末期の人々は、これらの巨大かつ頑強な構造体を、自然の岩山と同様の天然の要害として扱ったわけである。他方、この既存建物を軍事要塞に見立てるには不利な点も存在した。それは、この建築の周囲がアーケード状になっていて、四方八方から内部に入ることのできる作りだったという点である。これは、数万人に達する大勢の観客が入退場するためには適した作りであったが、当然のことながら軍事的拠点としては最悪の構造だった。したがって、軍事要塞化した円形闘技場では、この周囲のアーケードが石材でしっかりと塞がれた。また見張りのための塔が増築されることもあったようである。[7]

軍事転用された巨大構造物は、円形闘技場ばかりではなかった。二世紀にローマのテヴェレ河沿いに建設されたハドリアヌスの霊廟《マウソレウム》は、五世紀には軍事要塞化され、都市ローマを取り囲むアウレリウスの市壁の一部に取り込まれた。さらに中世後期には、ローマ教皇の命によりさらなる改築が施され、カステル・サンタンジェロと呼ばれる要塞となった

同様の事例は枚挙に暇がない。ローマのマルケルス劇場やポンペイウス劇場も古代末期から中世のある時期にかけて軍事要塞化していたと考えられるし、アウグストゥス帝に捧げられてアルプス山中に建造された巨大な戦勝記念碑《トロフィー》も砦となった。[8]

住居化した円形闘技場

円形闘技場は古代末期から初期中世にかけてしばしば軍事要塞化したが、この巨大構造物の転用はそればかりではなかった。中世から近代までの長い歴史のなかで、この構造物のなかにはキリスト教の聖堂が建設されたり、公共建築が建てられたり、あるいは分節されて多くの人々がこの構造体の中に住み着くことで、都市的な様相を呈するようになったものもあった。一六六六年当時のアルルの円形闘技場を描いた有名な図（図2－2）が示しているのは、この古代の構造体の内外に住宅が寄生していった結果であり、その有り様は現代人の想像をはるかに超えるものである。かつては円形闘技場だったこの建物が、その後軍事要塞としての時代を経て（その時代の名残として、見張りのための塔が見える）、社会が安定すると人々がそこに住み着いて、ひとつの都市のような姿となったわけである。同様の住居化、都市化はニームでも起こっていた。図2－3は、一八〇九年に描かれたニームの円形闘技場とそこに寄生した住居群を描いた平面図である。

図 2-2　ジャック・ペトレの版画《アルルの円形闘技場，1666年の様子》

　このような「強い構造」（円形闘技場）に「弱い構造」（住宅）が寄生していくという、不法占拠のような状態はいかにして生じたのだろうか。果たして円形闘技場の構造体は誰の所有物だったのだろうか。これは「不法」占拠だったのか、それとも「合法的な」集合住宅化だったのだろうか。円形闘技場の構造が、「住居化」の段階で構造的にどのように再利用されたのかについては、黒田の前掲書が詳細に論じているが、このような建築の転生《アフターライフ》の歴史は、調べればまだまだ新しい発見がありそうだ。

アルルでもニームでも、一八世紀末から一九世紀前半にかけて、これらの住宅群は国家により買収され、次々に取り壊されていった。じつは図2-3は、これらの住宅の取り壊し計画のために描かれた図面だったのである。

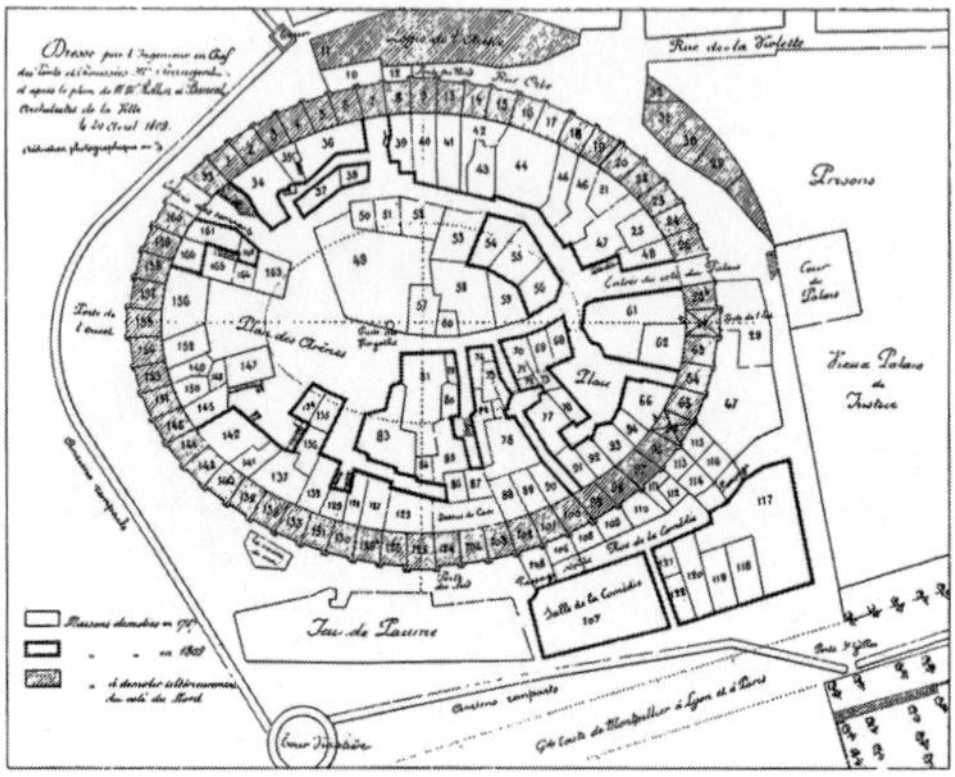

図 2-3　ニームの円形闘技場と住宅の取り壊し計画(1809 年)

そして最終的にこれらの円形闘技場は、「古代ローマ時代」の姿へと修復され、文化財となった。この「修復」による「時間の巻き戻し」については、本書4章で改めて論じることとしたい。一世紀後半に建設されたこれらの円形闘技場は、古代末期の五世紀か六世紀頃までには、完全にその当初の役割を失った。その後これらの建物は、一〇〇〇年以上の長きにわたって、要塞化、住居化という別のフェーズにあったわけである。そして一九世紀に「文化財」となって取り戻されたのは、この建物が若かりし頃の、相対的には短期間しか保持されていなかった姿だったのだ。

巨大競技場の構造体のなかに、人々が住み込んで集合住宅化するという事例は、じつは二一世紀の現代都市でも見ることができる。ロンドンをホームタウンとするサッカーチーム、アーセナルＦＣのホームスタジアムだったハイバリー・スタジアムである。一九一三年に建設された当初は小さなスタジアムだったが、一九三〇年代に大規模に増築され、アール・デコの装飾を散りばめた威厳ある大スタジアムとなった。アーセナルＦＣは二〇〇六年まで九三年ものあいだ、このスタジアムをホームグラウンドとしてきたが、二〇〇七年、近くに新築されたエミレーツ・スタジアムに移転する。このとき、主人のいなくなったハイバリー・スタジアムは、大々的に改修され、集合住宅に転用されて生き残ることになったのである。グラウンドがあったスペースは庭園となり、かつてのスタンドは庭園を囲む集合住宅に変貌を遂げた。[9] これはむろん不法占拠などではなく、むしろ高級マンションと呼ぶべき人気の集合住宅となっているらしい。熱心なサッカーファンにとっては、一世紀近い歴史を持つ由緒あるスタジアムのなかで暮らせるというのは、夢のような体験なのであろう。

さて、古代ローマの巨大モニュメントは、驚くほど頑丈な構造体からなる建造物であった。後世の人々は、それをあたかも自然地形のように扱い、切り立った崖のようなこれらの巨大構造物に新たな役割を与えたと、ここまで論じてきた。このような即物的で実際的な利点が、既存建物の再利用の一側面として強く存在したのは間違いない。しかし、円形闘技場のなかに居を構えた人々にとって、ハイバリー・スクエア（というのがこのマンションの名称である）に家を買った現代人と同じような高揚感がなかっただろうか。アルルでもニームでも、円形闘技場は、その役割を失った後も、“amphithéatre”や“arènes”など、もともとの役割を示す名称で呼ばれ続けた。文化財として古代の姿を取り戻していなかったとしても、「わが家は円形闘技場のなかにある」という事実を、そこに住んだ人々は意識していたのではないかと思うのである。

神殿建築の改宗《コンバージョン》／改修《コンバージョン》

近年、オフィスビルを集合住宅に転用したり、倉庫を商業施設に転用するなど、既存建物に新たな役割を与え、再利用する行為が盛んに行われており、こうした建築行為はコンバージョンと呼ばれている。ところで英和辞典で“conversion”をひくと、建築の世界で馴染みのある「建物の機能転用」の意味のほかに、「信仰の改宗」の意味もあることがわかる。じつは古代末期には、この両方の意味におけるコンバージョンが行われていた。すなわち、ギリシア・ローマの神々を祀っていた神殿建築は、古代末期以降、キリスト教の聖堂に転用されたのである。たとえば西洋古代の建築としてもっとも有名な建築であるアテネのパルテノン神殿、ローマのパンテオンは、いずれも古代末期から中世にかけて、キリスト教の聖堂に転用されたのだった。

よく知られているように、ローマ皇帝コンスタンティヌスは三一三年にキリスト教を公認し、古代ギリシア以来信仰されてきたギリシア、ローマの神々への崇敬はしだいに「異教」として禁じられるようになっていく。「異教」の崇拝が禁じられると、神殿建築は無用の長物と成り果てた。ローマ皇帝による、この大きな方針転換の後、神殿建築はどのような運命を辿ったのだろうか。ここでは、五世紀前半に皇帝テオドシウス二世が編纂させたローマ法の法典『テオドシウス法典』を追っていくことによって、神殿建築の転生《アフターライフ》の一端を明らかにしてみたい。

興味深いことに、激動の時代であった四世紀には、神殿建築からキリスト教聖堂へのダイレクトな転用はあまり多くはなかったようだ。まず、神殿への不用意な出入りが禁じられ、あるいは信仰の対象となる神々の偶像や祭壇が撤去されることで、ローマの神々への崇拝が復活することが防がれたようである。また、法令のなかで繰り返し強く禁じられたのは神々に捧げる犠牲《サクリファイス》であった。そして神殿の多くは、当初、公共建築に転じたものが多かったようだ。たとえば図2-1の《ブラウンとホーヘンベルフの地図》に描かれたニームの都市図を見ると、そこには有名なローマ神殿「メゾン・カレ」が描かれているが、建物の横には“Le Capitole”と書き込まれており、これがある種の公共建築として使われていたことがわかる。実際この神殿は、古代末期以降ニームの町の公共建築として使われ続けた後、一六世紀に個人所有となり、その後厩舎への転用を経て、一七世紀になってアウグスティノ修道会の聖堂に転用されたという、少し珍しい例なのである。[10] 一九世紀に修復された後は、文化財的な「古代博物館」として使われている。

したがって、どうやら神殿建築がある日突然、教会建築に転用されたわけではないようだ。むしろ、まず神殿という古い用途が放棄される段階があり、多くは公共建築に転用されたが、そのうちのいくつかがキリスト教聖堂に転用されたというのが実情であろう。そうした神殿の段階的な放棄と転用の過程を、『テオドシウス法典』に見ていこう。[11]

『テオドシウス法典』に見る神殿の転生《アフターライフ》

四世紀半ばの、コンスタンティヌス帝の息子コンスタンティウス二世の法令には、いまだ異教に対する比較的穏健な態度を見てとることができる。

すべての迷信は根絶されるべきであるが、しかしながら、市壁の外に位置する神殿の建物については、手を触れずに傷つけることなく残すべきというのが、我々の意志である。ある種の見世物や戦車競技《キルクス》や剣闘競技は、その起源をこれらの神殿のいくつかに有するものであるが、これらはローマ市民の中に築き上げられた長い娯楽の歴史を持つ定期的な公演を供するものであるから、これらの建物は打ち壊されるべきではない。[12]（コンスタンティウス二世、三四六年）

しかし四世紀後半になると、すでに神殿が公共建築に転用されて使われている様子を見てとることができる。また神々の偶像に対しても、そこに宗教性を見出すのではなく、芸術性を見出している点が興味深い。

公共議会の権威に基づき、我々は次のごとく布告するものである。すなわち、かつては群衆の集会のために捧げられ、今では公共の用途のために用いられ、その中には偶像が設置され続けているとの報告を受けているものの、それらはその神性ゆえにではなく、その芸術的価値ゆえに評価されねばならないのだが、それらの神殿がこれまで通り閉鎖されずに使われて続けるべきと布告する……。[13]（グラティアヌス、ウァレンティニアヌス、テオドシウス、三八二年）

さらに三九九年には次のような法令が布告されており、「神殿」は「公共建物」と呼ばれている。三八二年の法令と同様に、装飾は排斥されず、むしろ保護の対象となっていた。

我々は犠牲を禁じたのみであり、したがって公共建物の装飾は保護すべきというのが、我々の意志である……。[14]（アルカディウス、ホノリウス、三九九年）

しかし同年、同じ二人の皇帝によって布告された法令では、都市の外にある神殿の破壊が命じられた。後で見るように、四世紀後半から五世紀にかけて、都市内の神殿建築は都市の美観保護のために保存が試みられていた。その一方で都市の外にある「田園地帯の」神殿の破壊が命じられていたという事実は興味深い。異教の語源であるラテン語の“paganus”が田舎者を示していたように、都市内でのキリスト教信仰の高まりに比べたとき、田舎では「異教」の崇拝がまだ強く残っていたということなのかもしれない。

もしも田園地帯に神殿があった場合、それは騒乱や騒動を起こさぬように、打ち壊されるべきである。そしてそれらが破壊され、撤去される際は、すべての迷信のもととなる物質的基盤から破壊されるべきである。[15]（アルカディウス、ホノリウス、三九九年）

世紀が移り変わった西暦四〇八年には、神殿建築に関わる新たな二つの法令が布告されている。この法令には、ローマ皇帝の神殿建築に対する態度が凝縮されており、キリスト教聖堂へのコンバージョンが言及されている点でも興味深い。すなわち、神殿の収入源を剝奪し、信仰の対象となる偶像を破壊すること、さらにその建物は公共の使用に供することで生き延びることが認められ、宗教空間として再利用する場合には、キリスト教建築として使うべしと明示されたのである。

税金やその他同様の収入は、神殿からは剝奪されるべきであり、我らが最も忠実なる兵士たちの費用に当てて、アノナリアの国庫の助けとすべきである。

一　もし未だに神殿や社の中に何らかの偶像が立っており、異教の崇拝を過去に、あるいは現在も受けているならば、それらはその基礎から打ち倒されるべきである。このような規則はこれまでも繰り返し布告され承認されてきたと、我々は認識している。

二　都市内、市内、あるいは市外に位置する神殿の建物それ自体は、公共の使用に供することでその正当性を示さなければならない。祭壇はすべての地において破壊されるべきであり、また我々が保有する土地に建つすべての神殿は適切な用途に変更されるべきである。個人所有の神殿は、破壊されるよう強制されるべきである。

三　このような葬祭の場において、陽気で宴会的な冒瀆的な儀式を執り行ったり、あるいは厳粛な儀式を行ったりすることは、すべて許可されるべきではない。斯様な慣習を禁ずるために、これらの場所を教会権力が使用する権利を、我々は司教たちに与える（……）。(16)（アルカディウス、ホノリウス、テオドシウス、四〇八年一一月一五日）

我々が一般法の権威に基づいて布告したすべての法令は、ドナトゥス派――彼らはモンタノス派とも呼ばれる――に反対し、マニ教徒あるいはプリスキラ派に反対し、また異教に反対するものである。この法令は単に有効な状態にあるにとどまらず、完全に執行されるべきである。したがって、前述の人々の建物やカエリコラ派の建物もまた、彼らが何か知られていない新しい教義のための集会を行っているならば、それらの建物は教会の所有とすべきである（……）。（ホノリウス、テオドシウス、四〇八年一一月一五日）[17]

建築遺構から見る神殿の転生《アフターライフ》

一方で、具体的な建築物の事例として、神殿から聖堂への改宗／改修がいつなされたかを詳細に明らかにすることは、なかなか難しいといわざるをえない。ローマの神殿建築として名高いパンテオンについては、六〇八年に東ローマ皇帝フォカスから教皇ボニファティウス四世にこの建物が贈られ、翌六〇九年五月一三日にサンタ・マリア・アド・マルティレス聖堂というキリスト教の聖堂として献堂されたことが知られている。だが一方で、たとえばギリシア神殿の代表格アテネのパルテノン神殿については、それが後にキリスト教の聖堂に転用されたことは知られているものの、果たしてそれがいつのことだったのか明らかにしてくれる記録は残っていない。

パルテノン神殿からキリスト教聖堂への改築は、ここでとりあげる他の二つの事例と比べると相対的には最低限の改修といえそうだが、それでもその変化は大胆なものである（図2-4）。もともとパルテノン神殿は東側に正面入り口を設けていたが、キリスト教神殿は一般的に西側を正面とするため、ここでは軸線が反転され、もともと裏側だった西側に正面入り口が設けられ、東側には聖堂の内陣となるアプスと呼ばれる半円形平面の壁が増築された。また、内部を区切っていた壁の一部は通り抜けできるように改築された。また当然のことながら、女神アテナの像は撤去されたことだろう。しかし建物の外観そのものは、古代の神殿からあまり大きな変化はなかったものと考えられる[18]。

しかし、聖堂内で多くの信者が一堂に会し礼拝を行うキリスト教聖堂としては、一般に神殿の内部空間は小さすぎたのではないかということが、次の二つの事例からは類推される。

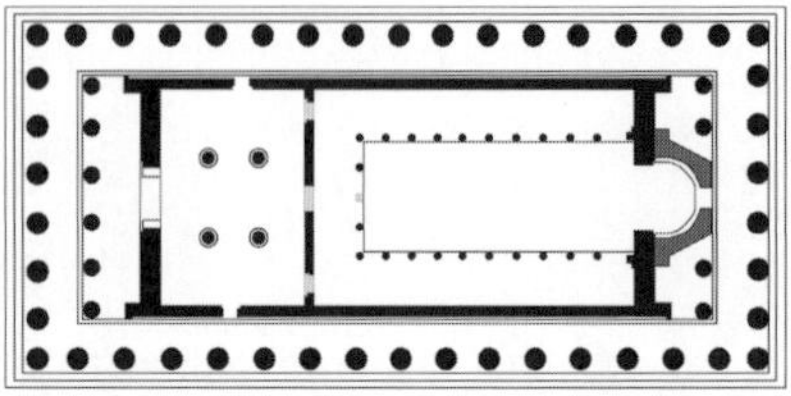

図 2-4　アテネのパルテノン神殿から聖母マリア聖堂への転用

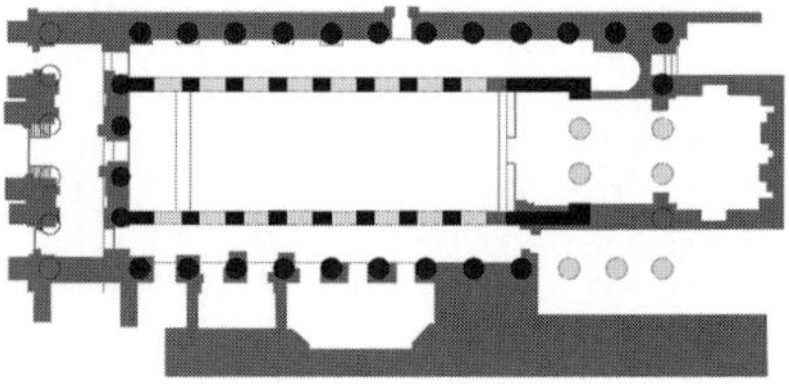

図 2-5　シラクーザのアテナ神殿からシラクーザ大聖堂への転用

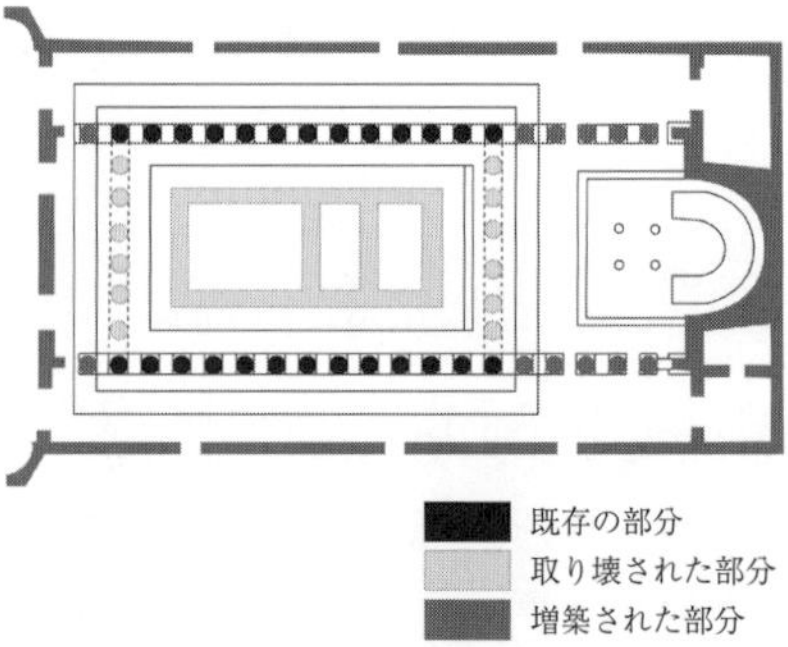

図 2-6　アフロディーテ神殿からアフロディシアス大聖堂への転用

例えばシチリア島にある現在のシラクーザ大聖堂は、もとは紀元前五世紀頃に建設され女神アテナ（ローマ名ミネルウァ）に捧げられた神殿だったが、紀元後七世紀頃に改築され、キリスト教聖堂となったものである（図2-5）。このとき、神殿の壁体のラインが聖堂の身廊と側廊を隔てるアーケードとなり、神殿の外周の円柱列のラインでは、柱と柱のあいだを石材で埋め、この部分が外周壁となった。現在でもシラクーザ大聖堂の壁には、後から作られた壁のなかに埋没している古代のドリス式の円柱を見ることができる。シラクーザでは、既存建物の構造をうまく利用して、壁を内部のアーケードに、外周の円柱列を外壁に変換することで、建築の内部空間を一回り大きくすることに成功したわけである。

さらに大胆な事例が、トルコのアフロディシアスの遺跡調査から明らかになっている（図2-6）。この地には、紀元前後に建設された、女神アフロディーテ（ローマ名ウェヌス）に捧げられた神殿があった。この神殿は、おそらく西暦五〇〇年頃にキリスト教の聖堂に改築されたようである。この改築では、神殿の内部空間を囲う壁体は完全に取り壊された。そして神殿外周の円柱列を、新しいバシリカ式キリスト教聖堂の内部列柱に見立ててそのまま再利用し、もともとの神殿全体をひと回り大きな新しい壁で囲ったのである[19]。シラクーザの改築で、神殿の内部空間がひと回り大きくなってキリスト教の聖堂空間になったとすれば、アフロディシアスではふた回り大きくなったといえるだろう。

2　スポリア

スポリアとは何か?

ここまで見てきたのは、既存建物の構造体や空間をいかに再利用してきたかという事例であった。しかし建築再利用の手法は、そればかりではなかった。むしろそれ以上に頻繁に行われてきたのが、スポリアと呼ばれる、建築の部材再利用である。スポリアとは、戦争などで奪い取った戦利品や、獣から剝ぎ取った毛皮などが語源といわれ、美しい彫刻で飾られた建築部位や磨き上げられた大理石円柱などを古い建物から「剝ぎ取って」きて、別の建物で再利用することをいう。[20]

近年の英語圏の研究では、「スポリア」に対して「スポリエーション」という概念も設定されている。[21] これはスポリアの行為そのもの、あるいはスポリアされた側の建物に着目するもので、これまでは単に「廃墟」の一語で片付けられてきていた建築現象といえるだろう。じつは神殿建築の再利用においても、スポリエーションは盛んに行われていた。サン＝ピエトロの屋根の銅板の葺き替えのために、ウェヌス神殿の屋根の銅板を再利用するようなきわめて実利的なスポリエーションもあって、[22] ここまで見てきた神殿の再利用はスポリアされた側の、いわば「スポリエーションの歴史」といえるものかもしれない。

スポリアには、既存建物を石切場と同等にみなし、そこから役に立ちそうな石材や、時には金属や木材を切り出して別の建物に再利用するような実用《プラグマティック》的な側面と、装飾的な彫刻モチーフに描かれている意味や象徴性を重視して、それゆえに再利用するような観念的《イデオロジカル》な側面があるといわれる。実用的スポリアにおいては、石材は最後には粉末状に砕かれてモルタルや漆喰の材料にまで使われるため、極端にいえば、既存建物はスポリアによって骨までしゃぶり尽くされ、最後には消滅することになる。だが、一方でスポリエーションされた廃墟が構造体として再利用されることもあるため、消滅する前に別の建物に生まれ変わることもあるわけだ。

古代末期のスポリア

実用的《プラグマティック》スポリアにおいても観念的《イデオロジカル》スポリアにおいても、既存建物の一つひとつの部材が質の高い材料を使って丁寧に作られていればいるほど、スポリアの欲求は高まる。そのため古代末期において、使われなくなった「異教」の神殿建築は、スポリアの恰好の餌食となったようだ。ふたたび『テオドシウス法典』を参照すると、四世紀から五世紀にかけて、新築を禁止して古い建築を保護すべしとする法令が、繰り返し布告されていることがわかる。なんらかの新築工事がはじまるたびに、そこで再利用されるスポリアのために、犠牲《スポリエーション》となった歴史的建物がそれだけ数多く存在したということであろう。三六四年から三六五年にかけて布告された三つの法令からは、このことに加え、美しい装飾を持つ歴史的建築が都市の美観保護のために重要だったという観点を読み取ることができる。

いかなる役人たちも、永遠の都ローマの中では皇帝陛下の命令がない限り、新しい建物を建設すべきではない。しかしながら、見苦しい廃墟になってしまったといわれるすべての建物について

は、修繕工事の許可を与える。㉓（ウァレンティニアヌス一世、ウァレンス、三六四年五月二五日）

我々は、厚かましい役人たちのこれ以上の出過ぎた振る舞いを禁止する。彼らは辺鄙な町の廃墟において、大都市やその他の素晴らしき都市を美化するという口実のもと、彼らが持ち出すことのできる彫像や大理石彫刻や円柱のような素材を探し求めるのだ。我々の法が施行された後は、特にすでに我らは古き建物が修繕される前に新しき建物を建設してはならないと命じたのだから、罰を受けることなくこのような行為に荷担することは許されるべきではない。実際のところ、仮に新たな建設工事が始められる場合にも、他の町が被害を受けるべきではないのである。㉔（ウァレンティニアヌス一世、ウァレンス、三六五年一月一日）

新たな建設工事に着手するための、すなわち輝かしき建物の修繕を怠るような役人たちから与えられた建設許可命令は、すべて阻まれるべきである。この点において、とりわけ建物が時間の経過によって荒廃している場合には、それらの建物をかつての姿に修復し、都市の彩り、大理石の装飾品として、適切かつ有用な貢献を目的とするならば、完全かつ寛大なる許可が役人たちに与えられるべきである。しかしながら、仮に永続的な建物を公共のために建てる機会があった場合には我々がそれを禁止することはないが、それを除けば、新築工事をしようとするいかなる人物にも許可を与えるべきではない。㉕（ウァレンティニアヌス一世、ウァレンス、三六五年三月一五日）

これらの法令から、古代における「歴史的建造物の保存」という観点を見出そうとする向きもあるかもしれない。しかしその背景にあるものは、近代の成長時代における再開発とは、本質的に異なるものである。ローマ皇帝たちは、縮小時代に頻発したスポリエーションによる廃墟化を恐れたのだ。その一方でローマ皇帝たち自身も、神殿建築でローマの神々の崇拝が復活することを禁じながら、その建物を公共の用途に役立てようとしていた。そうした状況のなかで、「歴史的建造物」としての神殿建築は、新築のための部材再利用《スポリア》の対象として虎視眈々と狙われていた。こうした背景があったからこそ、皇帝たちは都市の美観を保つために、スポリエーションによってローマの栄光ある伝統を示す建築が廃墟と化すことを防ごうとしていたことがわかるのである。

しかし四世紀後半を通じて、社会の状況はますます厳しくなっていく。前述の三法令を布告した皇帝の一人である皇帝ウァレンス自身も、ゴート人たちとの軍事衝突に敗れ、三七八年に戦死してしまった。こうした事態を受けて、都市の軍事的防備やインフラの維持整備の重要性が、都市の美化を求める法令を上書きしていくことになったようだ。次の法令では、神殿からのスポリアが暗黙裡に認められてしまっている。

> そなたたちが同意した通り、旅人たちが定期的に通行する道路や橋、そして水道橋も、市壁と同じく、適切な費用に基づいて支援されるべきであり、破壊された神殿に由来すると言われる材料は、前述の必要性に迫られた構造物が完成されるように配分されるべきであると指示する。[26]（アルカディウス、ホノリウス、三九七年一一月一日）

しかしこの翌年、二人の皇帝たちは前言を撤回するかのように、すべてのスポリアが許可されたわけではないことを強調する。社会の安定のためのインフラ整備は必要、だが同時に帝国の権威を示す歴史的建築の破壊行為も止めなければならなかった。

そのような軽率な無法に向かって突き進む判断は下されるべきではなく、すなわち我らが忠臣に相談すること無しに新たな建設工事を始めるべきではなく、またいかなる構造物からもブロンズや大理石やその他の材料で作られたいかなる装飾をも、大胆にも剝ぎ取ろうとすべきではない。それらは実用的な役割を持ち、様々な市町村の美観を成すものであることを立証しうるものである。また皇帝の指示無しに、それらの材料を大胆にも他の場所に移送すべきではない(……)。[27]
(アルカディウス、ホノリウス、三九八年一月一日)

この不安定な時代にあって、おそらくスポリアはすでに止めようがないほどに一般的な行為になっていたのであろう。一連の法令は、無制限にスポリアが行われることによって都市景観が廃墟化することに歯止めをかけようとしていたと見ることができるが、皇帝自身も含めてその有用性を認識していたことが、インフラ整備に関する法令から見てとることができる。それどころか、一連の法令が布告されるはるか以前、四世紀前半にはすでに皇帝コンスタンティヌスの凱旋門の建設の際に、積極的にスポリアが行われていたことが知られているのである。

コンスタンティヌスの凱旋門

コンスタンティヌスの凱旋門は、三一五年に元老院が皇帝に捧げたもので、ローマのフォロ・ロマヌムの一角に建てられた、古代ローマ時代の皇帝の凱旋門のなかでもよく知られているものである。

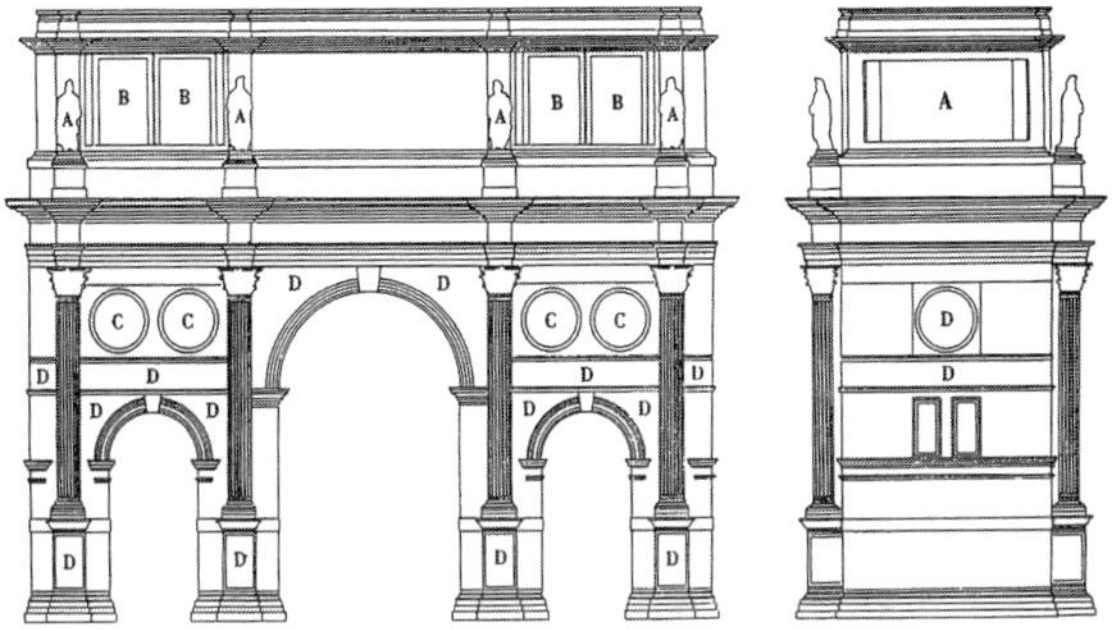

図 2-7　コンスタンティヌスの凱旋門とスポリア

A: トラヤヌス帝時代の彫刻，B: マルクス・アウレリウス帝時代の彫刻，C: ハドリアヌス帝時代の彫刻，D: コンスタンティヌス帝時代の彫刻．

しかしこの建築を飾る彫刻の多くは、じつはこの凱旋門の建設時に作成されたものではなく、一五〇年から二〇〇年ほど遡る、五賢帝時代のトラヤヌス帝、ハドリアヌス帝、マルクス・アウレリウス帝の時代に作成された彫刻を、皇帝の顔の描写のみコンスタンティヌスの肖像に修正し、この新築された凱旋門に嵌め込んだものと考えられている[28]（図2－7）。

このことは早くもルネサンスの時代には知られていたようで、一六世紀の建築家ジョルジョ・ヴァザーリは次のように記している。

> その凱旋門では、優れた工匠がいなかったため、トラヤヌス帝の時代に作られた大理石の物語浮彫を利用しているのみならず、さまざまな土地からローマにもたらされた遺品をそのまま用いているのが認められる。そして、

円形装飾のなかに浮彫で彫り出されている奉納の情景や、捕虜たち、大きな物語浮彫、円柱、蛇腹装飾やその他の装飾など、古い時代に作られた遺品を利用したもの（spoglie）が見事な出来栄えを示しているのに対し、そのほかのところを埋めるために当時の彫刻家たちによって作られた作品がまことに拙劣であることは、誰しも認めるところであろう。㉙

一六世紀の時点で、コンスタンティヌスの凱旋門のスポリアがすでに知られていたという事実には驚きを覚える一方で、古代盛期の芸術は高等で古代末期の芸術は拙劣であるというヴァザーリの決めつけには、若干の違和感を覚えないわけにはいかない。これはまさにルネサンス人の歴史認識であり、ヨーロッパの伝統的な美術史学の基礎となった認識である。それに対して、現代の歴史家はコンスタンティヌスの凱旋門に見られるスポリアについて、元老院が皇帝コンスタンティヌスを過去の名君と結びつけようとしたのではないかとするスポリアの観念的《イデオロジカル》な側面と、安く早くこの感動的な凱旋門を完成させたのではないかという実用的《プラグマティック》な側面の、二つの側面を指摘している。㉚むろん、社会不安の時代にあって、質の高い作品を制作できる職人が足りなかったという「ローマの衰退」の側面も指摘することはできるだろう。しかしヴァザーリの指摘は、古代盛期の芸術作品は質が高く、古代末期から中世にかけて質が低下したという、彫刻作品の形の美しさの問題だけに限定されている。いや、むしろこう言うべきかもしれない。ルネサンス人が理想的な美の形式《フォルム》を見出した時代こそが古代盛期と呼ばれ、彼らの理想とは異なるスタイルが衰退と位置付けられたのだと。㉛ヴァザーリは他のスポリアの事例についても、いくつか言及しているが、いずれの箇所でも、スポリアが本質的に有している歴史の継承や、その古さが醸し出す素材感《マテリアリティ》にはまったく言及しない。ルネサンスは、たしかに「古代の再発見」の時代ではあったが、彼らは古代の「形式《フォルム》」を抽出し、模倣することでルネサンスを実現したのである。この「一六世紀の形式主義《フォルマリズム》」の問題については、本書3章で改めて見ることとしたい。

中世のスポリア

じつは、古代を再発見したのは一五、一六世紀のイタリア人だけではなかった。九世紀のカール大帝（シャルルマーニュ）は西ローマ皇帝を自称し、古代ローマ帝国の復活を目論んだ。彼の宮廷文化が成し遂げた芸術的・文化的実現は、後世の歴史家たちにカロリング・ルネサンスと呼ばれるようになったものである。また一二世紀にも古代の学芸への接近があり、こちらは一二世紀ルネサンスと呼ばれる。カロリング・ルネサンスの時代にも、一二世紀ルネサンスの時代にも、古代との結びつきを示すための重要な鍵のひとつとなったのがスポリアであった。

カール大帝は古代ローマ帝国の復活を目指して、アーヘンの宮廷礼拝堂（エクス・ラ・シャペル）を建設させる。このとき礼拝堂の建築のモデルとなったのはラヴェンナのサン＝ヴィターレ聖堂であった。しかしこの壮麗な宮廷礼拝堂が建設されるにあたり、模倣されたのは古代の形式《フォルム》だけではなかった。カール大帝は、実際に古代に使われていた大理石円柱をラヴェンナやローマから取り寄せ、それをこの新築の礼拝堂のなかで再利用することで、物質的《マテリアル》な古代との繋がりを示したのである。カール大帝の宮殿で識者として活躍し、大帝の伝記を著したアインハルトは次のように記している。

このためアクアスグラニにたいそう美しい大聖堂を建て、金や銀や灯火で、そして純銅製の扉や内陣格子で飾った。これを建てるための大理石の柱を、他の土地からは求められなかったので、ローマやラウェンナから運ぶように手配した。㉜

オーストラリアの美術史家M・グリーンハルシュは、中世の文献で確認される、石材(lapis)と大理石(marmore)の区別を指摘している。㉝大理石円柱は切石を積み重ねて作る石材の円柱とは異なり、モノリスの一本石として制作されるためそれ自体巨大であり、また磨き上げられて輝きを放っていた。中世ヨーロッパにおいて、大理石という素材は単なる石材としての選択肢のひとつではなく、それ自体が特別な存在だったのである。特にアルプス以北の北ヨーロッパでは、地中海世界とは異なり、大理石が近傍の石切場で産出されることは稀であった。中世の北ヨーロッパから見たとき、大理石はその質感《マテリアリティ》ゆえに賞賛される貴重な石材であったのみならず、古代ローマへの回帰を示すイデオロギーを表明するものでもあったのだ。

スポリアと素材感《マテリアリティ》

大理石の質感を賛美し、大理石円柱という具体的なマテリアルによって古代ローマからの歴史の継承を示そうとしたのは、一二世紀のサン゠ドニ大修道院長シュジェールもまた同じであった。シュジェールが、歴代フランス王家の菩提寺であったサン゠ドニ大修道院を王家に相応しい立派な聖堂に改築させ、一一四四年に献堂されたこの建築が、ゴシック様式という中世の華麗な新様式の嚆矢となったことはよく知られている。ゴシック様式は、後に古代やルネサンスの建築様式（古典様式）と対極の様式として位置付けられるようになるため、「反古典」などと呼ばれることもあるのだが、修道院長シュジェールが目指したのは決して古代からの離反ではなく、むしろ古代を歴史的に継承することであった。

次節で見るように、シュジェールがサン＝ドニで行ったのは新築工事ではなく、カロリング期に建設された聖堂の増改築工事であり、いうなればリノベーションであった。シュジェールは彼が書き遺した建設記録のなかで、カロリング期の聖堂内に立ち並んでいた大理石の円柱列の素材感《マテリアリティ》を賞賛し、「変化に富んだ賞賛すべき大理石の円柱(34)」と記している。シュジェールは、これらの円柱を含む聖堂の既存部分が建設されたのが、メロヴィング朝の王ダゴベルト一世の治世の七世紀初頭のことと誤解しており（実際にはカロリング朝の八世紀の建築だったのだが）、それゆえにシュジェールにとってそれはほとんど古代と同等の古い時代であった。彼はこの「古代」の聖堂と調和するリノベーションを実施するために次のように考えたと記している。

先ず第一に旧い建物と新しい建物との適合性と一貫性とに意を用いた。そのため我々は、大理石か大理石と同等の材質の柱を入手すべく、考え、自問し、遠隔諸地域の様々な地方を調査したが、何物をも探し当てられなかったので、一つの考えのみが働くものにとって心に残って、我々を悩ませた。即ち町《ウルブス》から——何となればローマでは、ディオクレティアヌス帝の宮殿やその他の浴場において、我々はしばしば驚嘆すべき柱を眺めたので——、地中海を安全な艦隊で渡って、そこからイングランド海峡と、蛇行するセーヌの流れを通って、大理石柱を、友人たちの莫大な費用を使い、さらに近くにいる敵たるサラセン人に交通税を払っても手に入れようという考えである[35]。

シュジェールが古代の建築と現代の建築を調和させようと考えたとき、彼が重視したのは古代の彫刻形式ではなかった[36]。むしろシュジェールが重視したのは大理石というマテリアルそのものであり、その質感によって歴史の継承を表現できると考えたのである。

ここまで古代末期から中世にかけての、建築再利用のさまざまな側面を論じてきた。古代盛期の驚くべき安定時代から古代末期の社会変動の時代に転じたとき、建築行為には再利用という側面が大きく浮かび上がってきた。建物の再利用においては実用的《プラグマティック》な再利用と観念的《イデオロジカル》な再利用があったが、特にスポリアの歴史を見てくると、これらの二側面に加えて、素材感《マテリアリティ》の観点も重要であった。素材感《マテリアリティ》が紡ぐ歴史性は、一六世紀以降になると形式性《フォーマリティ》に取って代わられたといえそうだが、この問題については本書3章で扱うこととしたい。

スポリアは、古代末期ばかりでなく中世を通じても盛んだった。一一世紀のモンテカッシーノのデジデリウス、一二世紀のサン＝ドニのシュジェールやブロワのヘンリーに至るまで、多くの知識人聖職者がスポリアによって古代との結びつきを示そうとしたことが知られている[37]。しかしこの頃から、社会状況は新たなフェーズへと遷移し、建築再利用の歴史にも新たな局面が登場することになる。

3　中世の成長時代

一二世紀・一三世紀の成長時代

中世盛期と呼ばれる一二世紀から一三世紀になると、ヨーロッパは成長時代ともいうべき、人口増加の時代に突入する。ジャン・ギャンペルは一一世紀から一三世紀に起こった技術革新を「中世の産業革命」と呼んだ[38]。ギャンペルが強調するのは、中世における製鉄産業である。水車や風車の回転運動を、カム軸を使って垂直運動に変換できるようになったことにより、ドロップハンマーや水力ふいごなどが自動化され、製鉄に生かされたという。

鉄の生産量の向上は、農機具の改良に結びついた。農機具の改良は農業生産性の向上に結びつく。そして農業生産性の向上は、人口増加を促進し、人口増加と鉄を利用した農機具の改良は、森林や荒地の開拓を可能とし、その結果、農耕地がいっそう拡大していくこととなった。

農地で豊作が続き、人口が安定的に増加したことには、中世の気候も影響していたといわれる。九世紀頃から一三世紀頃まで西ヨーロッパ一帯では温暖な気候が続き、「中世の温暖期」と呼ばれる時期であった。ところが一四世紀になると気候が寒冷化し、厳しい寒さが続きはじめる。一四世紀から一九世紀までを「小氷河期」などと呼ぶこともあるようだ。一三世紀から一四世紀にかけて大きく変化した気候変動に人間生活はすぐに対応できなかったようで、一四世紀のヨーロッパでは、農業は突如として不作に転じ、伝染病が蔓延する。こうして訪れた一四世紀の人口減少の時代については後で見ることとして、まずは一二世紀、一三世紀の人口増加の時代を見ていこう。

人口増加は都市の拡大をもたらした。村は町となり、町は都市となり、都市は大都市となった。建築史の分野で強調されるべきは、一二世紀半ばにゴシック様式が誕生したことである。膨れ上がった都市住民をミサの際などにまとめて収容するために、教会堂の建築空間も拡大したわけだ。巨大なゴシック大聖堂が建設されはじめたのは、一二世紀後半のことであった。

ゴシック大聖堂の建設もまた、「中世の産業革命」と密接に結びついていた。高さ四〇メートルに達するような巨大吹き抜け空間を有するゴシック大聖堂を可能にしたのは、切石の精度向上である。鉄の生産量が増え、大工道具の質が向上したことにより、ブロック状の切石を精確に垂直水平に切り出すことができるようになったこと、そして石材そのものが巨大化したことが、圧倒的な高さにまで歪みなく到達する構造物を可能にした。古代エジプトやギリシアの巨石文明以降、古代ローマや中世前期のロマネスク建築では、比較的小さいサイズの切石を積み上げた表層面で砂利や粗石を混ぜたコンクリートやモルタルを挟み込み、それら全体が硬化して一体化した厚い壁を構造体とする構法が一般的であった。ゴシックの時代になって、再び巨石を扱う構法が甦ったわけである[39]。

ゴシック建築と鉄の関係は道具だけにあるわけではない。ゴシック以前には、アーチやヴォールトによって生じる推力は分厚い壁の圧縮力で抑え込まれていた。しかしゴシック建築の時代になると、鎖状に繋がれた鉄部材を構造体のなかに巡らせることで、圧縮力ではなく引っ張り力で推力の問題を解決する新しい構造システムが生まれる。こうしてこの巨大建築は、骨組み的な構造システムを利用することにより、壁面がすべてステンドグラス面となるような劇的な変化を遂げたのである[40]。

この人口増加の成長時代に、建築再利用はどのように行われたのであろうか。古代末期から中世前期にかけての縮小時代には、使い道がなくなり、維持できなくなった既存建物の転用や部材の再利用が盛んに行われたことは、前節で見たとおりである。成長時代になると、人口に比して建築空間が足りなくなるわけなので、新築的な建築行為が増えることになる。たとえば新都市をゼロから建設するような事例も少なくなかったようだ。一三世紀の南フランスでは、三〇〇か所にも及ぶバスティードと呼ばれるグリッド状の新都市が建設されたという[41]。フロンティア開拓ともいえるような、都市建設活動である。

しかし、すでになんらかの都市が存在し、そこに既存建物が存在する場合には、現代のようなスクラップ&ビルドというわけにはいかないことが多かった。建物が巨大になればなるほど、組積造の建設工事には長い時間を要し、日々の生活を維持しながら建設活動を行うためには、破壊して新築するという再開発的なやり方ではなく、既存建物を使い続けながら増改築するようなリノベーション的既存再利用が適していた。この時期、サン゠ドニで誕生したゴシックという新様式が流行し、多くの古い聖堂建築が改築されていくことになる。これは、最新の流行を取り入れながら、建築を巨大化させていく壮大な改築事業であった。

一二世紀は、建築ブームといえるような時代だったのである。

ロマネスクの修道院と既存再利用

中世ロマネスク文化の基盤となった修道院も、この頃最盛期を迎えていた。なかでも中央集権的な組織運営の成功により、一〇世紀から一二世紀にかけて爆発的な発展を遂げ、当時のヨーロッパで最大規模の修道会組織となったのは、クリュニー修道会である。

初代修道院長が老齢のために引退した九二六年にはわずか六の修道院がクリュニーに属していたに過ぎなかったが、第五代修道院長オディローの在位中の一一世紀前半には三四の修道院が、そしてその最盛期を迎えた一二世紀には、なんとヨーロッパ全土に一五〇〇近くものクリュニー系修道院が配されていたという[42]。

一〇世紀初頭に建設された最初のクリュニー大修道院は、すぐに手狭になってしまったようで、早くも一〇世紀の後半には改築され、現代の研究者から第二クリュニーと呼ばれる新聖堂が建設された。この第二クリュニーの時代、すなわち一一世紀前半には、クリュニー大修道院に所属していた修道士の数は、おおよそ七〇人ほどであったといわれる。クリュニーの繁栄期に最長期間、大修道院長の座に君臨したユーグ・ド・セミュール（在位一〇四九—一一〇九年）の時代には修道士の数も激増し、一〇八五年には二〇〇人、一一〇九年には三〇〇人に達した[43]。このような修道士の増加に合わせて、いっそう巨大な第三クリュニーの建設がはじまる。一一三〇年にローマ教皇インノケンティウス二世の手で献堂された新聖堂は、フランス最大の修道院付属聖堂であった。有力者が大勢の供の者を伴ってこの巨大修道院を訪れた際にも、聖堂には一〇〇〇人が収容可能、大寝室や大食堂などの施設には一二〇〇人もの人々が収容できたという[44]。

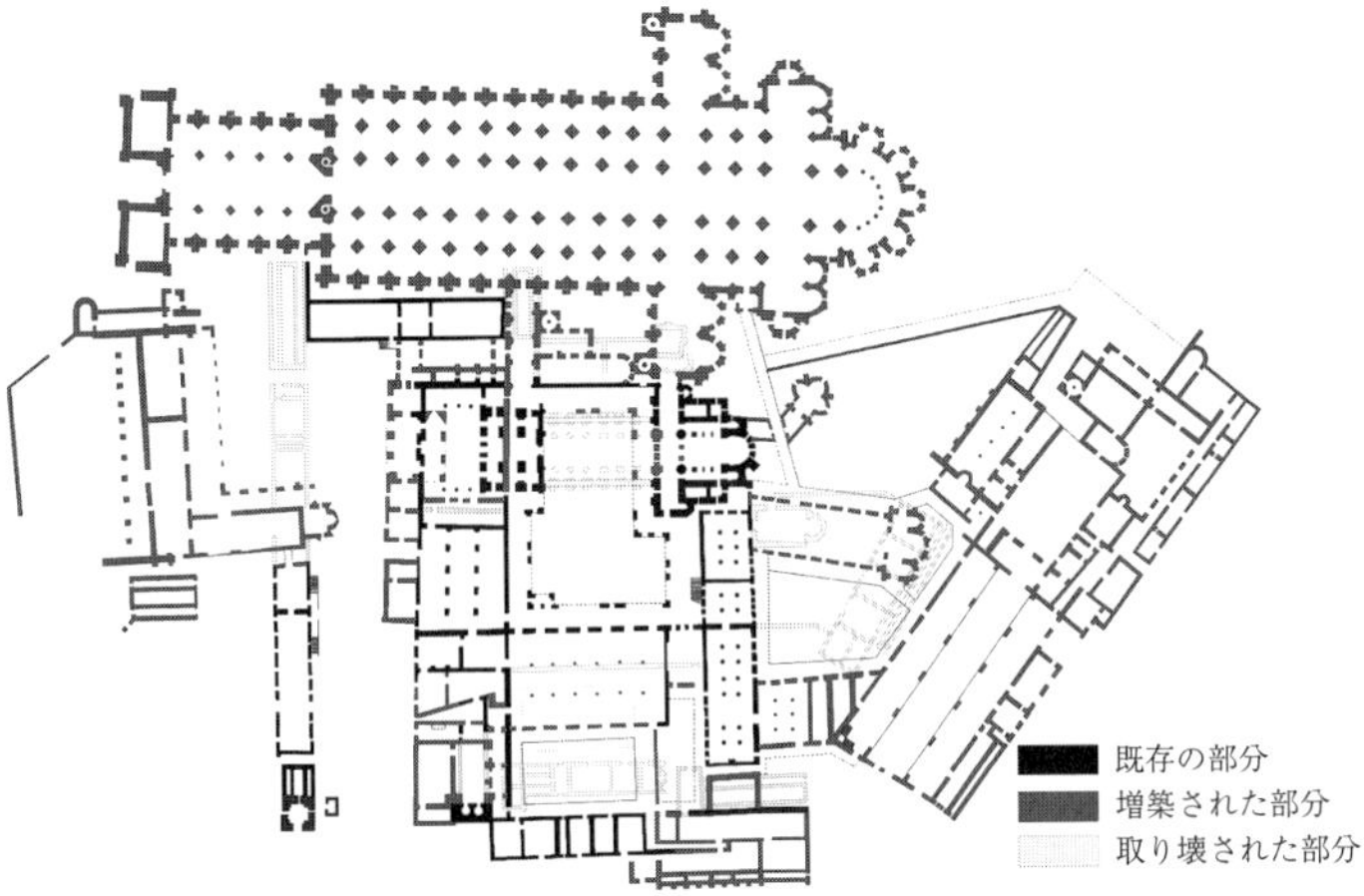

図2-8　クリュニー大修道院，第二クリュニーから第三クリュニーへの改築

こうした一連の建て替え工事は、現代的な感覚からすれば、経済発展に伴うスクラップ&ビルドのように思われるかもしれない。しかし大勢の修道士たちが日々の生活を送るなかで進められた改築工事は、やはり既存建物の再利用を伴うものだった（図2-8）。なかでも大食堂、大寝室、集会室など回廊を取り囲む修道士たちの生活空間は、第二クリュニーから第三クリュニーへの大改築に際してもドラスティックな変化はなかったようである。むしろこれらの生活空間を核として利用し続けながら、周辺部分を改築していくという手法で、大規模リノベーションが進められていった。第三クリュニー聖堂と呼ばれる巨大聖堂については、敷地外周側で旧聖堂に隣接するように建設されたことから、完全な新築だったものと推定される。一方、不要となった旧聖堂の方は、身廊部分は破壊されて回廊の一部に組み込まれ、内陣部分は再利用されて礼拝堂となったのだった。

ゴシックの大聖堂と既存再利用

クリュニー大修道院が最盛期を迎えた一二世紀の中頃、パリを中心とするイル＝ド＝フランス地方一帯では、ロマネスクに代わる新様式「ゴシック」が登場する。ゴシック建築はサン＝ドニという修道院で誕生したが、この様式が発展したのは都市部の大聖堂においてであった。修道院が人里離れた辺鄙な場所に多く建設されたのに対し、大聖堂はローマ教皇によって認められた司教座都市に建設された聖堂であり、大勢の都市住民を収容することが求められる巨大建築だったのである。それらの都市の多くは、古代まで遡るような長い歴史を有する都市であった。一二世紀、一三世紀の人口増加に応じるかのように、これらの都市で新聖堂が建設された時、それらの大聖堂のいくつかでは、やはり既存の構造物の再利用が認められる。

すでに何度か言及したとおり、ゴシック様式誕生の地として知られるパリ郊外のサン＝ドニ大修道院において、大修道院長シュジェールの建設プロジェクトは、この新様式を生み出した革新的なプロジェクトであった。彼がこのプロジェクトの着手を決断した最大の理由は、まさしく中世の人口増加問題であった。シュジェールは改築の理由としてまさに、「そこに唯一欠けていたのは、恰度適当な大きさを持っていないことであった[45]」と述べている。改築前の小さな聖堂のなかで、多すぎる信徒たちが溢れかえっている様子を、シュジェールは独特の表現で描写している。

この顕著な狭小さのお蔭で、信徒の数が増えて、彼らが聖人たちの助力を求めて頻繁に集まって来るので、上記のバシリカは常にひどい不都合に耐えていた。即ち祝日には、極めてしばしば、そこにはすべての扉を通って群衆が、正しく一杯に入って来て、氾濫を起こしかねない程で、彼らは単に入ろうとするものを入れないだけでなく、さらにすでに入っていたものは、先に行くものの圧力で出るのを妨げられた。時として汝は驚くべき光景を見ることになろう。即ち、主の十字架の釘と茨の冠の聖遺物を崇敬し、これらに口づけするために入ろうと努力するものたちは、集っていた多数の群衆のひどい抵抗にあい、数え切れない何千人の民衆の中では、何人も足を動かし得ず、何人もこの制約の中では、大理石像の如くに立ちつくす外はなく、硬直しているか、残る手段は叫ぶことであった。しかして婦人たちの苦悩は、何とも耐え難いものであった。即ち彼女たちは、葡萄酒圧搾機に押し込まれたように、強い男とたちと混ぜ合わされて、あたかも死を想像したような血の気のない顔を示し、臨産婦がするような恐ろしい叫び声をあげていた。彼女らの幾人かは、惨めにもおしつぶされたが、男たちの愛情ある助力によって、人々の頭の上に持上げられて、彼らの上をあたかも舗石を通るように恐る恐る進行した。(46)

サン＝ドニ大修道院は、パリの中心部のシテ島から真北に一〇キロほど行ったところにあり、歩いてもせいぜい二、三時間といったところである。おそらくこの信徒たちの大群衆の多くは、祝祭の日にあわせてパリから訪れたのであろう。

シュジェールはまず、この修道院付属聖堂の入口付近の空間を拡大するために、古い身廊を延長して、より大きな新築のエントランス部分と接続する計画を立てた。この古い身廊の大部分は、実際には八世紀後半にカロリング朝のピピン短軀王の下で当時の大修道院長フルラが建設させたものだったと考えられるが、シュジェールはこれが、さらに一〇〇年以上前、七世紀前半のメロヴィング朝の王ダゴベルト一世による創建聖堂だったと誤解していた。(47) したがってシュジェールは五〇〇年以上前に建設された古い身廊（実際には四〇〇年弱の歴史だったわけだが、それでも十分に古いといえる）の延長のために、「旧い建物と新しい建物との適合性と一貫性」に意を砕き、その歴史性を帯びた円柱列を延長することを考えた。そのために彼が、「ディオクレティアヌス帝の宮殿やその他の浴場」の遺跡から古代の円柱をスポリアとして輸送しようとしていたことは、すでに見たとおりである。

一一四〇年にシュジェールは、西側エントランスの玄関廊《ナルテックス》の建設に一区切りつけると、身廊には手をつけず、東側の内陣部分の建設に現場を移した。この内陣も玄関廊と同じく、旧身廊の幅に比べるとかなり大きく、全体としては頭でっかちなプロポーションである。このときシュジェールは、彼が誤解していた「メロヴィング朝時代の」壁の一部を、重要な歴史的遺物として「保存」しようとしている。古い伝承によればその壁は、ダゴベルト時代の建設の最中にキリスト自らが顕現し、「按手により……聖別」したといわれ、シュジェールは「これらの聖なる石材そのものに、聖遺物としての敬意を払い」、「古い壁の一部をできるだけ残した」と語っている。(48) これが具体的にどの部分の壁を指していたのかについては、建築史・考古学研究からは明らかにされていないが、内陣の拡張工事に関わる部分だったことは、シュジェールの文面からは間違いないことのようだ。さらに、古い地下祭室の上部に新築される内陣について、「上部の柱とそれらを結ぶアーチとが、下部では地下祭室内のそれらの上に置かれることにより、さらに幾何学的数学的機器類の助けも借りて、古い教会堂の中央線が、新しい拡張部分の中央線と一致させられるように[49]」と、既存建物と新築部分の融合に事細かに配慮している（図2‐9・図2‐10）。

こうして完成したサン＝ドニの新しい内陣は、後に「ゴシック建築の誕生」と賞賛されるようになった。この空間の新しさには、細い柱とリブ・ヴォールトを組み合わせた骨組み的な構造システムが大いに貢献しており、それによって石の壁はステンドグラスに置き換わったのである。この驚くべき空間の実現と、既存建物の再利用とのあいだには、直接的な因果関係はないかもしれない。しかしながら、再利用的な建築行為でも、「新様式の誕生」として後世から絶賛されるような建築空間を生み出すことができることを証明する、重要な事例ということができよう。そしてじつは、シュジェールが「旧い建物と新しい建物との適合性と一貫性」に配慮した結果として、モノリスの大理石円柱に強い執着を抱いたことと、このゴシック建築の新しい空間の誕生は、決して無関係ではなかったと思われるのである[50]。

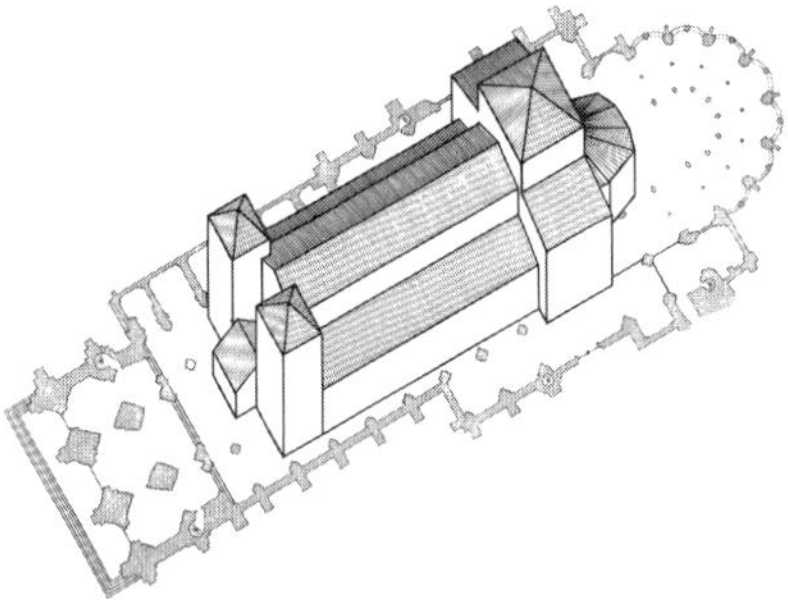

図 2-9　8世紀，修道院長フルラによって建設されたサン＝ドニ大修道院

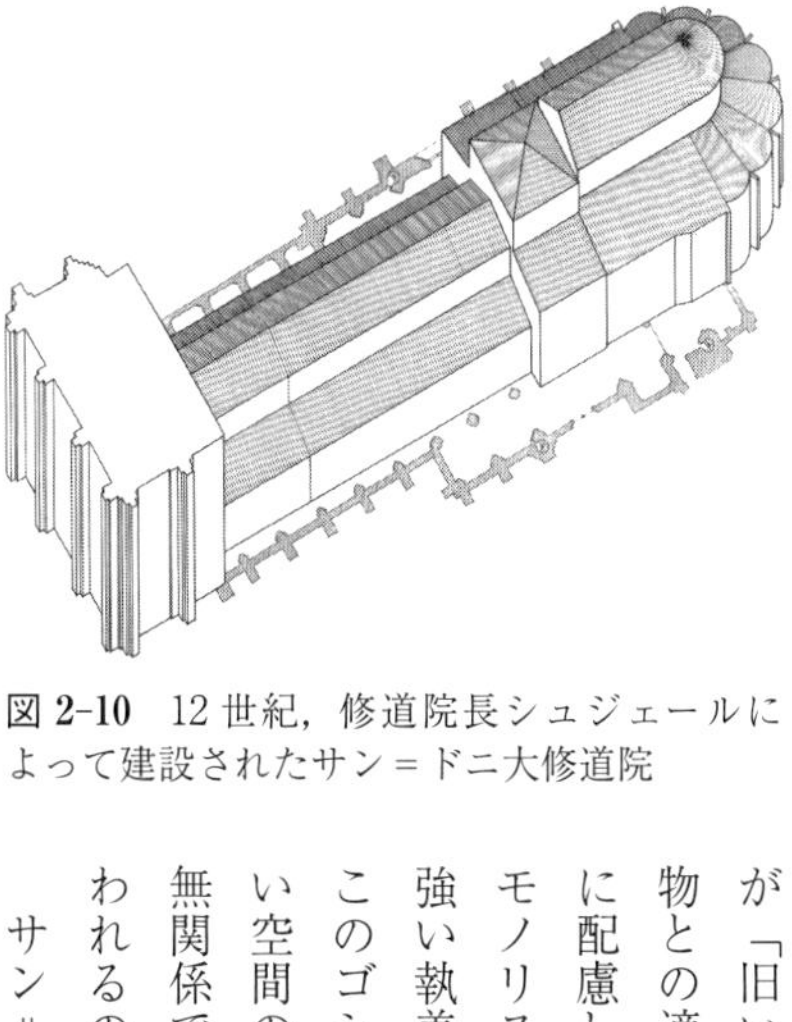

図 2-10　12世紀，修道院長シュジェールによって建設されたサン＝ドニ大修道院

サン＝ドニ大修道院で

誕生した、新しい建築デザインは、瞬く間にフランス中に、そしてヨーロッパ中に伝播することとなった。シュジェールは、この新聖堂の完成披露のために、盛大な献堂式を執り行った。一一四四年六月に挙行された献堂式には、フランス王ルイ七世、王妃アリエノール・ダキテーヌ、王母アデライードをはじめとして、王国内外の有力者たちが列席しており、さらに五人の大司教と一三人の司教たちの名前も記録されている。大司教のなかには遠くボルドー大司教や、英国のカンタベリー大司教までも含まれており、この新デザインが大流行する最初の契機がこの献堂式にあったと考えることができるだろう。

実際、一二世紀から一三世紀にかけて、ヨーロッパ中で多数のゴシック大聖堂が建設されていった。成長し続ける都市の人口に比例するかのように、その規模は驚異的なスケールにまで巨大化していったのである。

4　中世の縮小時代

激動の一四世紀

しかし成長時代の翳りは、突如としてあらわれた。一四世紀に立て続けに起こった、気候変動・戦争・伝染病である。

「中世の温暖期」から「小氷河期」への気候変動の最初の大きな兆候は、西ヨーロッパでは一三一五年から一三一七年まで三年続いた大雨としてあらわれた。この三年間のことは、「大飢饉の年」として知られている。大雨による大飢饉は、ピレネー山脈からロシア平原まで、そしてスコットランドからイタリアまで、ヨーロッパ中で広く記録されている[51]。雨は一三一五年の春から降り始め、夏の間じゅう降り続け、秋になっても止むことはなかったという。

降り続ける大雨のために、岩盤の上に薄く土壌が堆積しているだけの荒地を開拓した耕作地では、土壌がすっかり流れてしまい、岩盤が露出した。沼地を干拓した耕作地は、再び沼地に戻った。中世の成長時代の人口増加を支えた開拓された耕作地は、この恐るべき自然災害によって、再び荒地に還っていったのである。翌年の一三一六年も、さらに続く一三一七年も大雨は降り続いたという。作物の収穫量は最悪の水準となり、人々は飢えに苦しんだ。農作物の不作は、人間ばかりでなく家畜をも苦しめ、結果、食糧難はさらに深刻化したのだった。

一二・一三世紀の経済成長を支えた人口増加が、この天候不順では逆に仇となった。一三世紀までの人口増加は驚くべきものであり、たとえば一一世紀末のイングランドの人口は一四〇万人程度だったが、一三〇〇年には五〇〇万人にまで増加しており、フランスでは同じく約六二〇万人だった人口が一七六〇万人まで増加していたという[52]。このような圧倒的な人口増加が、今度は食糧不足に拍車をかけることになったわけである。

降り続ける大雨は一三一八年には一応のおさまりを見せたらしい。しかし、大雨で被害を受けた耕作地は簡単には回復できず、農作物の収穫高がすぐにもとの水準に戻ることは、とうてい期待できなかった。そして西ヨーロッパ一帯は、「小氷河期」と呼ばれる寒冷期に突入していったのだった。

同じ頃、フランス王家でも、一三世紀の安定的な繁栄が揺らぎはじめていた。一三世紀に圧倒的長期にわたって王座に君臨したのはルイ九世（在位一二二六―一二七〇年）だった。後に聖王と呼ばれるルイ九世は、たしかに二度にわたる十字軍はあまり成功とは呼べないものだったものの（一度目の第七回十字軍では敵の捕虜となり東方の占領地と莫大な身代金を失い、二度目の第八回十字軍ではチュニジアで病死することとなった）、こうした大遠征が可能だったのも、国内が平和だったためということができよう。彼の治世にはゴシック建築も最盛期を迎え、王室礼拝堂サント＝シャペルの建設を筆頭に、パリのノートル＝ダムやサン＝ドニ大修道院付属聖堂でも大改築が施され、レイヨナン式と呼ばれるいっそう華麗な姿に変貌したのである。

しかし一四世紀になり、件の大雨が降りはじめる前の年に、聖王ルイの孫にあたるフィリップ四世美王（在位一二八五―一三一四年）がこの世を去ると、王家の安定は揺らぎはじめる。フィリップ四世の三人の息子、ルイ一〇世（在位一三一四―一六年）、フィリップ五世（在位一三一六―一三二二年）、シャルル四世（在位一三二二―一三二八年）が相次いで短命で世を去り、九八七年のユーグ・カペーの即位から続いたカペー朝がついに断絶したのだ。

フランス王朝を継承してヴァロワ朝を興したのは、フィリップ四世美王の弟で聖王ルイ九世の孫にあたるシャルル・ド・ヴァロワ（在位一三二八―一三五〇年）だった。しかしフィリップ四世美王の娘イザベラ・オブ・フランスを母に持つイングランド王エドワード三世がフランスの王位継承権を主張し、一三三七年から一四五三年まで続く百年戦争が勃発することになる。この戦争は、近代戦争のように大量殺戮兵器が使われたわけではないし、また一〇〇年間切れ目なく戦争が継続したわけではなかったから、戦争による直接の死者数は近代戦争のそれに比べれば控え目だったかもしれない。しかし英仏両国間でこれほどの長期にわたって戦争状態が続いたことが、人々の暮らしへの負担として重くのしかかったであろうことは、想像に難くない。この戦争が、人口減少をもたらしたと短絡することはできないとしても、安定的成長時代と大きく異なる社会状況が、政治的にももたらされたということはできるだろう。

また局地的には、百年戦争が人口減少をもたらしたのはたしかなようである。百年戦争の終盤の一五世紀のことだが、一四二二年から一四三六年にかけて、パリはイングランドの占領下に入った。この時のパリの人口減少と、一五世紀半ば以降の回復傾向について、歴史家のペルーズ・ド・モンクロは次のように記している。

イングランドによる占領時には、賃借人たちが逃げ出したために住宅は廃墟と化し、家主たちは破産した。一四二〇年代には家賃が暴落し、九〇％もの落ち込みになったと見積もられている。事実、一四二五年はノートル＝ダム橋の上にあった六五軒の住宅のうち二二軒が空き家となっていた。一四四〇年にはシャンジュ（両替）橋の上の一一二軒のうち五一軒が空き家であったが、一四五〇年代には空き家の数は二七軒以下と減っている。

占領が終わった頃には、六分の一の住宅には賃借人も家主もいなかったと算定される。パリ奪還の後、国王の不在にもかかわらずこの状況からの復興はめざましかったが、それは官吏階級の人々が数を増し、大貴族が放棄した屋敷に住み着いたり再建したりしたためである(53)。

しかし一四世紀のヨーロッパで、真に恐ろしい人口減少をもたらしたのは、ペストの大流行だった。ペストは地中海の港町からヨーロッパへの伝染を開始した。一三四七年から一三四九年頃にかけてヨーロッパで大流行したペストによって、ある都市では人口の二分の一あるいは三分の二が病死したなどといわれるし、またたとえばフランスの全土で見ると四〇パーセントあまりの人口減少があったなどといわれることもある。むろん、この大感染《パンデミック》の混乱のなかで、正確な統計資料など望むべくもないが、恐るべき人口減少がもたらされたことだけは、疑いえないことである。

人口減少時代の既存再利用

さて本節で確認したいのは、成長時代から急激な人口減少時代に転じた一三世紀から一四世紀にかけて、建築がどのように変貌を遂げたかということである。古代末期の縮小時代については、主に円形闘技場と神殿という二つのタイプのモニュメントのサヴァイヴァルを見てきたが、一四世紀の変動の時代については中世の成長時代から引き続いて建設されていたゴシックの大聖堂をいくつか見てみたい。一三世紀の拡大路線のなかで、建設途中にあった巨大教会建築は、この社会変動によってどのような影響を被ったのであろうか。ここでは、イタリアのシエナ大聖堂、フランスのボーヴェ大聖堂とナルボンヌ大聖堂、ドイツのケルン大聖堂を例としてとりあげてみよう。これらの大聖堂はいずれも、中世ゴシック建築の野心的な試みである。成長時代の終盤にあって、すなわち迫り来る縮小時代を未だ知らず、最大限の拡大を遂げた時代に、これらの大聖堂は計画され、建設がはじめられた。ところが一四世紀半ばの大きな社会変動のなかで、いずれも完成半ばで建設工事が停止することになる。成長時代と同じペースで建設工事を持続することができず、また人口減少により巨大な聖堂が不要となったのだ。ここで見る事例は、いわゆる既存建物再利用とは少しニュアンスが異なるかもしれない。半分だけ完成した廃墟然とした建築を、当初の計画とは異なるその姿のままで使い続けたという事例なのである。

敢えて強調するならば、彼らは人口減少時代のために新たな小規模教会堂を設計し直すようなことはしなかった。教会堂平面の「正しい形式」を重視するならば、半分だけ完成した中途半端な聖堂など、建築として正しくないかもしれない。「構造的安全性」が疑わしいかもしれないし、典礼の際に「使いにくい」かもしれない。あるいは、そもそも「美しくない」と評価されるかもしれない。しかし、そのような「強」「用」「美」は、ここでは問題にならなかった。たとえば以下で取りあげるボーヴェ大聖堂は、再三の崩落事故を起こしており、現代的な感覚からすれば、破壊して一から設計しなおすべき建築だったのかもしれない。しかし一三世紀の建築棟梁が思い描いた誇大妄想的なまでに巨大な聖堂の一部は、現代に至るまで使い続けられているのだ。

シエナ大聖堂

最初にとりあげるシエナ大聖堂のプロジェクトは、もともと同地に建っていた旧聖堂の東側半分の改築工事としてスタートした。一二二六年頃に建設がスタートし、一二六三年までかけて、八角形のドームを仰ぐ内陣と交差廊が建設された。続いて残っていた東側部分の改築工事がはじまり、一二八

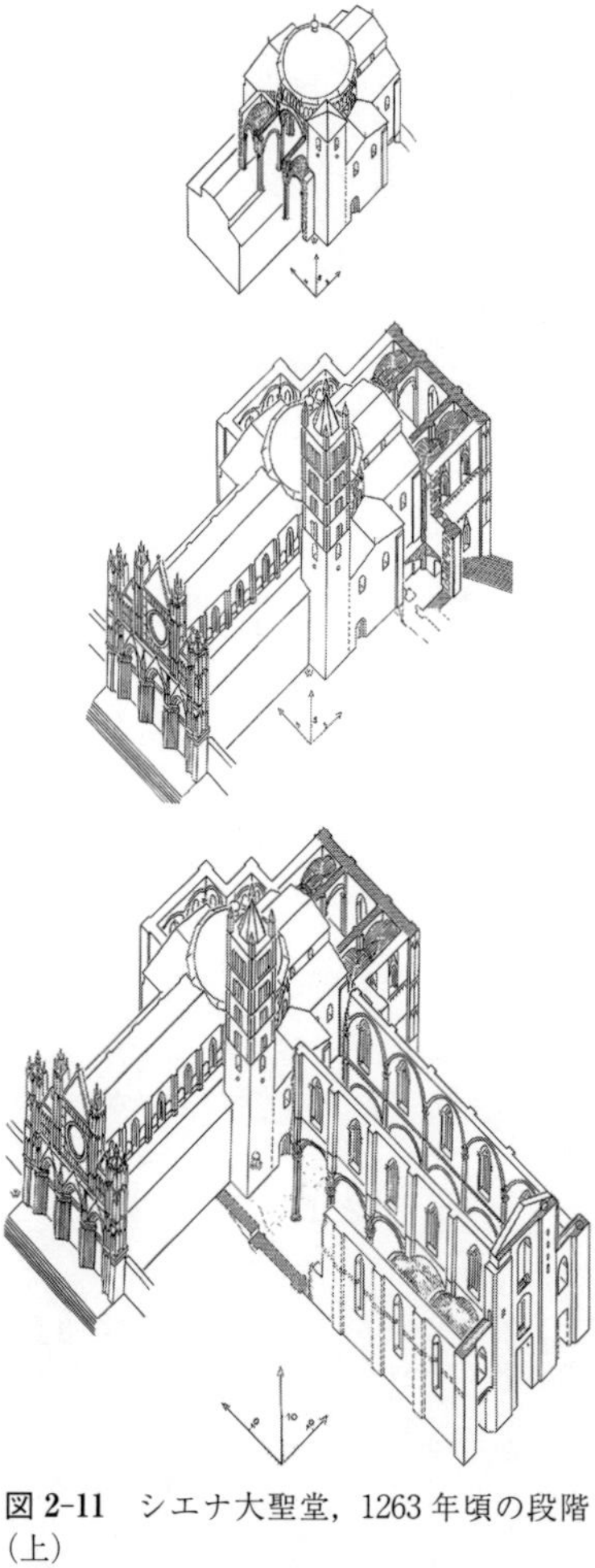

図 2-11　シエナ大聖堂，1263 年頃の段階（上）
図 2-12　シエナ大聖堂，1339 年頃の段階（中）
図 2-13　シエナ大聖堂，1355 年頃の段階（下）

四年までに身廊が完成し、背の低い鐘楼も建設された。しかしこうしてできあがった建築空間には満足がいかなかったのか、一三一七年頃までにかけて身廊のヴォールト高と鐘楼の高さを改築する工事が行われた。このときの身廊の垂直方向への拡張工事により、当初の八角形ドームは、半分ほど身廊の屋根にめり込んでしまったかのような、一風変わったかたちになったのである。さらにこの頃までに、西側のファサード、交差廊と内陣も少しずつ拡張され、大聖堂はまた一回り大きく成長したのだった[54]（図2-11・図2-12）。

しかしシエナ大聖堂の拡張はこれにとどまらなかった。一三三九年に、驚くほど大胆な拡張計画が登場する。それは、大聖堂の軸線を九〇度回転させ、すでに完成している身廊を交差廊に見立て、南側にさらに巨大な身廊を増築しようという計画であった(図2-13)。工事は順調に進んだかに見えたが、一三五七年に突如ストップする。これは一三五五年に構造上の問題と設計上の瑕疵が見つかったためと説明されるが、結局、途中まで建設が進められた壁はそのまま放棄され、まるで廃墟のような姿のまま今日に至るのである(55)。

シエナでは、一三三九年の時点でこれだけの拡張計画を実行するエネルギーがあったということは、一三一五年から一七年にかけての大雨の影響はあまり深刻ではなかったのかもしれない。あるいは、その前段階の建設工事が一三一七年に終わっていることと大雨にはなんらかの関係があるのかもしれず、一三三九年までに復興を遂げたということなのかもしれない。このような影響関係を論じるためには、より実証的な史料調査が必要になるだろう。一方で、一三五七年の建設放棄については、これまでも伝統的にペストの流行と結びつけて語られることが多かった。

一四世紀シエナの年代記作者アニョロ・ディ・トゥーラによれば、一三四八年の六月から八月に猛威をふるったペストにより、シエナの市内で五万二〇〇〇人が、市外では二万八〇〇〇人が死去したという。つまり都市内と郊外を合計すると死者数はなんと八万人に達し、生き残ったのは市内で一万人、郊外を含めても三万人に過ぎなかった(56)。このような異常な人口減少の後では、多額の費用と大勢の職人を使って建設工事を継続することは到底できなかったであろうし、そもそものような巨大な聖堂の必要性は、まったく失われていただろうと想像されるのである。

ボーヴェ大聖堂

続いてとりあげる例は、北フランスのボーヴェ大聖堂である。ボーヴェ大聖堂は、壮大さを誇るゴシック大聖堂のなかでも、内部空間の天井高ランキングで、栄光の第一位を誇る建築としてよく知られている。同時に、その高すぎるヴォールト天井が自然倒壊を招いたことから、高さ四八メートルに達する構造は石造建築技術の限界に達していたとも説明されるものである。

この巨大なゴシック大聖堂の建設は、一二二五年にはじまった。もともとあった聖堂が同年の火災のために大きな被害を受けたことが、再建の契機となったようである。そしておおよそ半世紀をかけて建設された、空前絶後の天井高を持つ大聖堂の内陣が完成した。一二七二年には、完成したばかりの新しい内陣でミサが行われたことが記録されている(57)。

完成したのは未だ、内陣だけであった。果たして建設はまだ続いていたのであろうか。この巨大な内陣に見合う、交差廊と身廊を建設したならば、ボーヴェ大聖堂は信じがたい巨大さを獲得したであろうし、またその建設には想像を絶する時間と資金を要したことであろう。残念ながら、一二七二年以降の建設状況については、ほとんど知られていない。もしかすると建設現場はこれで一段落し、継続していなかったのかもしれない。その後の出来事としてよく知られているのは、一二年後の一二八四年に発生した崩落事故である。一七世紀のある歴史家が、見てきたかのようにこの事故を描写している。

一二八四年、使徒聖アンデレの深夜ミサの金曜日、ボーヴェのサン゠ピエール司教座聖堂が大規模に崩壊したのは夜七時のことだった。内陣の大ヴォールトが崩落し、いくつかの支柱は外向きに倒壊し、そのためステンドグラスの大窓も大破した。被害がないものは、ほとんどなにもないほどだった[58]。

この崩落事故は、その晩遅くにミサの開催が予定されていた内陣で起こったものであり、仮に建設工事が継続していたとしても、建設現場の事故ではないと見るべきであろう。むしろ事故は完成したはずの内陣で起こったのである。その後の建設工事は、もっぱら崩壊した内陣の修理・再建工事だった。瓦礫の山と化した大聖堂の再建工事は、困難の時代の一四世紀に差し掛かることとなった。内陣の再建と構造補強がいつ完了したのか正確には不明だが、おそらく一四世紀半ばのことだったろうと考えられる。

一四世紀半ば以降、建設工事は完全に停止した。次に現場が動き出すのは一五〇年後のことであり、ほとんど一六世紀に入ってからのことであった。一四九九年、参事会が交差廊と身廊の建設再開を決定する。建設は一五〇〇年から始まり、一五五〇年頃にかけて内陣に接続して交差廊が建設された。さらに一五六〇年代には交差部に塔が建設される。ところがまたも、今度はこの塔の重みのために交差部が崩落してしまうのである。一五七三年のことであった。この二度目の崩落部分が修理された後、ボーヴェ大聖堂の建設工事は、二度と再開することはなかった[59]。

ボーヴェ大聖堂の場合、その建設の中断や計画変更は主として技術的問題によるものであろう。しかし、一五〇年にわたる建設中断の背景にはやはり、少なからず一四世紀の停滞時代があったものと想像されるのである。

ケルン大聖堂

　もうひとつのフランスの事例であるナルボンヌ大聖堂をとりあげる前に、同様に有名な事例であるドイツのケルン大聖堂を見てみよう。ケルン大聖堂は、様式的にはフランスのアミアン大聖堂を手本にしていると言われ、ゴシック期の大聖堂は既存のロマネスク期の大聖堂を建て替える計画として、一二四八年に着工した。ここでも最初に建設されたのは東側の内陣である。七〇年を超える建設期間を経て、一三二二年九月二七日、盛大な献堂式が執り行われた[60]（図2-14）。

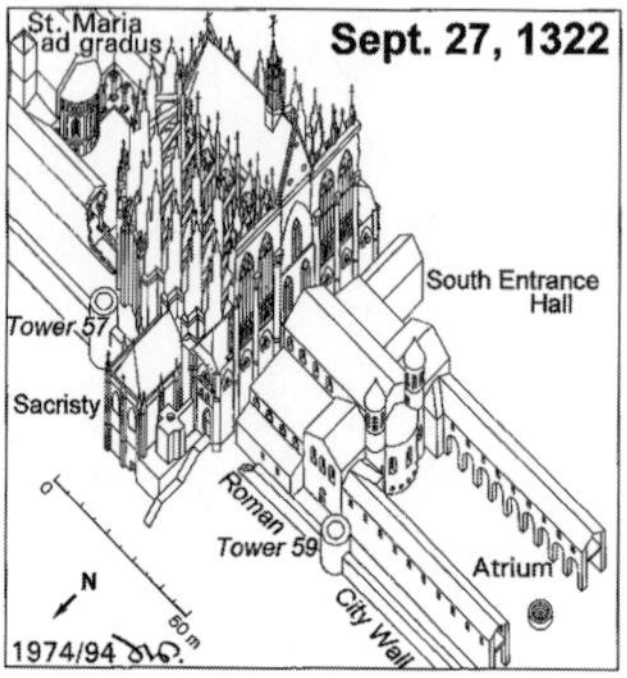

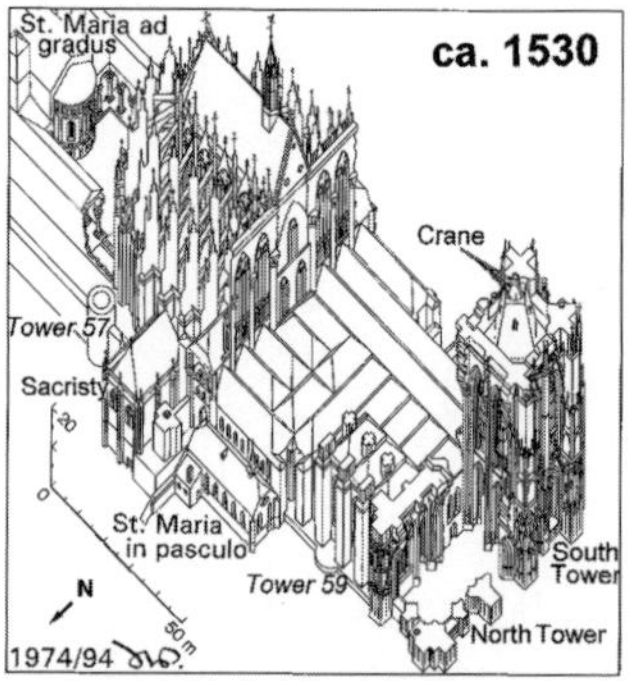

図 2-14　ケルン大聖堂，1322 年の段階（上）
図 2-15　ケルン大聖堂，1530 年頃の段階（下）

　ケルンでは大聖堂建設に関する記録がよく残っており、建設工事を請け負った建築棟梁の名前や、その棟梁の契約期間中に工事がどの程度進んだのかについても、比較的よく知られている。それによれば、一三二二年の内陣の完成後も建設工事は継続したようで、一三六〇年頃には西側ファサード部分の南塔の基礎部分の建設がはじめられたらしい。すでに完成している内陣と、ファサードの塔をつなぐ廊下（南側廊）の建設も進められた。工事の進捗はきわめてゆっくりで、その後、ファサードの北塔や北側廊の建設も進めようとしたようだが、これはほとんど実現しなかった。最後の工事記録は一五二八年のもので、ここに至ってついにケルン大聖堂の建設工事は放棄されたのだった[61]（図2-15）。よく知られているように、ケルン大聖堂の建設工事は一九世紀になって再開された。一八四二年に中世の計画をもとに建設を再開する工事が着工し、一八八〇年に完成の日を迎えた。有名なケルン大聖堂の双塔を頂くファサードは、そのほとんどが一九世紀に建設されたものなのである。ケルン大聖堂は一六世紀から一九世紀までのおよそ三〇〇年の中断を挟んで、未完の大聖堂を完成させた希有な例としてよく知られている。

しかしここでは、一三二二年の内陣の完成から一五三〇年頃の建設工事停止までの二〇〇年間にも、じつは工事があまり進んでいなかった点に注目したい。ケルンではたしかに困難な一四世紀にも建設の努力が継続され、実際に工事は少しずつではあるが進められていた。しかし結局のところ、この二〇〇年間では大聖堂の建築空間はほとんど完成に近づかなかったのだ。むしろこれは、建設停止の判断が遅れに遅れた結果、二〇〇年も経過してしまった例といえるのかもしれない。

ナルボンヌ大聖堂

最後にとりあげるのは、南フランスのナルボンヌ大聖堂である[62]。ナルボンヌは古代以来、地中海に面した港町として繁栄してきた都市であった。一二七二年、時のナルボンヌ大司教モーラン（在位一二六二―一二七二年）が北フランスで流行していたゴシック様式を取り入れ、新しい大聖堂の建設工事をはじめさせた。ここでも建設は内陣から進められ、一三三二年に内陣の献堂式が執り行われている。おおよそ半世紀をかけて巨大な内陣を建設するというプロセスは、ボーヴェやケルンとほぼ同じであ

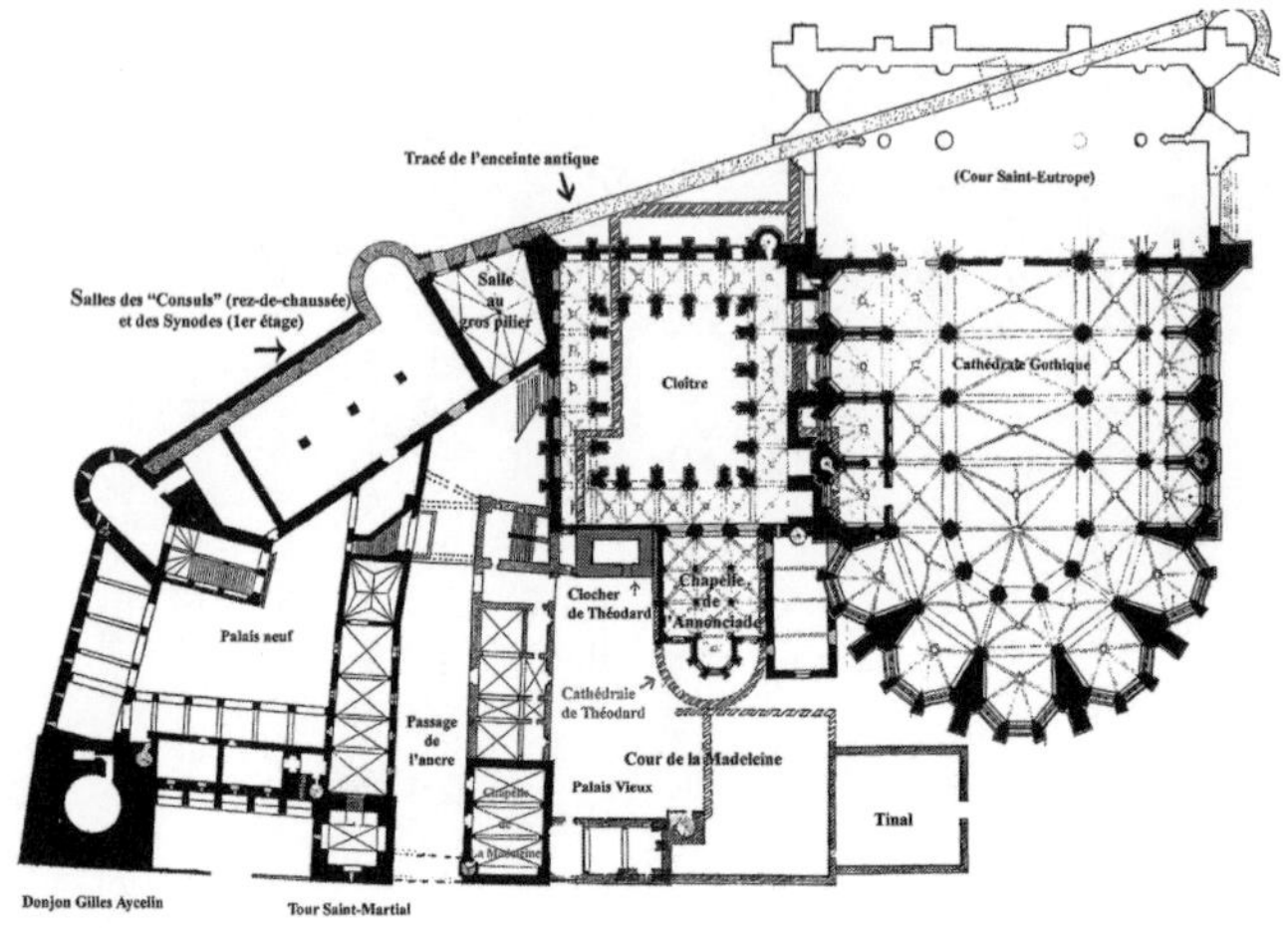

図 2-16　ナルボンヌ大聖堂，大司教館，古代末期の市壁の位置関係
図中右部の大きな建物が大聖堂で，その上部から図中左下に横断しているのが古代末期の市壁．

る。しかしナルボンヌの特殊性は、その立地条件にあった。じつはこの大聖堂は都市のはずれに位置しており、続けて交差廊と身廊を建設しようとすると都市を囲む市壁にぶつかってしまうため、そもそもこれ以上建設を継続することが不可能という敷地に建設されたものだったのである[63]（図2－16）。

あまりにも無計画な、ナルボンヌ大聖堂の建設計画には、いったいどのような意図があったのだろうか。その後の歴史をなぞることによって、その計画の一端を明らかにすることができる。つまり、大聖堂建設を主導していた大聖堂の参事会は、この市壁の取り壊しを狙っていたのだ。市壁は、古代末期に建設されたもので、この都市の比較的狭いエリアを囲っていたに過ぎなかった。一二、一三世紀の都市の拡大期には市壁外集落《フォーブール》も形成されており、たしかに、より広域の都市領域を囲う新たな市壁が必要とされていたのである。

この古い市壁の撤去を画策していた大聖堂参事会と、市の行政を担う市参事会《コンシュラ》とのあいだで、一四世紀の半ばには対立が生じていた。しかし一三五四年にナルボンヌを訪れたジャン二世善良王の認可により、大聖堂参事会は念願の市壁の撤去にとりかかる。ところが翌一三五五年、イングランド軍を率いたエドワード黒太子がナルボンヌを襲撃したため、ナルボンヌ側は壊した市壁を慌てて建て直し、都市防備を固める羽目になったのだった。あまりにタイミングの悪いこの出来事は、結局大聖堂の建設継続を不可能にしてしまった。百年戦争の戦禍が押し寄せてきたこの都市では、大聖堂建設の優先順位はすっかり下がってしまったわけである。

ちなみに、このタイミングの悪い市壁破壊命令を下したフランス王ジャン二世はさらに一年後の一三五六年、エドワード黒太子との戦闘に敗れ、捕虜としてイングランドに連行されてしまう。あまり戦況を読むに長けた王様ではなかったようだ。しかし、一方の歴代ナルボンヌ大司教たちは、フランス王よりも用意周到だった。大聖堂の建設工事をはじめさせたナルボンヌ大司教モーランの二代後の大司教ジル・エスラン（在位一二九〇―一三一一年）は、大聖堂の建設と並行して司教館周囲の軍事的防備を進めていたのである。彼は一三世紀末から一四世紀初頭にかけて、市壁の市門の脇に、防備のための五層のフロアを持つ巨大な塔《ドンジョン》を建設させた（図2-16左下、図2-17）。さらに続く大司教ベルナール・ド・ファルジュ（在位一三一一―一三四一年）は、市壁と市壁に設けられた半円筒状の塔の構造体を再利用して、大司教館の一部にあたる建物を建設していった（図2-18）。こうして内陣まで完成した大聖堂と大司教館のコンプレックスは、一種の軍事要塞のような様相を呈していったのだっ

図 2-17　ナルボンヌ大司教館の主塔（ドンジョン）

図 2-18　市壁を取り込んだナルボンヌ大司教館

た[64]。

ナルボンヌ大聖堂は、一四世紀のあまたの困難のなかでも、「戦争」が建築計画に大きな影響を与えた事例である。ナルボンヌでも一三四八年にはペストの災禍があったはずだが、一三五五年時点になってもなお、大聖堂建設のために市壁を壊しているほどなので、そこでは建設を止めるつもりはなかったようだ。しかし追い討ちをかけるようにナルボンヌを襲った戦争が、建設工事を完全に停止させることになったのだった。

ナルボンヌの市壁とスポリア

一六世紀の平和が訪れるとようやく古代以来の市壁が取り壊され、フランス王フランソワ一世の下で、ナルボンヌのより広い範囲を囲う新しい市壁が建設された。こうしてついに大聖堂の前にスペースができるのだが、もはや大聖堂建設が再開されることはなかった。ナルボンヌ大聖堂は今日でも、どこか廃墟めいたその威容を晒している。

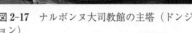

じつはこのとき、新しい市壁の建設のために古代の市壁のスポリアが行われた点も、興味深い事実である。古代末期の市壁を取り壊してみたところ、石積みの見えない面に、さまざまな彫刻が施されていることがわかったのである。そのため、新しい市壁と同時に建設された、都市の新たなメインゲートとなるベジエ門とペルピニャン門の装飾のために、これら古代の彫刻が再利用されたのだった[65]。フランソワ一世は、イタリアからフランスにルネサンスを輸入した王として知られるが、このスポリアもまたルネサンス的な建築行為だったのであろう（図2-19）。

付言すると、古代末期の市壁にこのような彫刻が隠されていたこともまた、古代にスポリアが行われたということを示している。思い返してみれば、三九七年のローマ皇帝の法令で、破壊された神殿の材料を、市壁のような必要なインフラ整備のために使うべしという布告がなされていた。これは、そうした実例のひとつなのだ。そして神殿のような建物から市壁へのスポリアに際しては、彫刻が不必要な意味を発信することのないよう、石材は裏返されて用いられたのであろう。この事例では、実用的《プラグマティック》スポリアに徹し、観念的《イデオロジカル》スポリアを意図的に封じ込めた点にこそ、強いイデオロギーが感じられる。そしてフランソワ一世がそれを再び再利用したとき、そこには観念的《イデオロジカル》スポリアというよりも、むしろ「文化的」スポリアとでも呼ぶべき新たな観点が登場していた。

図2-19　16世紀に建設されたナルボンヌの市門

それこそがルネサンスにおける新たな再利用の価値観であった。

5　近代的価値観のなかの再利用

ルネサンスの創造的再利用《クリエイティブ・リユース》

一四世紀から一五世紀前半にかけて続いた「困難な」時代のトンネルを抜け、一五世紀半ばからはじまる「長い一六世紀」を、ここではひとまず安定的成長時代のはじまりと捉えることとしたい。そしてウォーラーステインが語る「近代世界システム」のはじまりが、建築の価値観に及ぼした変化については本書3章で論じることとして、ここではいわゆるルネサンス期の既存建物再利用の事例をいくつか見てみよう。ルネサンスは古代の再発見、再生といわれる。ルネサンス人の古代建築の再評価は、どのようになされたのだろうか。

カロリング・ルネサンスの時代にも、一二世紀ルネサンスの時代にも、古代の建築そのものに対する態度のひとつとして、スポリアがあった。カール大帝（シャルルマーニュ）も、サン＝ドニのシュジェールも、実際に古代の建築で使われていた「大理石の円柱」を遥かローマから輸送してきて、自らが建設させた新しい建築のなかで再利用しようとした。しかし、古代ローマの遺跡が数多く残るイタリア半島でルネサンスがはじまったとき、ルネサンス人は古代の遺跡に対してどのような態度で接したのだろうか。

彼らは、たしかに古代の建築を重要なものとして見出した。そして、それらの遺跡を実地の教科書として参照し、古代建築の形式を（とくに五つのオーダーとして）カタログ化した。では彼らは、遺跡そのものをどのように扱ったのだろうか。一九世紀以降の人間ならば、「重要なものとして保存する」という選択肢をとることができたであろう。古代ローマ時代の姿に復旧する「修復」も、現在よりももっと容易だったかもしれない。しかし、彼らは「保存」も「修復」もしなかった。その代わりに彼らがやったのは、創造的再利用《クリエイティブ・リユース》とでも呼ぶべき、大胆かつ魅力的に既存建物を改変し再利用する建築行為であった。ここでは、そうした事例のいくつかを紹介したい。

ここでは二人の建築家による事例をとりあげよう。ひとりはかの有名なミケランジェロ・ブオナローティ（一四七五―一五六四年）、もうひとりはミケランジェロより六歳年下のバルダッサーレ・ペルッツィ（一四八一―一五三六年）である。もうひとり、ミケランジェロと同齢で、ペルッツィの工房で働くなどして関係の深かったセバスティアーノ・セルリオ（一四七五―一五五四年頃）もまた、既存建物の再利用という点で興味深い建築家だが、彼については都市住宅の再利用と再開発という観点から、3章第2節で改めてとりあげることとする。

ミケランジェロのサンタ・マリア・デリ・アンジェリ聖堂

最初にとりあげるのはミケランジェロのサンタ・マリア・デリ・アンジェリ聖堂である。この建物の歴史は、古代まで遡る。もともとこれは、ローマ皇帝ディオクレティアヌスの治世に建設が進められ西暦三〇六年に完成した、ディオクレティアヌスの大浴場と呼ばれる建物だったからである。この

図 2-20　エティエンヌ・デュペラック『古代ローマの遺跡』（1575 年）より 16 世紀前半のディオクレティアヌス大浴場の廃墟

大浴場は古代末期の六世紀頃までは使用されていたようだが、その後は廃墟と化していたようだ。シュジェールが大理石の円柱を探しているときに「ローマでは、ディオクレティアヌス帝の宮殿やその他の浴場において、我々はしばしば驚嘆すべき柱を眺めたので」と語った遺跡こそ、おそらくこの大浴場のことと思われる。「ディオクレティアヌス帝の宮殿」として知られる遺跡はクロアチアのスプリトで見ることができ、これまた既存建物が時間のなかで変貌していく興味深い事例のひとつだが、シュジェールは「ローマで眺めた」と言っているので、もちろんこれはクロアチアの建物のことではないだろう。

大浴場の遺跡については、一六世紀に描かれたスケッチが、当時の遺跡の外観を見せてくれるが、いかにも廃墟然とした姿である（図2－20）。またミケランジェロ以前にも、ジュリアーノ・ダ・サンガッロやバルダッサーレ・ペルッツィが、この大浴場内部の再生計画と見られるスケッチを描いており、一六世紀前半にはこの古代の大建造物をなんらかのかたちで再生しようという動きがあったようだ[66]。

この大浴場をキリスト教の聖堂に転用する計画は、シチリア出身の聖職者アントニオ・デル・ドゥカが一五四一年に発案したものだった。しかし、時のローマ教皇パウルス三世（在位一五三四―一五四九年）はこの案を拒絶する。古代の遺跡は伝統的にローマの都市貴族たちの所有となっていることが多く、教皇の判断だけで自由にキリスト教への転用ができるわけではなかったという事情もあったようである。しかし、その後ピウス三世（在位一五五九―一五六五年）によりドゥカの案が支持され、一五六一年、古代の大浴場からルネサンスの教会堂への転用が現実のプロジェクトとして動き出すことになった。ミケランジェロがどのような経緯でこの設計を担当することになったのかについては、コンペで選ばれたという説もあれば、教皇に指名されたという説もあり、その仔細は不明である。(67) しかし、いずれにせよミケランジェロのデザインはドゥカの当初案を大きく変えたもので、この聖堂デザインにおける彼の貢献は大きかった。ただし、建設工事は一五六三年から一五六五年にかけて進められたが、完成を見ずにミケランジェロは一五六四年に没している。このプロジェクトは、彼の最晩年の仕事のひとつということになるだろう。

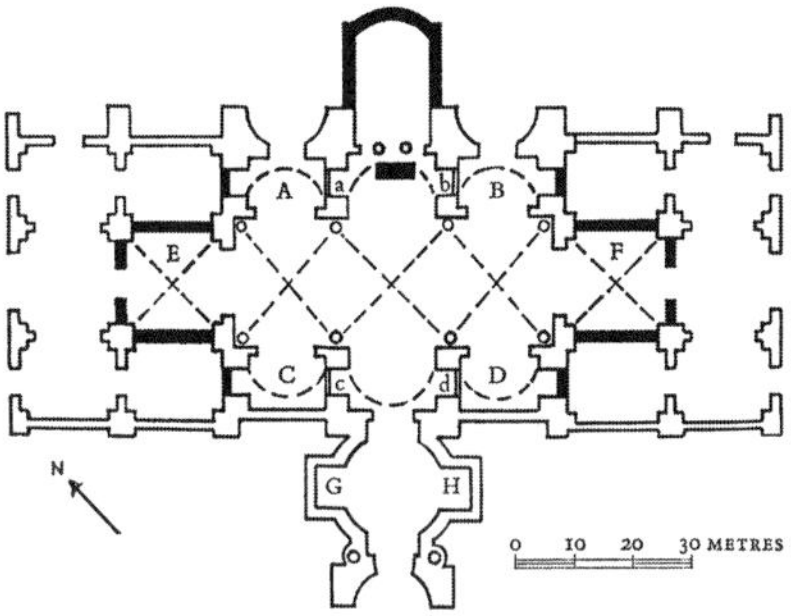

図 2-21　サンタ・マリア・デリ・アンジェリ聖堂の平面図

アントニオ・デル・ドゥカの案では、図2-21の左側（北西側）をエントランスとして、かつての冷浴室《フリギダリウム》の大空間を身廊空間に見立て、祈りの軸線を長くとる案だった。しかしミケランジェロはその軸線を九〇度回転し、この長方形の大空間を横長の交差廊とする大胆な空間構成を提案した。結果として聖堂の空間は奥行がほとんどない特異なものとなったが、微温浴室《テピダリウム》の大ロトンダをエントランスにすることで、ドゥカの案では左右非対称となっていた内部空間が、ルネサンス的なシンメトリーの空間となったのだった。

冷浴室《フリギダリウム》の大空間では、古代のヴォールトが漆喰で塗られ、ヴォールトを支える大理石の円柱は、ほとんど元の状態のまま残された。またその両翼の空間を仕切るために、もとの構造にあわせながらアーチを壁で塞ぐ工事が行われた。もっとも大きな改変は新築された内陣部分で、ここでは内陣の半円アプスと直線部分の壁体とヴォールトが、古代の構造とは無関係に新築されている。

ちなみにサンタ・マリア・デリ・アンジェリ聖堂は一八世紀にも、建築家ルイージ・ヴァンヴィテッリによって、ふたたび大きく改変されることになる。内部はバロックの装飾で覆い尽くされ、内陣が拡張され、いくつかの壁がふさがれ、古代の円柱を模した円柱が付け加えられた。この建物はこうして、時間とともに変貌し続けてきたのだった。

バルダッサーレ・ペルッツィ

もうひとつの重要な事例が、ミケランジェロの仕事に三〇年ほど先行する、建築家バルダッサーレ・ペルッツィによるパラッツォ・サヴェッリである（図2-22）。彼は古代のマルケルス劇場の遺跡を再利用し、その上部に貴族の邸宅を増築したのである。この劇場は、そもそもはローマ皇帝アウグストゥスによって建設され、早逝した彼の甥マルケルスに捧げられて紀元前一三年に完成したものであった。古代末期以降は、巨大構造物の御多分に洩れず、この劇場も軍事要塞に転用されていたようである[68]。中世を通じてオルシーニ家やサヴェッリ家などローマの有力貴族がこの建物を都市内の砦として所有していたようで、一六世紀になってペルッツィに邸宅の建設を依頼したのはサヴェッリ家であった。ペルッツィは、神聖ローマ皇帝カール五世によるローマ劫掠（一五二七年）の直後の一五三二年頃、この仕事を請け負ったらしい。

　一六世紀の銅版画を見ると、劇場の構造体ではアーケードが石材で塞がれて小窓が開けられているのが確認できる。おそらく中世にこの劇場が要塞化していた頃には、すでにこのような状態だったのだろう。地上レベルのアーケードも同じく壁でふさがれているが、そこには店舗の売台を持つ鉤型の開口部が見えており、商店として使われていたことがわかる。こうした中世以来の改変から、上層のペルッツィの増築部分へと視点を移すと、興味深いのは彼が劇場の規則正しいアーケードのリズムにはあまり頓着せずに、邸宅部分の窓を開けていることである。こうした不規則さは、左右対称をよしとするルネサンスのファサードらしからぬデザインといえるだろう。

図 2-22　エティエンヌ・デュペラック『古代ローマの遺跡』(1575 年)より 16 世紀のパラッツォ・サヴェッリ

　ペルッツィはパラッツォ・サヴェッリと同じ頃、同じローマで別の貴族マッシモ家のための邸宅も設計している。パラッツォ・マッシモ・アッレ・コロンネの名で知られるこの住宅は、湾曲したファサードで有名だが、こちらも古代のドミティアヌス帝のオデオン劇場の基礎が再利用されたことにより、マルケルス劇場と同様の湾曲したファサードとなったものである[69]。

　ペルッツィは既存の構造を自然地形のように捉え、その起伏や不整形な境界線を設計に取り入れながら、これらの邸宅をつくりあげた。それは才能ある建築家による、既存建物の創造的な再利用だったといえるだろう。次章で見るように、同じ一六世紀には、既存建物を破壊して新築するような建築行為も盛んになってくる。しかし密集する都市の建物では、街区全体を対象とするような大規模再開発でないかぎり、隣接する建物との境界をなす構造壁が厳然として残り続けることになるのである。この点を詳細に論じたのが、ペルッツィから直接的な影響を受けた建築家セバスティアーノ・セルリオであるが、彼については次章でとりあげたい。

ルネサンスにおける再利用

ミケランジェロの仕事も、ペルッツィの仕事も、古代の遺跡に自らが設計した部分を加えて大胆に生まれ変わらせる創造的再利用というべき手法であった。これは、近代の文化財の考え方からすれば、肯定しがたい破壊行為に映るかもしれない。しかし彼らが廃墟を新たな建築として蘇らせたことは、結局のところ古代に由来する建造物の一部を、生きながらえさせることになったともいえるだろう。本章第1節「古代末期の社会変動」でも古代の巨大建造物の転用事例を見たが、そこでは社会変動で維持しきれなくなり不要になった建造物を別の用途で再活用するという側面が大きかった。既存の構造や空間が持つ可能性を最大限に生かし、実用的《プラグマティック》に再利用するという側面である。それに加えて、古代ローマ帝国の歴史や伝統とのつながりを示すことによる象徴的、観念的《イデオロジカル》な側面もあった。しかしルネサンスの再利用では、新たに「文化的」な観点が登場したと、しばしば指摘されてきた[70]。歴史的建築を文化的観点から評価することにより、近代の「文化財《カルチュラル・ヘリテージ》」の考え方の萌芽がここで登場したというわけである。

そのような見方でルネサンスの再利用を捉えることは、たしかに可能であろう。しかしながら「時間と建築」の観点から見たとき、そこには決定的な相違もあったように思われる。その相違は、ルネサンスの再利用には「時間を巻き戻す」という観点も「時間を止める」という観点も含まれていなかったという点にある。ディオクレティアヌスの大浴場を見て、「オリジナルの姿を取り戻そう」と考える考古学者も建築史家も、ルネサンスには存在しなかった。彼らはただ、この壮大な遺跡を再利用して、現代的な用途のために改変したのである。それはやはり「時間を前に進める」再利用であった。

ルネサンスにおける既存建物の再利用の特徴として、二つの点が重要である。ひとつは、彼らが「古代建築を再生」したとき、そこには時間の観点が欠落していたという点、そしてもうひとつは彼らが歴史的建築に対して「価値判断」をはじめたという点である。時間の観点の欠如という点において、ルネサンスの再利用は近代の修復／保存とは一線を画しており、価値判断の点では近代の文化財の考え方に接近している。

ルネサンスにおける時間の観点の欠如というのは、もう少し正確にいうと、建物や部材そのものに刻まれた時間性や「古び」を彼らがほとんど評価しなかったということである。ルネサンス人は、古代盛期の芸術形式を高く評価し、そのフォルムを模倣し様式化することでルネサンス芸術を切り拓いた。ディオクレティアヌス浴場とミケランジェロの聖堂建築という、古代とルネサンスの混在はまったく問題視されることがなかったが、それは両者が形式的に同等と考えられたからである。すなわち、そこでは建造物や部材そのものに刻まれた時間が、ほとんど意識されていなかった。

なぜ彼らが建物に刻まれた時間を評価しなかったのかを突き詰めると、そこにはルネサンスの形式主義《フォルマリズム》の根底にある、価値判断による歴史把握というルネサンスのもうひとつの側面が見えてくる。ルネサンス人は古代盛期の芸術形式を高く評価し、古代末期から中世にかけての芸術形式は衰退した野蛮なものと考えた。したがって彼らにとって、古い建築がすべて価値あるものという訳ではなかった。古代盛期の建築は古いから価値がある訳ではない。評価されるのは古代盛期のフォルムであり、古代の建築に刻まれた時間ではなかったのだ。その結果、彼らは古代盛期の建築を再利用したが、古代末期や中世の建築をしばしば破壊した。古代末期に創建されたローマのサン＝ピエトロはこの時代まで一〇〇〇年以上にわたって使われ続けてきたが、一六世紀のブラマンテの改築案は旧サン＝ピエトロを再利用することなく完全に破壊し、新築する「再開発」案だったのである。

したがってルネサンスの再利用には二つの貌があった。本節で見たような古代盛期の建築を「文化的」態度で再利用する貌と、古代末期や中世の建築を醜いものとして覆い隠し、改変しようとする貌である。中世の「野蛮な」建築はしばしば破壊されたが、完全には破壊されず、表層を「良き趣味」のルネサンスで覆い隠すように改変されたものも多かった。そしてこれもまた、一六世紀以降に登場したもうひとつの再利用のかたちだったのである。

「悪趣味」に上塗りされる「良き趣味」

したがって、次に紹介する事例は、ここまで見てきたような「建築の再利用」とは意味の異なるものである。これは、ルネサンスの美意識によって「野蛮」で「悪趣味」なものと断定されたゴシック建築に対する部分的な破壊行為であり、ルネサンス的な装飾でゴシックのデザインを覆い隠そうとした、ネガティブな再利用ともいえるものである。

ここまで見てきた建築再利用の事例では、古い建物に当初の用途とは別の使い道を見出した例であっても、古い建築を頭ごなしに否定したわけではなかったように思われる。たとえば円形闘技場の再利用を思い返してみても、後世の人々はそこに構造的な強靭さ、空間的な壮大さを見出し、別の用途に転用された後も、そこがかつて古代の円形闘技場であったという記憶が失われることはなかった。

しかしこれから見る例は、過去の建築スタイルの否定からはじまる再利用であり、その点において少しばかり異なる背景を持つ「再利用」である。とはいえ、たとえば現代人が、古くて使いにくいと感じる建物に手を加えてリノベーションする事例も、既存建物に対するネガティブな判断からはじまる再利用といえるかもしれない。すべてを破壊して「再開発」するのではなく、表面的に「美化《アンベリスマン》」しただけで、全体の建築空間を残したという点において、これも立派な「建築再利用」の一形態なのである。一六世紀以降、とくに一七世紀、一八世紀に流行したこのような再利用を、現代の研究者は皮肉を込めて「ヴァンダリズム・アンベリスール（美容的蛮行）」と呼んでいる。[71] ルネサンス人たちは美しくするために破壊し、表面を美容整形的に変貌させたのである。

ジョルジョ・ヴァザーリに見る価値観

このような「美しくするための破壊行為」の背景にあるのは、一六世紀に登場し定着した、中世の建築を「野蛮」と蔑み、古代と近代《ルネサンス》の建築を優れたものと讃美する歴史理解である。ジョルジョ・ヴァザーリは彼の有名な『画家・彫刻家・建築家の列伝』（一五五〇年、第一版刊行）のなかで、古代の芸術形式の素晴らしさ、中世の退廃、近代《ルネサンス》における芸術の再生という、歴史の三区分にもとづく「西洋美術史」論を繰り返し論じた。

多くの芸術家が世を去り、多くの作品が破壊され、損傷を受けて優れた方式と形式とがあらゆるものから失われてしまっていたので、実際に仕事に携わった人々は、方式（ordine）においても比例においても、優美さも、造形力も、合理性もなにもないものを作ったからである。そこから、新しい建築家たちが登場し、彼らは、今日われわれがテデスコと呼ぶところのあの様式の建物を作った。彼らの建てた作品は、彼らにとって名誉であったというよりも、むしろわれわれ近代の人々にとってはみっともないと思われるもので、それは、いっそう優れた芸術家たちが、あの良き古代に多少なりとも似た、より優れた形式を見出すようになるまで続いた。(72)

たしかに建築は何らかのかたちで存続していたには違いないが、しかし古代の良き様式からは遠く離れてはなはだしく堕落したものとなっていたことが明瞭にわかるであろう。（……）その縦長に過ぎる入口や窓の比例や、アーチの湾曲部における尖頭形の使用など、当時異邦人の建築家たちの用いていたやり方に従っており、野蛮な方式（ordine barbaro）によって建てられているのである。(73)

さて、ここにもう一つ、ドイツ式と呼ばれる別の種類の建築がある。これらは装飾も比例も、古代やわれわれの時代のそれとは非常に異なっている。また今日ではすぐれた人々はこれを用いない。それどころか彼らはあたかも怪物か野蛮人から逃げ出すように、これらから逃げ出した。というのは、これらは秩序（ordine）などというものは一切持って居らず、いっそ混乱とか無秩序とか呼んだほうがいいようなものである（……）この様式はゴート人が創案したものである。(74)

当時ドイツ式（テデスコ）と呼ばれていた中世の建築は「ゴート人に由来する」ものであると、ヴァザーリが（おそらく確信犯的に）歴史を捏造したことにより、「ゴシック様式」という呼称が誕生したことはよく知られている。また彼がここで、中世の建築にはオーダー（ordine）がない、あるのは「野蛮式オーダー（ordine barbaro）」に過ぎないと論じている点も興味深い。オーダーこそ、ルネサンス人が発見した古代建築の美を体系化するシステムであり、彼らはオーダーという形式によって古代の建築を再生したからである。中世の建築には「オーダー」がないから「野蛮」なのだという論理展開は、ある意味で一貫しているといえよう。

中世建築の改変

こうして「野蛮」と位置付けられた中世の建築が破壊され、再開発されるという新たな展開については本書3章で見ることとして、ここではその「野蛮」を覆い隠すような再利用事例をとりあげたい。多くのゴシックの教会堂で一七世紀から一八世紀にかけて盛んに行われた、とくにインテリアの改変は枚挙にいとまがない。

たとえばフランスでは、中世のステンドグラスが破壊されて、色彩や絵柄のない白ガラスに取り替えるという改変がしばしば行われた。中世のステンドグラスは光の透過性が低く、じつは驚くほど暗かった。いまでも一三世紀のステンドグラスを多く残すシャルトル大聖堂に行けばその暗さを体感することができる。近代に作られた「中世風」ステンドグラスは、太陽光を浴びると、その色鮮やかな光を聖堂内部の床などに投影するのだが、シャルトルではそうした光の透過をほとんど見ることはない。この中世のステンドグラスの暗さ（中世の闇）を祓おうとするかのように、啓蒙時代（Siècle des Lumières）の「光《リュミエール》」に対する信仰は、中世のステンドグラスを明るい白いガラスに交換させたのである。

パリのノートル＝ダム大聖堂では、一七四一年、西正面と南北交差廊のファサードの薔薇窓を除く、内陣、交差廊、身廊の高窓のすべての中世のステンドグラスが取り壊され、明るい白ガラスに取り替えられた(75)。現在、パリのノートル＝ダムで見られるステンドグラスのほとんどは、一九世紀のヴィオレ＝ル＝デュクによる修復の後で、中世風に作り直されたものである。ブールジュ大聖堂の聖堂参事会も一七六〇年に、「内陣の新しい装飾を、よりよく照らすために」(76)中世のステンドグラスを取り壊し、明るい白ガラスに交換した。パリのサン＝ジェルマン＝ロセロワ聖堂（一七三八年）でもサン＝メリ聖堂（一七五一年）でも、プロヴァンのサン＝キリアス聖堂（一七六五年）でも、ディジョンのノートル＝ダム聖堂（一七世紀末）でも、多くのゴシックの聖堂建築のなかで、このステンドグラスの破壊行為が行われたのである(77)。

また多くのゴシック聖堂において、とくに祭壇まわりのインテリアの調度品がルネサンス的な装飾の施されたものに取り替えられていった。また柱やアーチ、壁面の装飾をルネサンスやバロックの装飾で覆ったり、あるいは交換したりということもしばしば行われた。たとえばパリのノートル＝ダム大聖堂の内陣は、王室主任建築家ロベール・ド・コットにより一七一五年、バロック的な装飾ですっかり覆い尽くされてしまった。

流行はずうずうしくも、「よい趣味」を看板にして、ゴシック建築の傷口にその日かぎりの情けない安ぴか物だの、大理石のリボン飾りだの、金属の房飾りだのをはりつけたのだ。卵形飾り、渦巻き形飾り、縁飾り、ひだ形飾り、花飾り、房へり飾り、石造の炎、青銅の雲形飾り、太っちょのキューピッド、ふくらんだケルビム天使、いやはや見るもおぞましい装飾技法だ。[78]（V・ユゴー『ノートル＝ダム・ド・パリ』第三編）

改変がなされたのはインテリアばかりではなかった。ゴシックの天を衝くような尖塔が悪趣味だというので、切り落として蓋をするような改変すら行われたのである。パリのノートル＝ダムの交差廊の上部にすらりと立ち上がっていた尖塔について、ヴィクトル・ユゴーは「ある趣味のよい建築家があっさりとちょん切ってしまって（一七八七年のことだ）、その傷あとにまるで鍋のふたみたいな大きい鉛の膏薬《こうやく》をべったりはりつけ、さて、これで傷口はかくせたと安心してしまったのだ」[79]と、独特の表現で記述している。

パリのノートル＝ダム大聖堂のステンドグラス、バロックで覆い尽くされた内陣、「ちょん切られた」尖塔は、いずれも一九世紀のヴィオレ＝ル＝デュクによって、中世の状態に修復・復原されていく。これら、ノートル＝ダムで行われた「時間の巻き戻し」については、本書4章で改めて詳細にとりあげたい。

中世の胴体とルネサンスの顔

ゴシックをルネサンスで上書きするようなさまざまな手法のなかでも、もっとも顕著で特徴的なのは、ファサードの改変であろう。ファサードはまさに建築の「貌《フェイス》」であり、その顔を美容整形するような外科手術が、実際に行われたのである。

パリのモンマルトルの丘に建てられたサン＝ピエール・ド・モンマルトル聖堂は、一二世紀前半に建設された由緒ある建物だったが、一七七五年に中世のファサードが取り壊され、新古典主義的な飾り気のないファサードに建て替えられた。モン＝サン＝ミシェルの山頂の聖堂もまた、一七四八年にファサードが取り壊され、これまた味気ない古典的なファサードに改築されている。(80) あまり装飾のないシンプルなファサードへの改築は、ともするとプロテスタントの宗教改革の影響ではないかと思われるかもしれない。しかし、これらはいずれもカトリックの事例であり、むしろ対抗宗教改革以降のカトリックの権威付けと結びついた、当時としてはやはりポジティブな建築行為だったものと考えられる。(81)

そうした積極的な建築行為として、ファサードの古典化を行ったことをよく示す事例として、シャロン＝アン＝シャンパーニュ大聖堂とパリのサン＝ジェルヴェ＝サン＝プロテ聖堂をとりあげたい。

このふたつの教会堂は、ゴシック様式の身体にバロック様式の顔を持つ特異な教会建築である。

シャロン＝アン＝シャンパーニュ大聖堂は、一二世紀半ばに建設がはじめられた建物をもとに、改築を繰り返しながら少しずつ巨大化していった。一三世紀前半には内陣、交差廊、三柱間《ベイ》からなる短い身廊が建設され、一三世紀後半には放射状祭室付きの周歩廊が増築された。しかし一四世紀の中世の停滞期に入ると、ここでも建設工事は停止することになる。ようやく建設工事が再開するのは約一五〇年の中断を挟んだ一五世紀半ばのことであり、約半世紀を費やして身廊が四柱間《ベイ》増築されて延長された。興味深いのは、この一五世紀後半の増築部分が一三世紀の身廊のデザインをコピーするように建設され、デザイン全体の統一が図られていたことである[82]。

さらに一〇〇年を経て、大聖堂のさらなる拡張工事が動き出す。一六二〇年代、身廊がさらに二柱間《ベイ》延長された。すでに時代はバロックの世紀に入っていたが、ここでも一三世紀のゴシック様式が繰り返されている点は特筆に値する。ところが、まったく対照的にそのファサードは、きわめて古典的なバロック様式で建設されたのである[83]。それはまるで、ゴシックの器に、バロックで蓋をしたかのようであった（図2-23）。

もう一方の、サン＝ジェルヴェ＝サン＝プロテ聖堂は、パ

図 2-23　シャロン＝アン＝シャンパーニュ大聖堂

リでもっとも古い教区教会堂のひとつであり、その歴史は六世紀まで遡る。この聖堂はセーヌ右岸の、川からほど近い微高地に建っており、シテ島にも近く、古くからのパリの中心部に立地していた。一三世紀の成長時代には新聖堂がこの地で再建されたようだが、一五世紀末になってさらなる再建工事がはじまる。この工事は一四九四年にはじまり、これが現在の聖堂となっている。

建設工事は一五世紀末から一六世紀半ばにかけて進められた。これは、ちょうどフランスにイタリアの新様式ルネサンスが導入されはじめた時期に一致するが、サン＝ジェルヴェ＝サン＝プロテ聖堂は、後期ゴシック様式で建設が進められた。この建築は、いわばパリで最後のゴシック建築のひとつである。しかし一七世紀に入って最後にファサードが建設されたとき、その正面の顔だけが古典的な

図 2-24　サン＝ジェルヴェ＝サン＝プロテ聖堂西側ファサード

図 2-25　サン＝ジェルヴェ＝サン＝プロテ聖堂東側外観

バロックとなった（図2-24）。設計したのは、パリのリュクサンブール宮の設計でも知られる建築家、サロモン・ド・ブロスだった。

これら二つの事例は、サン＝ピエール・ド・モンマルトルやモン＝サン＝ミシェルのように、既存のゴシックのファサードを破壊して作り替えたものではなかった。しかし、すでにルネサンスに足を踏み入れた時代のなかで、ゴシックに拘泥して聖堂空間を建設し続けたにもかかわらず、最後の仕上げだけはバロックに変更したという、なんとも不思議な例である。ゴシック聖堂を覆い隠すその書き割りのようなファサードはなんとも奇妙で、ヴィクトル・ユゴーが嘆いたゴシックに対する「良き趣味」の押売のようにも見える。しかし、ノートル＝ダム・ド・パリは後に修復という時間の巻き戻しによって、ゴシックを覆い隠していた古典的な装飾が剝ぎ取られたが、これら二つの建築のファサードは一連の建設工事の最後の一手だったのであり、仮に時間を巻き戻したとしても「中世のファサード」が表出することはないのである。

たしかに、ゴシック聖堂にバロックのファサードで蓋をしたこれらの事例も、「野蛮」に対する「良き趣味」の干渉であった。しかし、これもまた長い時間のなかで建築が変貌する興味深い事例のひとつといえるだろう。そしてじつは、サン＝ジェルヴェ＝サン＝プロテ聖堂は、建物全体が街区の中に入り込んでいるために、その書き割り的ファサードはシャロン＝アン＝シャンパーニュ大聖堂ほどは気にならない。東側の小さな広場から見たときの不規則でいかにも中世風の見え方と（図2-25）、西側の正面から見たときの端正なルネサンス的な見え方の対比が、まったく別の二つの建築を見ているようである。これはむしろ、時間がつくり出した「建築の多様性と対立性」を愉しむことができる建築なのかもしれない。

6　フランス革命と吹き荒れる転用の嵐

修道院から監獄へ

革命という激烈な社会変動によって、建築もまた大きな変化を遂げることになった。バスティーユ監獄の焼き討ち、クリュニー大修道院の破壊など、フランス革命には「建築破壊」のイメージがつきまとっている。しかしもちろん、すべての建築が破壊されたわけではなかった。ここでも再び、建築は社会変動に応じてサバイバルしたのである。

一七八九年七月一四日のバスティーユ監獄の襲撃が革命勃発の日としてよく知られているが、同年一一月二日、建築の運命を決定づける重要な法令が施行される。教会財産国有化（Bien national）に関する法令である。この法律によって、教会や亡命貴族たちの不動産が国有化されることとなった。これにより、多くの教会堂や修道院、国王や貴族の城館などが、新しい社会体制のなかで必要とされた、さまざまな用途に転用されて利用されていくことになる。フランス革命期に行われた転用《コンバージョン》の三大事例ともいうべきが、監獄、兵舎、工場の設置であった(84)。

革命という政治体制の大転換は、驚くほど多くの政治犯をつくり出し、彼らを収容するための監獄の整備が急務となる。このとき、もっとも活躍したのが修道院の建物であった。修道院は都市から遠く離れた僻地にあるという立地の面でも、囲壁があり独居房があるという空間構成の面でも、監獄に転用するにはうってつけの建築だったのである。

ナポレオンの統領政府時代だった一八〇三年に、最初のフランス中央刑務所がプロヴァンス地方のアンブラン（Embrun）で、イエズス会の神学校を転用して設立された。一八〇四年に皇帝として即位したナポレオンは、フランス全土に分散するかたちで、中央刑務所（maison centrale）を整備していく（図2-26）。アンブランに続いて設置された初期の中央刑務所のうち、エイス（Eysses）は旧サン＝ジェルヴェ＝サン＝プロテ修道院の転用、モンペリエ（Montpelier）は旧サント＝ウルスル修道院の転用、リモージュ（Limoges）は旧ベネディクト会修道院の転用、リオム（Riom）は旧フランシスコ会修道院の転用、そしてフォントヴロー（Fontevraud）は中世イングランド王家のプランタジネット家の墓所としても知られる高名な旧ベネディクト会修道院であったし、クレルヴォー（Clairvaux）は聖ベルナールが修道院長をつとめた旧シトー会修道院

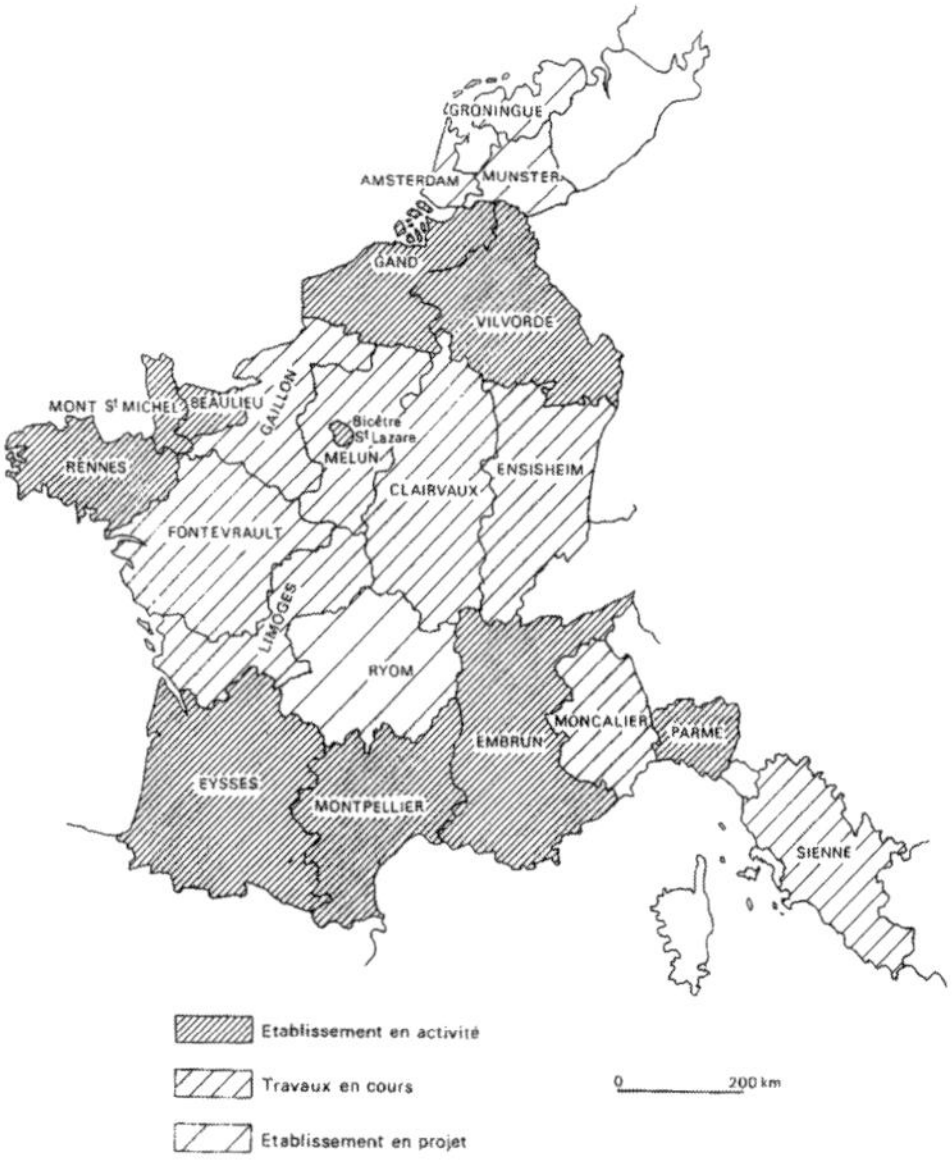

Circonscriptions des maisons centrales de l'Empire (1812-1813)

図2-26　フランス中央刑務所の配置と管轄

の転用、そしてモン＝サン＝ミシェル（Mont-Saint-Michel）は言わずと知れた中世フランス最大の巡礼地のひとつで、海に浮かぶ岩山の上の修道院であった(85)。

むろんすべてが中世の修道院関連施設からの転用というわけではなく、絶対王政期に設立された施設からの転用もあった。たとえばレンヌ（Rennes）、ボーリュー（Beaulieu）、アンシサイム（Ensisheim）の中央刑務所は浮浪者収容所からの転用だったし、ビセートル（Bicêtre）は総合救貧院からの転用だった。これらの施設も、修道院関連施設と同様に、その空間構成が監獄に転用するに適していたと類推される。

一八〇四年一〇月一八日、ナポレオンはクレルヴォー大修道院とモン＝サン＝ミシェルを中央刑務所に転用する法令にサインしている。クレルヴォーの監獄は一八〇八年に、モン＝サン＝ミシェルは一八一一年に使用を開始した。モン＝サン＝ミシェルは一六世紀から一八世紀のあいだにも「鉄の檻」と呼ばれる牢が設置され、修道院として存続しながら牢としても使われていたが、ナポレオン時代になってついに修道院としての役割を失い、恒久的な監獄となったのだった。

ちなみにモン＝サン＝ミシェルは一八六三年、ナポレオン三世の下で中央刑務所としての役割が停止された。フォントヴローには一九六三年まで中央刑務所が置かれていたが、その後長い修復期間を経て現在では旧フォントヴロー修道院という重要な文化財として公開されている。だが、クレルヴォーには現在もなお、中央刑務所が置かれている。

城塞から兵舎へ

フランス革命期に頻繁に行われた第二の建築の転生《アフターライフ》は、兵舎の設置であった。監獄の設置が司法省（Ministère de la Justice）の管轄で進められたのに対し、兵舎の設置は軍事省（Ministère de la Guerre）の管轄下で行われた。兵舎への転用に選ばれたのは中世以来の城塞建築が多かったようである。これは管轄の問題だったのであろうか。それとも軍隊の駐留地とすべき軍事上の要衝というのは、前近代の軍隊でも近代の軍隊でもあまりかわらなかったということなのだろうか。

たとえばパリ郊外では、中世以来のフランス王の城であったヴァンセンヌ城に兵舎が設置され、兵器工場も作られた[86]。ロワール河の流域では、旧ブロワ城に兵舎が設置され[87]、旧アンジェ城にはナポレオン戦争で捉えられたイギリス人の捕虜収容所が作られた。アヴィニョンの旧教皇宮殿は司法省と軍事省とが分け合い、監獄と兵舎が設置された[88]。

こうした中世の城郭を近代的な軍隊の兵舎に転用する例は、フランスばかりで見られるわけではない。たとえばイタリアのヴェローナでも、ナポレオン軍駐留時代、そしてその後オーストリアの支配の下で中世の城郭カステルヴェッキオが兵舎に転用された。この兵舎は二〇世紀後半になって、建築家カルロ・スカルパの設計によって今度は美術館に転用された。スカルパのこの作品は、建築の再利用がほとんど見られなかった二〇世紀における稀有な例のひとつであり、現代の建築再利用再燃の萌芽的な存在と考えられる建築作品であるが、これについては本書5章で改めて紹介したい。

民間の再利用

革命期に見られる第三の建築の転生《アフターライフ》としてあげるべきは、民間の再利用、とくに工場としての再利用である。たとえばパリのサン＝ルイ島のランベール館は、軍用ベッド製造工場に転用された。ロワール渓谷の城のひとつとして世界遺産にも登録されているシャンボール城もまた、この時期、硝石（黒色火薬）の工場として再利用され、さらにその後は製塩工場にも転用された。またサン＝ドニ旧大修道院は一七九九年、屋内市場に転用された(89)。

これらの建物の多くは、一時的に工場や市場として再利用された後に、革命期の「蛮行《ヴァンダリズム》」への反動として登場してくる「文化財」の考え方に基づき、修復され、保存されることとなった。しかしこの時期の乱暴な転用により、失われた建物も少なくない。たとえば、有名なパリのサン＝ジェルマン＝デ＝プレ修道院の一六世紀に建設された修道院長の館は、この時期、国有財産として売却され、硝石（黒色火薬）の工場と火薬と石炭の倉庫に転用された。ところがこの工場で一七九四年、火薬の爆発事故が起こる。この災厄が契機となり、一七九八年には一三世紀の偉大な建築工匠ピエール・ド・モントルイユが手がけた修道院大食堂までもが破壊され、一八〇二年には修道院の回廊も壊されてしまった(90)。

またパリ近郊のムードン城は、ルイ一四世やルイ一五世に愛された美しい城館だったが、軍事工場に転用されて操業していた一七九五年に火災が起こり廃墟となってしまう。結局、この廃墟は一八〇四年に取り壊され、その跡地に新しい城館が建設された。興味深いのは、この廃墟取り壊しのときに、スポリアが行われた点である。ムードン城の廃墟が取り壊された直後に、パリの中心部では、ナポレオンの命令によりルーヴルの西側にカルーゼル凱旋門が建設された。一八〇九年に完成したこの凱旋門で使われている特徴的なピンク色の大理石円柱は、焼け落ちたムードン城から移設されたものなのである。[91]

じつはカルーゼル凱旋門のスポリアはこればかりでなく、文字通り「戦利品」としてのスポリアも使われた。この凱旋門上部に掲げられた四頭立て戦車《クァドリガ》の馬の彫刻は、ナポレオンがヴェネツィアのサン＝マルコ聖堂から奪い取ってきたものだったのである。ただしこれらの四頭の馬の彫刻は、一八一五年に皇帝ナポレオンがワーテルローの戦いで敗退した後にサン＝マルコ聖堂に戻され、現在カルーゼル凱旋門で見られるのは一八二八年に新たに制作された別の四頭立て戦車《クァドリガ》である。

付言すると、サン＝マルコ聖堂の馬の彫刻そのものも、もともとヴェネツィアで制作された訳ではなく、古代彫刻のスポリアであった。じつはこの彫刻は古代ローマ時代の東の首都、コンスタンティノープルの競馬場の建物に使われていたものだったのである。一三世紀初頭の第四回十字軍の際にコンスタンティノープル競馬場から奪い去られ、ヴェネツィアに運ばれてサン＝マルコ聖堂のファサードを装飾するようになったものであった。

*

本章では古代末期から一九世紀初頭までを駆け足で見てきたが、歴史的建物や建築部材の再利用は、ほとんど建築の歴史そのものといってもよいほど長い歴史を持つ、きわめて本質的な建築行為のひとつであった。ナポレオン時代に見られる既存建物の転用やスポリアの氾濫は、「建築再利用の時代」の炎が燃え尽きる前の最後の煌めきだったかのようである。しかし第一帝政が終わり復古王政（Restauration）の時代になると、ナポレオン時代のあまりに乱暴な建築再利用に対する反動として、建築の時間を巻き戻す修復（Restauration）という新しい考え方が登場してくる。そしてこのことが、長く続いた「建築再利用」の時代を、いったん閉幕させることになったのだった。

（1）ピーター・ブラウン『古代末期の世界——ローマ帝国はなぜキリスト教化したか？』宮島直機訳、刀水書房、二〇〇六年（Peter Brown, *The World of Late Antiquity 150–750*, first published in 1971）。

（2）近年、邦訳が出版されたものとしては、たとえばピーター・ブラウン『古代末期の形成』（足立広明訳、慶應義塾大学出版会、二〇〇六年）、ブライアン・ウォード＝パーキンズ『ローマ帝国の崩壊——文明が終わるということ』（南雲泰輔訳、白水社、二〇一四年）、ジリアン・クラーク『古代末期のローマ帝国——多文化の織りなす世界』（足立広明訳、白水社、二〇一五年）などがあげられる。

（3）アントニオ・マネッティ『ブルネレスキ伝』浅井朋子訳、中央公論美術出版、一九八九年、八九頁。

（4）黒田泰介『ルッカ一八三八年——古代ローマ円形闘技場遺構の再生』アセテート、二〇〇六年、三〇—三一頁。

（5）François Enaud, "Du bon et du mauvais usage des monuments anciens, essai d'interprétation historique", *MH: Monuments historiques*, no. 5, 1978, p. 11; Pierre Pinon, "Construire sur les ruines", *Faut-il restaurer les ruines? Actes des colloques de la Direction du Patrimoine*, 1990, p. 237.

（6）黒田、前掲書、一九頁。

（7）P. Pinon, *op. cit.*, p. 237.

（8）F. Enaud, *op. cit.*, p. 11.

（9）Philippe Davies, *London: Hidden Interiors*, Atlantic Publishing, 2012, p. 328.

(10) François Enaud, *op. cit.*, p. 11.

(11) 『テオドシウス法典』に着目して神殿の転生を明らかにしようとした先行研究として、Michael Greenhalgh, *The Survival of Roman Antiquities in the Middle Ages*, Duckworth: London, 1989（特に pp. 91-93）が挙げられる。

(12) 『テオドシウス法典』第一六巻一〇章第三法文。Clyde Pharr（trans.）, *The Theodosian Code*, The Lawbook Exchange, 2001, p. 471.

(13) 『テオドシウス法典』第一六巻一〇章第八法文。*ibid.*, p. 473.

(14) 『テオドシウス法典』第一六巻一〇章第一五法文。*ibid.*, p. 474.

(15) 『テオドシウス法典』第一六巻一〇章第一六法文。*ibid.*, p. 474.

(16) 『テオドシウス法典』第一六巻一〇章第一九法文。*ibid.*, p. 475.

(17) 『テオドシウス法典』第一六巻五章第四三法文。*ibid.*, p. 458.

(18) Bryan Ward-Perkins, "Re-using the Architectural Legacy of the Past, *entre idéologie et pragmatisme*", G. P. Brogiolo and Bryan Ward-Perkins（eds.）, *The Idea and Ideal of the Town between Late Antiquity and the Early Middle Ages*, Brill, 1999, pp. 235–236.

(19) Bryan Ward-Perkins, *op. cit.*, pp. 234–235.

(20) Dale Kinney, "The Concept of Spolia", Conrad Rudolph（ed.）, *A Companion to Medieval Art*, Willey-Blackwell, 2010, p. 233.

(21) Dale Kinney, "Spoliation in Medieval Rome", Stefan Altekamp, Carmen Marcks-Jacobs and Peter Seiler（eds.）, *Perspektiven der Spolienforschung 1*, Berlin, Boston: De Gruyter, 2013, pp. 261–286; Richard Brilliant and Dale Kinney（eds.）, *Reuse Value, Spolia and Appropriation in Art and Architecture from Constantine to*

Sherrie Levine, Ashgate, 2011, pp. 4-7.

(22) Dale Kinney, "Spoliation in Medieval Rome", p. 263.

(23) 『テオドシウス法典』第一五巻一章第一一法文。Clyde Pharr, *op. cit.*, p. 424.

(24) 『テオドシウス法典』第一五巻一章第一四法文。*ibid.*, 424.

(25) 『テオドシウス法典』第一五巻一章第一六法文。*ibid.*, p. 425.

(26) 『テオドシウス法典』第一五巻一章第三六法文。*ibid.*, p. 427.

(27) 『テオドシウス法典』第一五巻一章第三七法文。*ibid.*, p. 427.

(28) Bryan Ward-Perkins, *op. cit.*, p. 227.

(29) G・ヴァザーリ『ヴァザーリの芸術論――「芸術家列伝」における技法論と美学』ヴァザーリ研究会（編）、平凡社、一九八〇年、一八〇―一八一頁。

(30) Bryan Ward-Perkins, *op. cit.*, p. 228.

(31) ジリアン・クラークは、次のように指摘している。「『古代末期』は、『ルネサンス末期』と同じくひとつの様式のカテゴリーとして、まず美術史で始まった概念である。中立的な用語ではない。それ以前のものから派生した二次的な産物か、それ以前のものの衰退した姿か、あるいはその両方であると見られていた。もし古代末期の彫刻家なり詩人なりが古典期のスタイルで作品を制作したら、アイデアが枯渇したからだとされる。かといって別のやり方をした場合、とくに絵画で鮮やかな色彩、文学でも鮮やかなイメージを多用すると、蛮族の明るいもの好きと古典的形式を使いこなす力量がない印とされた。」――クラーク、前掲書、一二五―一二六頁。

(32) エインハルドゥス、ノトケルス『カロルス大帝伝』國原吉之助訳、筑摩書房、一九八八年、三六頁。

(33) Michael Greenhalgh, *The Survival of Roman Antiquities in the Middle Ages*, London: Duckworth, 1989, p.

122.

（34） «Quam cum mirifica marmorearum columpnarum varietate componens...», Erwin Panofsky, *Abbot Suger on the Abbey Church of St.-Denis and Its Art Treasures*, Princeton University Press, 1979, p. 86.

（35） 『サン・ドニ修道院長シュジェール——ルイ六世伝、ルイ七世伝、定め書、献堂記、統治記』森洋訳・編、中央公論美術出版、二〇〇二年、一九一—一九二頁。

（36） 一方で、サン＝ドニにおける円柱の使用、柱頭彫刻の植物モチーフなどに、古代の形式の復活を見ようとする研究も存在する。Jean Bony, “What Possible Sources for the Chevet of Saint-Denis?”, Paula Lieber Gerson (ed.), *Abbot Suger and Saint-Denis*, New York: The Metropolitan Museum of Art, 1986, pp. 131–142.

（37） Dale Kinney, “Spoliation in Medieval Rome”, p. 261.

（38） ジャン・ギャンペル『中世の産業革命』坂本賢三訳、岩波書店、一九七八年。

（39） Dieter Kimpel, “L’apparitiondes éléments de série dans les grands ouvrages”, *Dossiers histoire et archéologie*, n. 47, nov. 1980, pp. 40–59.

（40） ゴシック建築において“chaînage”と呼ばれる鎖状に繋がれた鉄部材が使用されていたことは、すでにヴィオレ＝ル＝デュクの『中世建築事典』で指摘されている（Viollet-le-Duc, *Dictionnaire raisonné de l’architecture française du XIe au XVIe siècle*, t. II, 1854, pp. 396–404）。また近年の研究では、たとえば以下の書籍がゴシック建築のなかで使用されている鉄や鉛について幅広く論じている（Arnaud Timbert (dir.), *L’homme et la matière, l’emploi du plomb et du fer dans l’architecture gothique*, Actes du colloque Noyon, 16–17 nov. 2006, Picard, 2009）。

（41） 伊藤毅編『バスティード——フランス中世新都市と建築』中央公論美術出版、二〇〇九年、四頁。

（42） Marcel Aubert, *L’architecture cistercienne en France*, Paris, 1943, p. 13, 15; Kenneth John Conant,

Carolingian Romanesque Architecture 800–1200, Yale University Press, 1993, p. 186; W・ブラウンフェルス『図説　西欧の修道院建築』渡辺鴻訳、八坂書房、二〇〇九年、八三頁。

(43) K. J. Conant, *op. cit.*, p. 195.

(44) ブラウンフェルス、前掲書、八七頁。

(45)『サン・ドニ修道院長シュジェール』、一八八頁。

(46) 前掲書。

(47) この地に建てられた聖堂の歴史はさらに古く、五世紀に聖女ジュヌヴィエーヴが建設させた聖堂まで遡るものと考えられている。

(48)『サン・ドニ修道院長シュジェール』二〇二、二八五頁。

(49) 前掲書、二〇二―二〇三頁。

(50) 加藤耕一『ゴシック様式成立史論』中央公論美術出版、二〇一二年、特に二〇四―二一九頁。

(51) Henry S. Lucas, "The Great European Famine of 1315, 1316, and 1317", *Speculum, A Journal of Medieval Studies*, vol. 5, no. 4, Oct. 1930, p. 343; ブライアン・フェイガン『歴史を変えた気候大変動』東郷えりか、桃井緑美子訳、河出文庫、二〇〇九年、七三―七九頁。

(52) B・フェイガン、前掲書、七九頁。

(53) ジャン＝マリー・ペルーズ・ド・モンクロ『芸術の都パリ大図鑑――建築・美術・デザイン・歴史』三宅理一監訳、西村書店、二〇一二年、一〇八―一〇九頁。

(54) Marvin Trachtenberg, *Building-in-Time*, Yale University Press, 2010, pp. 249–250.

(55) *ibid.*, p. 252.

(56) William M. Bowsky, "The Impact of the Black Death upon Sienese Government and Society", *Speculum*,

vol. 39 no. 1, Jan. 1964, p. 17.

(57) Maryse Bideault, Claudine Lautier, *Ile-de-France gothique,* Picard, 1987, p. 71.

(58) *ibid.,* p. 71.

(59) *ibid.,* p. 72.

(60) Arnold Wolff, *Cologne Cathedral,* Greven Verlag Koln, 2012, p. 6.

(61) *ibid.,* pp. 7-8.

(62) ナルボンヌに関する事例研究は、JSPS科研費25220909基盤研究（S）「わが国における都市史学の確立と展開にむけての基盤的研究」（研究代表者・伊藤毅）による、フランス・ラングドック地方の都市と建築に関する研究会（「フランス沼地研究会」）への参加によって得られた知見によるものである。

(63) Hélène Rousteau, “La nef inachevée de la cathédrale de Narbonne: un exemple de construction en style gothique au XVIIIe siècle”, *Bulletin monumental,* tome 153, no. 2, 1995, p. 145.

(64) Chantal Alibert, *Narbonne, Regards d'hier et d'aujourd'hui,* Le Presses du Languedoc, 2005, pp. 48-52; Erlande-Brandenburg, “Le Palais neuf des archevêques de Narbonne”, *Bulletin monumental,* tome 131, no. 4, 1973, p. 373; Lucien Bayrou, *Languedoc-Roussillon Gothique,* Picard, 2013, pp. 168-171.

(65) Chantal Alibert, *op. cit.,* p. 82; M. Greenhalgh, *op. cit.,* p. 45.

(66) ジェームズ・アッカーマン『ミケランジェロの建築』中森義宗訳、彰国社、一九七六年、二〇三―二〇四頁、およびそのカタログ、James S. Ackerman, *The Architecture of Michelangelo: Catalogue,* Zwemmer, 1964, p. 136や、Von Herbert Siebenhüner, “S. Maria Degli Angeli in Rom”, *Münchner Jahrbuch der Bildenden Kunst,* 1955, ser. VI, pp. 179-206などを参照。

(67) Ackerman, *The Architecture of Michelangelo: Catalogue,* p. 136.

(68) リチャード・クラウトハイマー『ローマ――ある都市の肖像三一二～一三〇八年』中山典夫訳、中央公論美術出版、二〇一三年、四二二頁。
(69) ジョルジョ・ヴァザーリ『美術家列伝』第三巻、森田義之・越川倫明・甲斐教行・宮下規久朗・高梨光正監修、中央公論美術出版、二〇一五年、三一二頁。
(70) Pierre Pinon, *op. cit.*, p. 237; François Arnaud et Xavier Fabre, *Réutiliser le patrimoine architectural*, Caisse nationale des monuments historiques et des sites, t. 2, p. 76.
(71) Louis Réau, *Histoire du Vandalisme: Les monuments détruits de l'art français*, tome 1, Paris, Hachette, 1959, pp. 109–141. この章は«Le vandalisme embellisseur des cahoines»（聖堂参事会員たちの美容的蛮行）と題されている。
(72) ジョルジョ・ヴァザーリ「第一部　序論」高階秀爾訳、『ヴァザーリの芸術論』一九〇頁。
(73) 前掲書、一九三頁。
(74) ジョルジョ・ヴァザーリ「技法論　建築について」若桑みどり訳、『ヴァザーリの芸術論』八〇―八一頁。
(75) Louis Réau, *op. cit.*, p. 129.
(76) *ibid.*
(77) *ibid.*; François Enaud, *op. cit.*, p. 12.
(78) ヴィクトル・ユゴー『ノートル＝ダム・ド・パリ』辻昶・松下和則訳、潮出版社、二〇〇〇年、一一三頁。
(79) 前掲書、一一二―一一三頁。
(80) Louis Réau, *op. cit.*, p. 131.
(81) François Enaud, *op. cit.*, p. 12.

(82) *Dictionnaire des églises de France*, Vb, Champagne, Flandre, Artois, Picardie, Éditions Robert Laffont, 1969, pp. 34-35.

(83) *ibid.*, p. 35.

(84) *ibid.*, p. 14.

(85) Jacques-Guy Petit, *Ces peines obscures: la prison pénale en France* (*1780-1875*), Fayard, 1990, p. 153.

(86) F. Enaud, *op. cit.*, p. 14.

(87) Louis Réau, *op. cit.*, tome II, p. 40.

(88) F. Enaud, *op. cit.*, p. 14.

(89) F. Enaud, *op. cit.*, p. 15.

(90) *ibid.*, pp. 14-15.

(91) *ibid.*, p. 15

3章　再開発的建築観
――価値のヒエラルキーと建築の形式化

一六世紀から現代まで

1　野蛮の誕生

「中世」という発明

一五世紀頃にはじまるルネサンスは、古代を発見することで新たな時代を切り拓いた、歴史上もっとも重要な画期のひとつとして、建築の歴史のなかに位置付けられてきた。それに対して本章では、「古代の発見」よりも「中世の発明」こそが本質的な革新《イノベーション》だったという仮説に基づいて議論を進めてみたい。

一五世紀の「ルネサンス」に限らず、九世紀のカール大帝（シャルルマーニュ）の宮廷でも、一二世紀のサン＝ドニ大修道院においても、古代ローマをいかに継承するかという古代回帰の問題は重要なテーマであった。すでに本書2章で見たとおり、「カロリング・ルネサンス」や「一二世紀ルネサンス」においては、古代に使われていた大理石円柱そのものを再利用することなどによって、古代の継承を直接的に表明しようとしていた。それに対して一五世紀のルネサンスでは、古代建築の形態《フォルム》を模倣し、さまざまな建築要素の形態をカタログ化して量産していくことで、古代の再生《ルネサンス》に着手したといえる。

　形式主義とも呼ぶべきその手法は、2章で見た「再利用」とは異なるものだったといえるだろう。これについては後で論じることとして、ここではまず、「中世の発明」に焦点を当ててみよう。

「中世」という語の初出はイタリアの人文主義者《ユマニスト》ジョヴァンニ・アンドレアによる一四六九年のラテン語による用例“media tempestas”であると考えられている[1]。直訳すれば「あいだの時」となるであろうこの語が示すのは、古代と近代《ルネサンス》のあいだの、狭間の時代としての「中世」である。それは、単に歴史を三つの時代区分で捉えるというだけの見方ではなかった。そこには明確な価値判断が加えられていたのだ。素晴らしき古代とそれを再生する近代《ルネサンス》の狭間に位置する衰退の時代、すなわち「暗黒の中世」という考え方のはじまりである。

　時間軸を三つに区分して把握しようとする歴史観は、それほど珍しいことではないのかもしれない。日本でも、上古・中古・近古や上世《あがれるよ》・中世《なかつよ》・近世《ちかきよ》のような表現は存在した[2]。しかしそこには決して西洋のような価値判断のヒエラルキーはなかったはずである。西洋の歴史の三区分においては、狭間の時代と位置付けられた「中世」を「衰退の時代」と捉えた点こそが、きわめて独創的であった。彼らは中世を「野蛮」と位置付けたのである。

おそらくジョヴァンニ・アンドレアによる「中世」という命名そのものは、すぐさま定着したわけではなかったのだろう。一四六九年の初出からおおよそ一世紀を経た一五五〇年になってもなお、ジョルジョ・ヴァザーリは「中世」という言葉を用いていない。ヴァザーリは中世の建築を「野蛮」と断じ、彼が古代の「蛮族」の象徴としてゴート人の名をあげたことが、「ゴシック」という建築様式名の由来となった。すでに2章で論じたことの繰り返しとなるが、ヴァザーリはきわめて明瞭に、盛期古代の芸術形式を高く評価した一方、古代末期から中世にかけての芸術形式を衰退と蔑視し、「野蛮な方式」と断罪したにもかかわらず、彼は「中世」という術語を有していなかった。代わりにヴァザーリは「古代（antica)」と「古い（vecchio)」という語の使い分けによって、この時代区分を論じている。ちなみにヴァザーリによれば「古代《アンティカ》」とは「コンスタンティヌス帝以前の時代」で、「だいたいネロ、ウェスパシアヌス、トラヤヌス、ハドリアヌス、アントニヌス諸帝の頃まで」を指すとのことなので(3)、西暦二世紀のローマ帝国の全盛期頃までを指すことになろう。他方、「古い《ヴェッキオ》」の方はそれ以降ということになるので、コンスタンティヌス帝の治世を含む古代末期から中世までの長い期間を示すことになる。それは、現代の歴史学が示す「中世」の歴史区分とは必ずしも一致しないかもしれない。しかし「中世はいつからいつまでか」という定義ではなく、「中世は衰退の時代である」という定義において、ヴァザーリには西洋における中世観が明瞭に示されている。

このような中世観は一六世紀を通じてしだいに確立されていった。中世の野蛮を乗り越えた近代人という自己認識と歴史観を有したことが、近代ヨーロッパ文明の礎を築いたといえるのではないかと思うほどである。

「古典」という価値観

それから二〇〇年、一八世紀の後半になってドイツの詩人ゲーテは、弱冠二三歳で発表したエッセイ「ドイツの建築」（一七七二年）のなかで、当時の中世建築に対する「知的な」態度を明らかにしている。

はじめて大寺院《ミュンスター》に出かけたとき、私はよき趣味についての通念で頭がいっぱいになっていた。きき覚えで、質量《マス》の調和とか形式の純粋さをあがめていたから、ゴシック的粉飾の勝手気ままな乱雑ぶりは絶対許せぬものと思っていた。ゴシックという題目に対して、私はまるで辞書の見出しのように、あいまい、混乱、不自然、ごたまぜ、つぎはぎ、飾りすぎなど、およそ私のあたまをかすめたかぎりの間違いだらけの同義語をかき集めたものだ。よその世界はすべて野蛮と呼んですましている国民に勝るとも劣らぬばかさ加減で、自分の体系にあわぬものはことごとくゴシックと言って片づけたわけだ。④

ルネサンスの「良き趣味」に対して、中世は「野蛮」で悪趣味なものと位置付けられていることが、ゲーテのエッセイからもよく理解できることだろう。一五、一六世紀に芽吹いた中世観は、一八世紀になってなお根強く残っている。いや、むしろこういうべきかもしれない。中世を野蛮と見なす歴史観は、近代の発展とともにいっそう強くヨーロッパ人の意識下に刷り込まれていったのだと。

ゲーテの「ドイツの建築」は、一九世紀のゴシック再評価、ゴシック・リヴァイヴァルの草創としてよく知られるものである。ゴシック再評価は、建築家たちに、ルネサンスとは異なるデザインの選択肢を与えることになった。ゴシック・リヴァイヴァルと呼ばれた新しい建築デザインは、新たな形式として整えられ、近代建築の仲間入りすることになる。ゲーテは次のように続ける。

だが、大寺院の前に立って仰ぎ見たとき、何という思いがけぬ感じにおそわれたことだろう。一つの完全な巨大な印象が私の心を満たした。それは調和のとれた無数の部分から成り立っていたから、喜んで味わうことはできても、認識も説明もとうていできるものではなかった。⑤

ゲーテの論法によれば、やはり「あいまい、混乱、不自然、ごたまぜ、つぎはぎ、飾りすぎ」は悪なのだ。その価値観そのものが転覆されたわけではない。ゴシックにもルネサンスと同じような「調和」があると、ゲーテは主張したわけである。

一九世紀のリヴァイヴァリズムの時代になっても、やはり「野蛮な中世」という前提がすぐに払拭されたわけではなかったと見るべきであろう。というのも同じ頃、今度は古代ギリシア・ローマの芸術を「古典（Classic）」と呼ぶ風潮が、ゲーテ自身やドイツの美術史家J・J・ヴィンケルマンらによって流行しはじめるからである。

ラテン語の“Classicus”は、古代の用例では政治や軍隊の用語で「第一に指名される」ことを意味していたが、転じて「上流階級の高額納税者」となり、そこから比喩的に「最上級の」という意味を成すようになっていったという。一六世紀になると比喩的に、古代ギリシア・ローマの文学作品を"Classicus"と呼ぶ用法が登場しはじめ、このとき初めて「古代」と「古典」が結びついた。視覚芸術の分野ではさらに下って、一九世紀になってようやく、ヴィンケルマン、ゲーテ、ヴォルフらによって、古代ギリシア・ローマの芸術が「古典」と呼ばれるようになっていく⑥。

今日においてなお、われわれは古代ギリシアやローマを呼ぶときほとんど無意識に、「古典」とはあたかも修辞的な枕詞に過ぎないかのように、古典古代（Classical Antiquity）と表現する。しかしそこには古代ギリシア・ローマが最上級であるという、一六世紀以来の含意があり、それは「野蛮な中世」の裏返しとも言える価値判断の表現なのだ。たしかに「暗黒の中世」（Dark Ages）のような直接的に中世を蔑む表現は、いまではあまり使われなくなったかもしれない。しかし、「古典古代」や「近代文明」などの誇らしげな表現は、「中世」を発明した一六世紀のヨーロッパ人以来の、ヒエラルキカルな歴史観を継承している。

ルネサンス以降の建築は、現代の建築史研究では古典主義（Classicism）と呼ばれる。これはまさしく、（中世を野蛮と貶め）古代を理想と崇めるイズムの表明なのである。

近代が発見した野蛮

ルネサンスは古代を高く評価したことによってはじまったとされるが、少なくとも古代の建築を「古典」と呼ぶ表現は、ようやく一九世紀にはじまったわけだ。それに対し、中世を「野蛮」と呼ぶ習慣が一六世紀にはじまっていたとすれば、「古代の発見」よりも「中世の発明」の方に、「近代」という新たなフェーズに踏み出した一六世紀ヨーロッパの本質的な思考が表れているといえそうだ。

じつは一六世紀ヨーロッパが、時間軸上の「中世」のなかだけでなく、空間軸上の「非ヨーロッパ世界」のなかにも同じく「野蛮」を見出していたことを、ウォーラーステインは指摘している。ウォーラーステインはそれを「ヨーロッパ的普遍主義」のはじまりと位置付けた(7)。彼のいう「ヨーロッパ的普遍主義」とは、汎ヨーロッパ世界が自己を正当化しながら「他者」に干渉してきた、一六世紀から現代まで続く歴史であり、「しばしば独善的、威圧的、傲慢であるが、その政策は、つねに普遍的な価値や真理を反映しているものとして提示される(8)」ものである。

近代世界システムが、ヨーロッパにはじまり世界へと拡大していく過程では、軍事的征服や経済的搾取を伴ったが、「この拡大からきわめて多くの利益をあげた者たちは、そのような拡大が世界のひとびとに与えた益のほうが、より大きなものであるということを根拠にして、みずからにも、また世界に対しても、その拡大を正当化してきた(9)」というのがウォーラーステインの主張である。そして彼は、一六世紀ヨーロッパに登場したこのような考え方の先例として、ラス・カサス／セプルベダ論争をとりあげる。これは、南米を侵略し先住民を強制労働力としてスペイン人の管理下で働かせるコミエンダ制を批判したバルトロメ・デ・ラス・カサスと、反ラス・カサスの立場から、南米の先住民に対する「干渉」を正当化したフアン・ヒネス・デ・セプルベダのあいだの論争である。ウォーラーステインは、セプルベダの『第二のデモクラテス　もしくはインディオに対する戦争の正当原因についての対話』(一五四五年頃)のなかに、「文明化された」者による「非文明的」地域への「干渉」の正当化を見出しているが、[10] ここではセプルベダが一五五〇年に著した『アポロギア』から引用してみたい。ここには、ウォーラーステインのいう「野蛮に対する干渉の正当化」が凝縮されている。

戦争によってその**野蛮人**たちが受ける損失と恵みを計算すれば、明らかに恵みの方が多く、また、価値も高いので、それに比べれば、彼らの蒙る害は無きに等しい（……）それに、いまひとつの不幸は財産の大部分、つまり、彼らがさほど高く評価していない金、銀や貴金属を奪われることである。しかし、その代わり、**野蛮人**はスペイン人から見返りとして鉄という、生活にきわめて有用な、また、断然便利な金属をはじめ、小麦、大麦、豆類、その他、種々様々な果樹、オリーブ、馬、ラバ、ろば、羊、山羊、その他、彼らが目にしたこともないものを数多く手に入れている。それらはすべて、スペインからもたらされ、その地方の住民に大きな恵みをもたらしている。これらの品物がそれぞれもたらす利益は**野蛮人**が金や銀から得ていた利益をはるかに上回っている。そのうえ、スペイン人がもたらしたものに、文字がある。**野蛮人**は文字を全く知らず、読み書きの知識も全然ない。かてて加えて、彼らには人間的な生活や優れた法律と制度、それに、あらゆる種類の恵みをことごとく凌ぐほど大きな価値があるもの、つまり、真実の神およびキリスト教についての知識も授けられたのである。こうしたことはすべて、周知の事実であるから、はっきりと言わせてもらえば、征服を妨げ、**野蛮人**がキリスト教徒の権力下に入るのを阻止しようとする人々は人間的な心から彼らを守ろうとしているのだろうが、実際はその意図とは裏腹なことを行っているのである。つまり、言ってみれば、彼らの望みは残酷にも**野蛮人**から数多くの計り知れない恵みを奪うことなのである。彼らは愚かで途方もない考えを主張して、**野蛮人**からそれらすべての恵みを完全に奪うか、さもなければ、恵みがもたらされるのを邪魔しているのである[11]。

ここでは「ヨーロッパ人」と「非ヨーロッパ人」という概念が、「スペイン人」（あるいは「キリスト教徒」）と「野蛮人」の対比によって示されている。非ヨーロッパ人を示す名詞として「野蛮人」という言葉が、これほど繰り返されることには驚くほかない。

ウォーラーステインによれば、このような非ヨーロッパの「野蛮」に対する干渉は、一六世紀には「信仰（キリスト教）」によって正当化され、植民地主義の時代には「文明（技術）の伝播」という観点から正当化された。そしてかつての植民地が独立国家となり、国連加盟国となった現代においては、「人権」によって正当化されているという[12]。なるほど、このように「ヨーロッパ的普遍主義」を捉える彼の視点は、きわめて説得力のあるものだ。

本書においては一六世紀における価値観の転換に着目しているので、特に重要なのは「信仰」によって正当化された「野蛮」に対する干渉ということになるだろう。しかし注意すべきは、この「野蛮論」において、キリスト教信仰はまったく都合のいい弁明《アポロギア》にすぎない、という点である。

時間のなかの野蛮、空間のなかの野蛮

ごく大摑みにまとめると、一六世紀のヨーロッパ人は、地理的・空間的な「他者」と、時間的「他

者」を見出し、そのいずれをも「野蛮」とみなしたのである。地理的・空間的な他者は南米でもアジアでも非キリスト教徒（異教徒）であるがゆえに野蛮と見なされた。一方で時間的な「他者」はヨーロッパ自身の中世に見出された。一六世紀のヨーロッパ人たちは、彼ら自身が定義した「野蛮な中世」の超克により近代という新たな局面を切り拓いた、というふうに自分自身を位置づけたのである。そのとき、中世は非人文主義的（すなわちキリスト教的）であるがゆえに野蛮とされた。彼らはローマの神々が信仰されていた古代を理想的な時代とみなしたため、かつて排斥されたローマの異教崇拝が一転して賞賛されることとなった。さらに一七、一八世紀の啓蒙思想が中世的なキリスト教主義を排斥したことにより、近代の発展とともにますます中世は信仰ゆえに野蛮と見なされていったのである。

すなわち、キリスト教を軸として考えると、一六世紀に起こった価値観の転換には大きな捻れが隠れている。まず「野蛮」ありき。「キリスト教」は言い訳にすぎない。

もうひとつ指摘すべきは、この議論のキーワードである。「野蛮人」や「異教徒」は、いずれも古代末期の重要な概念であった[13]。古代末期にローマ帝国に侵入した東方からの移民たちこそが、「野蛮人」と呼ばれた最初の人々であった。また、それによって引き起こされた社会変動の時代に、皇帝の決断でローマの国教がキリスト教に定められたことにより、それまで信仰されていたローマの神々への崇拝が「異教」とされた。すなわち古代における「異教徒」は過去のローマ人自身でもあったのであり、じつはこちらの方が「時間的他者」というべき存在であった。他方、古代の「野蛮人」は近代の「野蛮人」とは異なり、決して下位のヒエラルキーに属していたとはいえない[14]。近代の野蛮は干渉の対象となったが、古代においては「文明的な」ローマ人の方こそ、野蛮人によって干渉されたのである。ローマ帝国西方は野蛮からの干渉によって消滅したのだ。

それに対して、一六世紀のヨーロッパ人は古代の術語である「野蛮人」と「異教徒」を再生し、そこに上位の自分自身と下位の「他者」というヒエラルキーを加味することによって、世界と歴史を把握しようとしたわけである。「キリスト教徒」と「異教徒」という構図による世界把握は、より普遍的なヨーロッパと非ヨーロッパという構図に収斂していくことになる。一方、「文明」と「野蛮」という構図は、地理的・空間的世界把握のなかにも、近代と前近代という時間的歴史把握のなかにも、いまでも息づいている。

地理的・空間的側面からいうと、建築の世界では「古典主義」は、ある種のインターナショナル・スタイルとして世界に拡大していった。それは建築の形式主義《フォルマリズム》と印刷技術の発展に伴う「建築書」の普及の賜物であったといえよう。この形式主義の問題ついては第4節で取りあげる。

一方、時間的ヒエラルキーは中世を野蛮と捉え、そのことが中世の都市と建築の破壊を促進していくことになる。中世の建築は「野蛮」であるがゆえに破壊され、「良き趣味」の建築が新築された。中世の曲がりくねった「有機的な」街路は大規模に取り壊され、直線的で「計画的な」街路に置き換えられていく。「再開発的建築観」のはじまりであった。

2　再開発的建築観と再利用的建築実践

セバスティアーノ・セルリオ

さて、ここでまず一六世紀における再利用的建築観と再開発的建築観とが共存した、ハイブリッドな態度を確認しておきたい。とりあげるのは建築家セバスティアーノ・セルリオ（一四七五―一五五四年頃）が著した『建築書』第七巻である。そこに見られるのは、野蛮な中世の建築を破壊し、ルネサンスの良き建築に置き換えんとする新たな「再開発的」建築理論の発露と、「既存構造物の再利用」による建築実践の継続という、二つのフェーズの過渡的な状況である。

セルリオは若い頃は画家としての修行を積んでいたが、三〇代後半になって建築を志し、一五一一年から一五一四年にかけてはウルビーノ近傍の町ペーザロで、その後ローマに移住し六歳年下のバルダッサーレ・ペルッツィを師と仰いで建築を学んだ。一五二七年のローマ劫掠と前後してペルッツィのもとを離れ、今度はヴェネツィアに移住したようなので[15]、本書2章でとりあげたマルケルス劇場の再利用であるパラッツォ・サヴェッリや、オデオン劇場の基礎の曲線がファサードの曲面に反映されたパラッツォ・マッシモ・アッレ・コロンネなどの、ペルッツィによる既存建物再利用の重要な仕事にセルリオは関わっていないようだ。しかしこれからとりあげる『建築書』第七巻で論じられる彼の建築観には、既存建物がそこにあることを前提とした建築の実務が説明されており、「再利用」の観点からもきわめて興味深いものである。

表 3-1　セルリオ『建築書』の出版年代と出版地

<table>
<tr><td>第 1 巻</td><td>幾何学について</td><td>1545 年</td><td>パリ</td><td></td><td rowspan="5">1～5 巻セット：
1551 年
イタリア語版
1606 年
ドイツ語版
1611 年
英語版</td></tr>
<tr><td>第 2 巻</td><td>透視図について</td><td>1545 年</td><td>パリ</td><td></td></tr>
<tr><td>第 3 巻</td><td>古代ローマの建物について</td><td>1540 年</td><td>ヴェネツィア</td><td>1550 年
フランス語版</td></tr>
<tr><td>第 4 巻</td><td>建物の 5 様式について</td><td>1537 年</td><td>ヴェネツィア</td><td>1539 年
フラマン語版
1542 年
ドイツ語版
1545 年
フランス語版</td></tr>
<tr><td>第 5 巻</td><td>神殿について</td><td>1547 年</td><td>パリ</td><td></td></tr>
<tr><td>第 6 巻</td><td>さまざまな住宅について</td><td>—</td><td>手稿のまま出版されず 1966 年に初めて刊行</td><td></td><td></td></tr>
<tr><td>第 7 巻</td><td>計画対象敷地の状況について</td><td>1575 年
（没後）</td><td>フランクフルト</td><td></td><td></td></tr>
</table>

セルリオの建築書

　セルリオの建築史上の重要性は、建築作品よりも彼が著した『建築書』にこそあるといえよう。彼は全七巻からなる『建築書』の出版を計画し、それが彼の後半生の重要な仕事となった（表3－1）。最初に第四巻「建築の五様式（cinque maniere）について」（一五三七年）が、続いて第三巻「古代ローマの建物について」（一五四〇年）が、いずれもヴェネツィアで出版された。その後、フランス王フランソワ一世の招きに応じて渡仏し、フォンテーヌブロー宮殿の建設に参加しながら、第一巻「幾何学について」と第二巻「透視図について」を一五四五年のパリで出版、続いて第五巻「神殿について」を同じくパリにて一五四七年に出版した。セルリオはフォンテーヌブローにて一五五四年頃に死去するが、彼の死後、一五七五年になって第七巻「計画対象敷地の状況について」がフランクフルトの出版社から刊行される。[16] 残る第六巻は出版されないまま現代に至り、二〇世紀になってようやく刊行された。

最初に刊行された第四巻の序文には、セルリオから師バルダッサーレ・ペルッツィへの感謝の言葉が綴られており、セルリオとペルッツィの強いつながりがここでも示されている。[17] しかし、それ以上に興味深いのは、この本のヨーロッパ全体への伝播の状況である。

セルリオの存命中には早くも、これらの書籍は次々に多言語に翻訳されていった。一五三七年の第四巻の初版刊行のわずか二年後にはフラマン語版が出版され、一五四二年にはドイツ語版も出版された。一五四五年には同じ第四巻のフランス語版が、一五五〇年には第三巻のフランス語版が出版されている。[18] 第四巻「建物の五様式について」（五つのオーダー）と第三巻「古代ローマの建物について」が、広くヨーロッパ全体できわめて早い段階で受容されていったことがよくわかる。セルリオは「オーダー」という言葉こそ用いなかったが、ジャコモ・バロッツィ・ダ・ヴィニョーラが初めて『建築の五つのオーダー』（一五六二年）というタイトルの書物を出版する以前に、この考え方の基礎を築いたわけであり、オーダーという形式のインターナショナルな拡大に、セルリオの『建築書』が最初の大きな役割を果たしたことは間違いない。

一五五一年には、第一巻から第五巻までの五巻セットがヴェネツィアで再版された。一六〇六年には改めて第一巻から第五巻までのドイツ語版がアムステルダムで出版され、一六一一年にはドイツ語版から翻訳された英語版の五巻セットがロンドンに登場する。イタリア国内では、一五八四年に第七巻と扉のデザインに関する別の本を加えた擬七巻セットも刊行されているが、国際的に広まったのは第一巻から第五巻までだった。その結果、セルリオの当初の意図に反して、本書は『建築五書』として広く知れ渡ることになったのである[19]。

第六巻「さまざまな住宅について」が手稿のまま出版されず、また第七巻「計画対象敷地の状況について」はイタリアでは出版されたものの、翻訳されず国際化することがなかったのは、はたしていかなる理由によったのだろうか。その背景を論じるためには、丁寧な歴史調査が必要になるだろう。だが、ひとつの仮説として考えられるのは、第一巻から第五巻までが「ルネサンス」の伝播に欠かせない内容を有していたのに対し、第六巻と第七巻は「ルネサンス」にとってあまり必要とされなかったのではないか、という理由である。そのように考えてみると、一六世紀にはじまった「近代」が終幕を迎えつつあるように見える現在、第六巻と第七巻のほうがいっそう興味深く見えてくる理由に納得いくのだ。

セルリオに見る再利用と再開発

なかでも再利用と再開発という観点から興味深いのは、セルリオ『建築書』の第七巻「計画対象敷地の状況について」である。特に第五五章～第七三章の「不整形な敷地における提案」は、この問題について重要な示唆を与えてくれる。そこで、逸話的でたいへんユニークな第六二章の全文をここに紹介したい[20]。

第六二章「第八の提案——古いものの改築（ristorar）について」

私が意図しているのは、普通でない状況や古い住宅の改造について議論することであるから、私のこれまでの人生のなかで遭遇したこの主題に関係するある出来事について、詳しくお話しすべきだろう。建物というものが人びとによく親しまれているイタリアのある都市に、とても裕福だが吝嗇家の男がいて、一軒の家を所有していた。そしてこの家は、良き建築（buona Architettura）がまだ埋もれていた時代に、彼の祖父が建てたものだった。しかしながら、この家がとても住み心地がよく、まだそれほど古くないということも事実だったのであり、この家主の男はその住み心地と、何より彼もこの家で生まれたがゆえに、たいへん幸せだった。ところが、この家の両隣と正面に新しい家が建てられ、それが良き建築家たち（buoni Architettori）によって計画されたものであり、それらの建物に備わった適切さ《デコルム》と均整のおかげで、この吝嗇家の住居はとても醜いものとして立ちあらわれるようになってしまった。それゆえ、この町の領主がこの通りを幾度も通りかかって、建ち並ぶほかの建物と比べたときにこの家がまったく違っているのを見るたびに、彼は気分を害し、また気分を悪くするのだった。そこで、領主はこの吝嗇家の友人である住民たちの職場を通じて、この建物を近隣の建物と同じスタイルで建て直すよう、男に仕向けた。この善良な男は、町の適切さ《デコルム》よりも自分の金庫の方がずっと大事だったので、領主とすれ違うたびに、自分は本当に家を建て直したいと思っているのだけれど、今はお金がないのですと言うのだった。ついに、ある日この領主はまたこの道を通りかかって、いまだにこの家が、少なくともそのファサードを見る限り改築（rinnovare）が始まっている様子がないのを見ると、家主を呼びつけ、立腹した調子で言った。「主人！　お前の家が、一年以内に表面だけでも近隣の住宅の建築と同じようにならなければ、わしがお前の家を経験ある人物が言う適正価格で買い取って、わしの家と同じように建て替えるから、覚えておれ」。裕福な吝嗇家は、自分がそこで生まれ、育まれ、成長した家を奪い取られないために、建設工事を始めることを――彼自身の意志によってではなく、貴族の不興を買いたくないがためだが――決心した。そして町で一番の建築家を見つけ、金に糸目は付けないので、今の住み心地の良さはそのままに、表面は領主のお気に召すように改築してほしいと、真剣に依頼した。じつはこれは、けちな人が見栄を張るときのやり方である。彼らは、建物でも、結婚式でも、晩餐会でも、何かほかの場合でも、ほとんどめったにやらないのだが、やるとなると豪華にやりたがるのである。この良き建築家（buono Architetto）は、このたしかに素晴らしい住み心地の家を観察し、よく考えた。彼は、しかしながら、家の内部についてはなにひとつ動かすべきものはなく、ただこの家の玄関が、図面中程のA、B、C、D、Eで見られる通り、ファサードの中央にないことに気付いた（それは良き建築とは正反対のやり方なのである）。これが以前の平面であり、その上の図がこの家のファサードだった。彼は、Cの広間に＊印の壁を立てることを決断し、この広間は通路と部屋Cになった。そして、ほかの壁についてはなにひとつ変えることなく、もともとの通路から彼は部屋Bを作った。彼は完全に前面の壁を取り壊し、最初の図の下にあるようなやり方で第二のファサードを競合させ、この図に見られるようなやり方で窓を競合させたのである。玄関口の両側にある四つの壁龕《へきがん》と、上部のひとつの窓は、特に目的のないものである。この家の家主は貪欲の像――諸悪の根源であり、美徳の敵である――を、

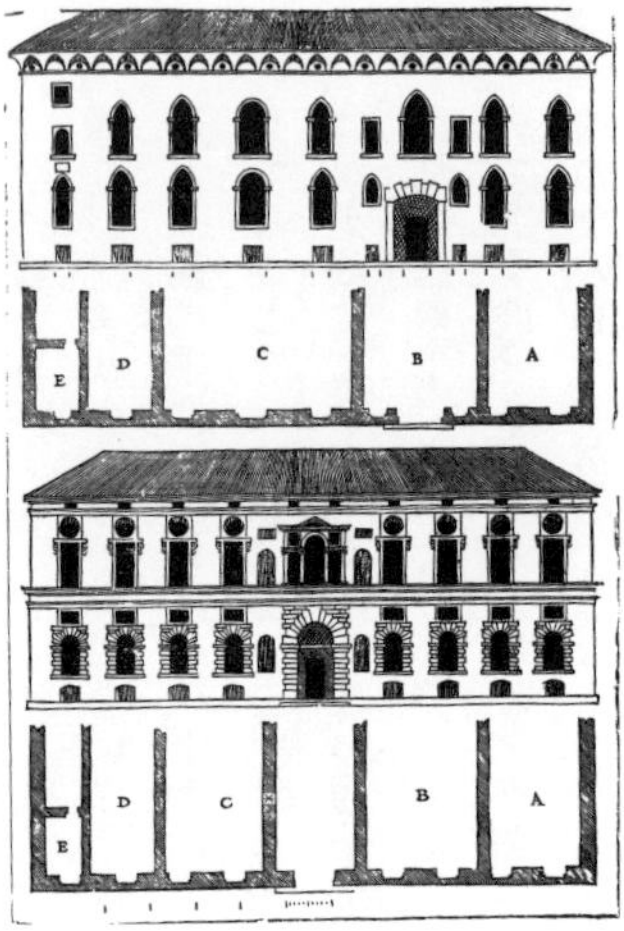

図3-1 セルリオ『建築書』第7巻, 第62章「第8の提案――古いものの改築について」より

このもっとも栄誉ある場所に置くべきであろうが、その代わりに彼は、おそらく、彼自身がこうした高貴な性質を有しているという印象を与えるために、あるいは狡猾な男らしく自分が善良な男であると世間に信じ込ませるために、パリサイ人の衣服を着せて四つの壁龕に四つの徳をあらわす像を置きたがることだろう。[21]（図3－1）

これは専門的な建築論というよりも、（裕福ではあるが）一般の住宅の所有者と、都市の支配者層の建築に対する態度が描写されている点で興味深いものである。描かれている立面図の以前《ビフォー》、以後《アフター》を比べると、改築前の住宅には尖頭アーチの窓が並び、様式的にはゴシックと呼ばれるデザインである。他方、改築後は半円アーチの窓が並び、二階中央のセルリアーナと呼ばれる形式の窓には三角形のペディメントも備え付けられるなど、まさしくルネサンスのデザインとなっている。しかし文章中では、のちに定着するルネサンスやゴシックといった美術史、建築史の術語は使われず、「良き建築」と「良き建築がまだ埋もれていた時代」という対比で説明される。「野蛮」という語こそ用いられていないが、そこにあるのは明らかに「良き建築」と「野蛮な建築」のあいだに一線を画すヒエラルキーだ。一六世紀イタリアにおいて、中世の建築はただ「良き建築とは正反対のやり方」（左右非対称）であっ

たがゆえに、破壊されなければならなかったのである。

ただ、ここで面白いのはその破壊と新築の手法である。その建築的実践は、じつはまだ完全な再開発ではなかった。破壊し、更地にするのでなく、通りに面した壁一枚だけを破壊し、すげ替えるものだったからだ。

石を積み上げて建設する組積造の建物の場合、基本的にはそれぞれの壁が自立構造なので、壁一枚壊しても、建物全体が倒壊することはない。問題は、その壁が上階の床や天井、屋根などの上部構造を支えている場合で、そうした壁はとくに「耐力壁」と呼ばれる。ヨーロッパの歴史的な密集市街地では、隣家と接する境界壁が耐力壁となることが多い。隣り合う建物で共有される境界壁は、分厚く頑丈に作ることで耐火壁にもなり、万が一火災が発生した際に延焼を防ぐ役割も果たす。このような境界壁は、それに接する一方の敷地で建て替えが行われても壊されることはないので、これを建物の基本的な耐力壁とすることは理に適っているわけだ。

それに比べると、通りに面したファサードの壁は、壊しても構造的に問題とならないことが多かったようである。まさにこのセルリオが語る例が示す通り、建物の外観が古臭く、時代遅れに感じられるようになると、ときどきこうしたファサードの建て替えが行われた。室内空間《インテリア》の刷新に比べると、もちろん組積造の壁一枚を壊して建て直すというのはたいへんな大工事ではあるのだが、二〇世紀のスクラップ&ビルドに比べて建設に長い時間を要した時代には、ファサードだけを当世風に建て替えるという手法は、それなりに合理的なものだったわけである。

このような「強い構造」（境界壁）と「弱い構造」（ファサードの壁）の組み合わせで建物を捉えると、

本書2章で見てきたような既存建物の再利用の歴史が理解しやすくなるだろう。その意味で、セルリオが語る逸話は、まったくもって再利用的といえる。しかし、それに加えてここで注目したいのは、その改築の理由だ。良き建築と違っているために「とても醜い」とされ、新しいルネサンスの街並みと調和していないために「気分を悪くする」というのは、単に古いものを新しく建て直すという行為に比べて、強い価値判断が表れている。「醜いから破壊せよ」という命令は、ある画一的な価値判断の押し付けである。それは野蛮に対する干渉であり、その干渉行為は「ルネサンスは良き建築」であるという、一六世紀以降に普遍的となる価値観により正当化されているのだ。

一六世紀の破壊と都市計画

一六世紀以降になって、野蛮に対する干渉、すなわち中世建築の破壊が頻繁に行われたというのは、とりわけ新奇な考え方ではない。たとえば一九世紀になって、V・ユゴーは『ノートル＝ダム・ド・パリ』のなかでこう語った。

> ルネサンスの精神は公平ではなかった。建設するだけでは足りず、破壊もやりたがったのだ。[22]

ユゴーの『ノートル＝ダム・ド・パリ』は、一四八二年という時代に設定されている。それは長い一六世紀のはじまりの時代であり、一四五五年に活版印刷の『グーテンベルク聖書』が刊行された約三〇年後という時代である。ユゴーはこの本のなかで司教補佐クロード・フロロに「これがあれを滅ぼすだろう」という有名な台詞を吐かせている。書物が建築を滅ぼすという仄めかしについて、当該箇所ではメディアとしての建築の役割が失われるという主張として読めるが、本質的には「近代が中世を滅ぼす」とも読めるかもしれない。ユゴーの真の敵は中世建築の破壊者たちであった。彼は一九世紀の社会のなかで、ゴシック建築の破壊に対抗する方法として、保護を訴えた人物であった。そして彼は、中世建築の破壊、すなわち野蛮に対する干渉のルーツをルネサンスの精神の「不公平さ」に見出していたのである。

また『壊されたパリ』というユニークな書籍のなかで、現代の建築史・都市史の研究者ピエール・ピノンは次のように論じている。

一六世紀以来行われてきた「近代的」都市計画は、常に私有の建物が建っている空間を犠牲にして公共空間を拡げようとする（道路の貫通もしくは拡幅、広場の開設もしくは拡張、緑の空間の整備）ものであり、その意味において破壊者だった。中世のパリのような密度の高い都市を近代化する唯一の方法は、すでに建物が建っている土地を再び更地にすることでしかなかった。高名な版画家の息子ピエトロ・ピラネージは、第一帝政時代にローマで警察署長を務めていたときに、都市を美化する最良の方法は建てることでなく壊すことであると認識していた。したがって都市は、たとえ現代の感性がこれと対立するものだったとしても、建てることと同時に壊すことによってつくられてきたのである。投機について言えば、それはパリを破壊し、そして——都市内の画地分譲、建築の更新によって——パリを建設した。少なくとも一六世紀以降、建てるためにはまず壊さなければならなかったのである[24]。

このように一六世紀の転換に注目すると、セルリオの『建築書』第七巻六二章で語られたエピソードは、一六世紀にはじまる再開発的建築観と、古代末期から持続してきた再利用的な建築実践のハイブリッドといえるものであることが理解されるだろう。

ピノンが指摘する「道路の貫通」や「広場の開設」はむろん、一六世紀以降の再開発的都市計画の特徴的な手法である。しかしその最初期の事例である、一六世紀ローマで教皇シクストゥス五世が進めた直線道路計画や、一七世紀初頭にフランス王アンリ四世がパリで行った広場の開設においては、既存建物の破壊はそれほど深刻ではなかったかもしれない。一四、一五世紀の縮小時代からようやく成長時代に転じたばかりのヨーロッパでは、都市の周縁部にはまだまだ田園的な風景が広がっていたし、都市中心部にも空地が少なからず存在した。シクストゥス五世の直線道路は密集市街地よりもむしろ周縁部の農地を貫いているように見えるし（1章、図1-3）、アンリ四世がパリの東端で計画した国王広場（現在のヴォージュ広場）は（図3-3）、王家の離宮のひとつであるトゥルネル館の取り壊

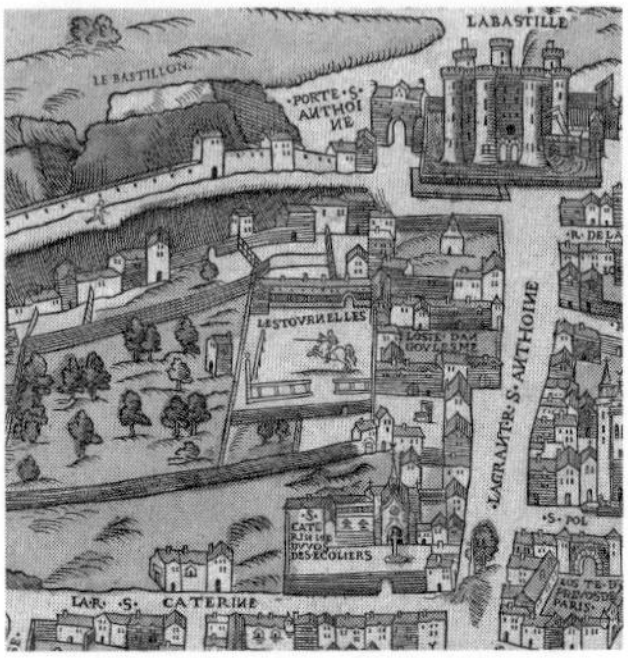

図 3-2 《バーゼルの地図》(1552年) より，トゥルネル館とその庭園

図 3-3 《テュルゴの地図》(1739年) より，国王広場

しを伴ったが、敷地の大半は屋敷の庭園であった（図3-2）。

アンリ四世によるパリの都市計画

アンリ四世による国王広場開設の都市計画は、そもそもは産業奨励政策と結びついたものであり、ミラノから絹織物生産者を誘致し、その生産拠点をつくるための計画だった。アンリ四世は一六〇四年に王家の土地をこの計画のために譲渡することを決定している。

しかし予の都市内には、必要な大量の織機や工作機械を収容する、あるいはそこで働く作業員たちを住まわせ庇護するために、十分に広大で清潔であるいは住み心地がよい場所をみつけることができなかったので、かつてトゥルネルの庭園と呼ばれていた我が領地でもある土地に、この目的のための建物を早急に建てることがふさわしいと、予は考えた。敷地の計測をした後に、上記の工場の所有者であるモワセ氏、サンコ氏、リュマグ氏、カミュ氏、パルフェ氏に、工房と労働者たちのために相応しく必要な住宅群を、予が示したデザインに従って建設させるために、長さ一〇〇トワズ幅六〇トワズの土地を贈与することを予は約束し、合意した。(25)（一六〇四年三月四日の勅令）

同年末までにこの工場と職人たちのための住宅群が建設され、翌年からはこの住宅の南側に正方形広場を開設するために、広場の東・南・西辺に統一的なファサードを持つ住宅群の建設がはじまった。

図 3-4 《ブラウンとホーヘンベルフの地図》(1572 年) より，シテ宮殿とその庭園

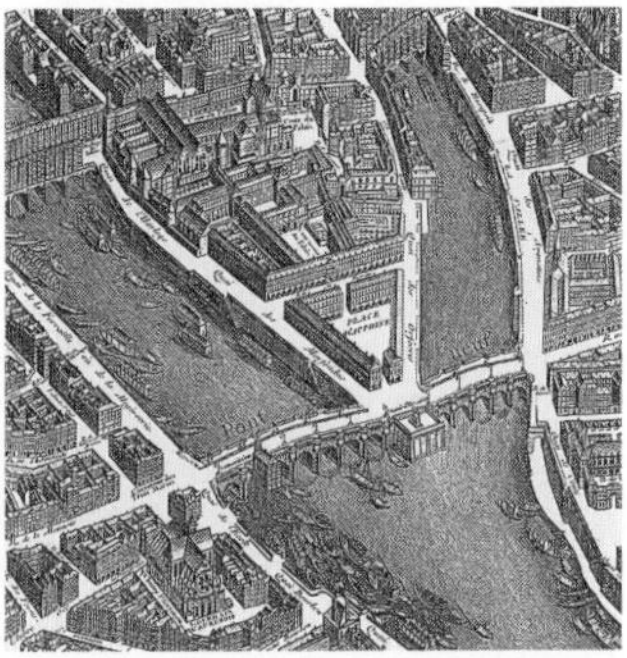

図 3-5 《テュルゴの地図》(1739 年) より，ドーフィーヌ広場

最終的にこの整形の広場と、広場に面してファサードを揃える住宅デザインが優先され、最初に建設された職人たちの工場と住宅は取り壊されることになる。一六〇七年になると絹織物工場は、シテ島西端で新たな開発が計画されていた美しい三角形状のドーフィーヌ広場へと移転させることが決定した（図3-5）。結局、国王広場の北辺をなす一六〇四年の建物はわずか三年で取り壊され、そこに他の三辺と同じデザインの住宅群が建設されて、国王広場は完成した。

一方、一六〇七年のドーフィーヌ広場の計画は、シテ島というパリの中心部での計画だったが、ここでも建物の取り壊しは、まだあまり深刻ではなかった。この敷地は、中世の早い時期から王家のパリの宮殿だったシテ宮殿に付随する庭園だったのである。

一五世紀半ばに描かれた、有名な《ベリー侯のいとも豪華なる時禱書》には、のどかなこの庭園の風景が描かれているし（図3-6）、一六世紀半ばに制作された《ブラウンとホーヘンベルフの地図》

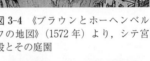

にも、シテ島の西端にこの庭園が描かれている（図3－4）。ドーフィーヌ広場は、この王宮の庭園を破壊する再開発計画だったわけである[26]。

したがって、成長時代に転じた長い一六世紀に、開発の機運が高まりはじめたとしても、突如として中世の建物が次々に破壊されたわけではなかった。しかし、都市内の空地がなくなれば、次なる開発のターゲットは当然、既存建物であった。そしてそれらの既存建物が「良き建築が埋もれていた時代」の建物であれば、その破壊は正当化されたわけである。

再開発によってつくられた直線道路、正方形や三角形の広場は、まさに近代的で計画的な開発と評価されるものであろう。それと対照的なのが、道幅も一定でなく、曲がりくねって先の見通せないような路地や、さまざまな建物の輪郭線が入り組んだ不整形な広場などである。こうした都市景観は中世都市の特徴とされ、「自然発生的」とか「有機的」などと呼ばれる。「自然発生的」というのは不思議な言葉だが、「都市計画」がトップダウンで実現されるのに対し、都市住民たちの自発的な活動によって建物が増殖して都市が形づくられていく様子を、あたかも微生物が細胞分裂によって増殖していくようなイメージに重ね合わせ、「自然発生」という言葉で表現しているのだろう。この「都市計画的」と「自然発生的」の対比は、本

図 3-6　《ベリー侯のいとも豪華なる時禱書》より，シテ宮殿とその庭園

書の立場からすれば「再開発的」と「再利用的」の対比となる。既存建物再利用における、強い構造に弱い構造が寄生していくような建築活動によって、不定形で不規則な街並みが生成されていくわけだ。一方、「計画的な」直線で構成される街並みは、ある程度大規模な破壊と新築がなければ実現は難しいのである。

強い縦糸としての境界壁

ここで再びセルリオの『建築書』第七巻に戻ってみよう。一六世紀の再開発的建築観の黎明期において、セルリオは中世的で歪《いびつ》な建物の輪郭線を、いかにして美しく直線的に整えるか、その建築手法を丁寧に説明している。ここでも見てとることができるのは、再開発的精神に基づいた、再利用的建築実践である。

第四一章「整形でない敷地に対する第二の提案」
ときどき建築家は、すべての面において整形でない、まったく普通ではない敷地を扱わなければならない状況に遭遇することがある。この敷地の境界を成す各点はつぎの通りである。A、M、L、K——これは路地に面した、ひどくジグザグ状になった壁面である。建物の裏側の面も同じく斜めになっていて、これを成す点はK、I、H、Gである——この面も道に面している。次の側面は境界壁となっていて、その点はG、F、E、Dとなる。正面もきわめて不整形で、その点はA、B、C、Dとなる。ここでは建築家は、幾何学者であると同時に法律家であるべきである。

彼は、公共の土地と面積のやりとりをするために幾何学者であるべきであり、公共の土地と私有の土地の公平な境界をどのように決定すればよいかを知るために法律家であるべきなのである。そこで、正面が大きくジグザグ状になり普通ではない場合において、一定量の適切さ《デコルム》を備え、建物の依頼者の住み心地を備えるために、建築家がどのように解決すべきかを見ていこう。まず、Aの角では大通りから一ピエデ（フィート）分を公共に〔側面の道に――訳注〕譲り渡す。続いてCの角からは通りに垂直な線を引き、角Bから六ピエデのところまで公共の土地にはみ出させる。これによって、正面のこちらの角に小さな塔を建てることができるようになるだろう――このときこの正面は、上記のように、公共の土地に九ピエデはみ出している。こうしてできた面はDの角より一ピエデ後退しているものの、ほとんど一直線上になる。そして二〇ピエデの幅となるこの小塔ABと一致させるようにDの角も小塔とすべきであり、これによってこの角が内側に食い込むことになり、まったく同じ九ピエデが家から公共へと返還されることになる。この結果、この家は両側の隅に小塔を備えることになる。そしてこのケースでは、この家の依頼者は、ファサードをまっすぐにしたことによって彼が譲り受けたもの以上に多くを公共に対して与えることになるだろう。DEFGの部分は境界壁であるため、境界線上にとどまっていなければならない。しかしAMLKの部分をまっすぐにするためには、点Aから点Kに直線が引かれなければならない。これにより、公共の土地から譲り受けた分と同じだけの土地を譲り渡すことができるし、あるいはまた、これによって通りがまっすぐになるのであるし、この変化はごく小さいものであるから、町の人びとが我慢することはほとんど

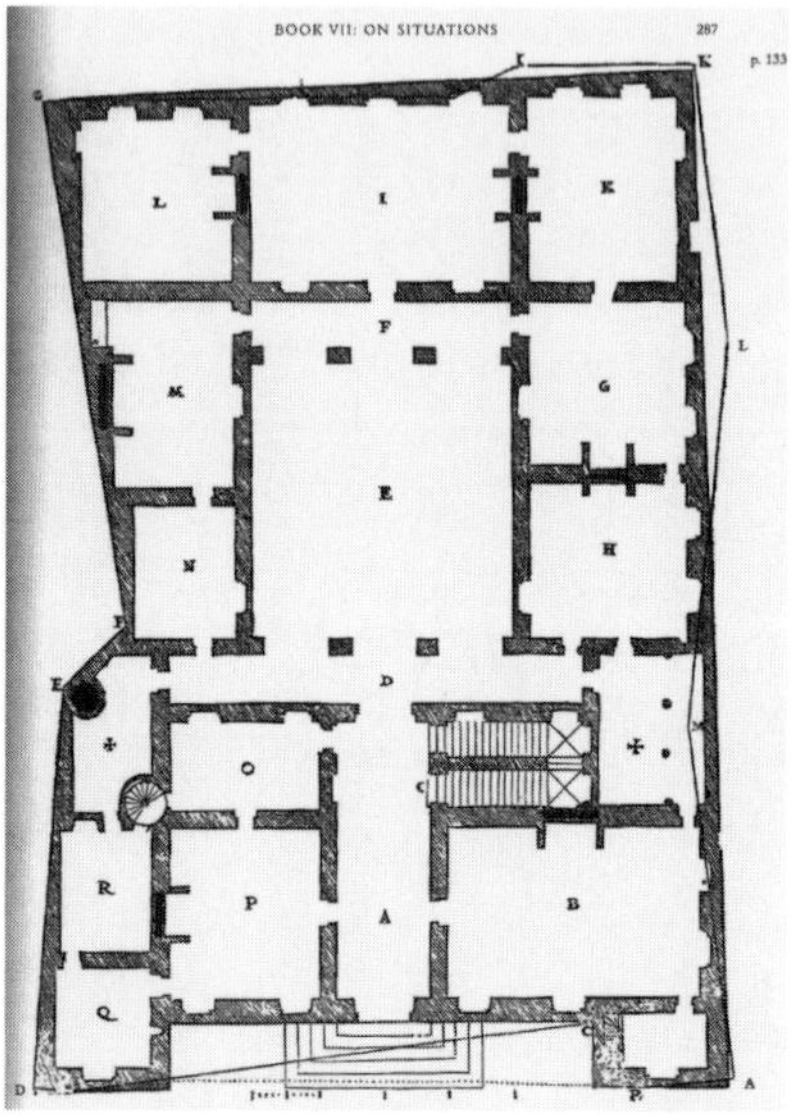

図 3-7　セルリオ『建築書』第 7 巻，第 56 章「整形でない敷地に対する第 2 の提案」

ない。ほかにもうひとつ、通りとの境界を成す背面の壁がある。この壁はＫＩＨＧの各点から成っている。しかしながら、点Ｇから点Ｋまで直線を引き、その際に点Ｋでは一ピエデ引き込んだ点を使えば、大きな苦情もなくこの小さな通りはまっすぐになることだろう（……）。[27]（図３－７）

ここでは公共と私有の敷地境界の問題と、建物に面した通りをいかに直線的にするかという問題が重層的に論じられていて興味深い。「建築家は幾何学者であると同時に法律家であるべきだ」というセルリオの主張は、古くからある都市のなかに道路を通すためには、ただ地図の上に定規で直線を引けば良いわけではないということを、再認識させてくれる。道路の問題は、建物の輪郭線の問題なのだ。セルリオの提案する操作は、正確な面積計算という観点からすればいい加減で大雑把なものかもしれない。しかし、土地所有が複雑に分割された都市のなかで、建物の輪郭線を整え直線道路を作ることが簡単なことではないことが、この記述からよく理解できる。しかもセルリオは、この操作により「良き建築」の必要条件である左右対称のファサードをも作り出しているのだ。こうした複雑な操作を経て、中世的な歪んだ街路、非対称のファサードは、ルネサンス的な整えられた街並みに変貌したわけである。

「都市組織」という考え方

しかし、こうして「美しく」整えられた建築の平面のなかで、最後まで中世的な歪みを残し続ける境界壁GFEDの存在は、ますますもって興味深い。ヨーロッパの古い都市で出逢う古い住宅は、表から見たとき、直線的に整えられているかに見えても、じつはその内側にはもっと古い、中世以来の壁がこうして残り続けている場合があるのだ。こうした、表層的には見えない都市の骨格のようなものが、現代の都市史研究では「都市組織（urban tissue）」という概念で説明される。

都市は生きた存在である。それはまず、空間の広がりの中でさまざまな要素相互が複合的に関係しあい、織り合わされて組織体を成しているといえる（都市組織）。こうして都市の隅々まで血が通い、都市の全体は常に機能している。また同時に、都市は時間の流れの中で生きているのである。それは過去に規定されながら新しいものを付け加え、常に変化しつつ幾重にも層を重ねて形成されていく。このように過去の条件に縛られることからこそ、その町の固有な形態や容貌も生まれてくるといえよう。

生き続ける都市は、その組織の中に、これまでの形成過程を物理的な形跡として刻み込んでいる。したがってわれわれは都市組織を構成する建物の壁、敷地境界、道路などの在り方を読み取

ることによって、都市が歴史の時間の中で展開してきた動的な軌跡を解析することができるのである。(28)

"tissue"という語は、語源的には織物を示す言葉である。縦糸と横糸が織りなす構造が、「組織」という抽象化された意味に転じた。すなわち"urban tissue"というのは、強い構造（縦糸）と弱い構造（横糸）によって織られた、布地をメタファーとする都市である。境界壁がいつも残り続けるわけではないが、建物が建て替えられても変化せずに残ることの多い境界壁は、都市の骨格を形成する強い縦糸と捉えることができるだろう。境界壁は強い構造であり、逆になんらかの強い構造があると、それは境界壁に再利用されることがある。少々脱線になるが、そうした実例のダイナミックな事例として、次節ではパリの市壁を見てみることにしたい。

3　パリの市壁

パリの市壁小史

ヨーロッパの歴史的な都市は、古代末期から近代のある時期まで、市壁で囲まれているものが多かった。都市を円環状に囲っていた市壁の多くは、一八世紀から一九世紀にかけて、都市へ人口が集中し領域が拡大したことに伴って取り壊され、跡地は大通りとなって都市を囲う環状道路となった。このような、市壁の跡地に設置された大通りはフランス語ではブールヴァール（boulevard）と呼ばれる。ブールヴァールは、語源的には城壁や市壁上部に設けられた巡回用通路を指す言葉だったが、転じて市壁跡地の大通りを指すようになったのである。

近代ヨーロッパの都市計画で、市壁がブールヴァールに転じたことはよく知られた事実である。しかしすべての市壁がブールヴァールになったわけではなかった。多くの市壁は再開発によって破壊されたが、いくつかの市壁は再利用されたのである。そうした市壁の再利用事例を示すものとして、一二〇〇年頃のパリで、フランス王フィリップ・オーギュストが建設させた市壁に注目してみたい。

一一九〇年頃、フィリップ・オーギュストは第三回十字軍への参戦を決める。長期にわたり不在となるパリの防備を固めるため、王はパリの右岸を囲む市壁の建設を命じた。左岸の市壁はそれより一〇年ほど遅れ、一二〇〇年をまわってから建設がはじめられたようである。こうして建設された市壁の長さは右岸で約二八〇〇メートル、左岸で約二六〇〇メートルという大規模なものであった。市壁の高さはおおよそ八メートルほど、その厚さは頂部で二メートル程度、基部では三メートルほどもあった。この頑強な壁体は、巨大な切石のブロックを積み上げた二枚の石積み層のあいだにモルタルや砂利を流し込み、モルタルが硬化すると一体的な巨大な塊として最大限の強度を発揮するつくりになっている。住宅の境界壁がせいぜい五〇センチ程度であることに比べると、その役割を考えれば当然ながら、この市壁がいかに頑強な構造物であるかがよくわかるだろう。さらに市壁には約六〇メートル間隔で見張りのための塔が設けられ、壁面から半円状に突き出していた。また都市の内外をつなぐ主要道路が市壁とぶつかるところには、これまた防御的な市門が設けられた㉙（図3-8）。

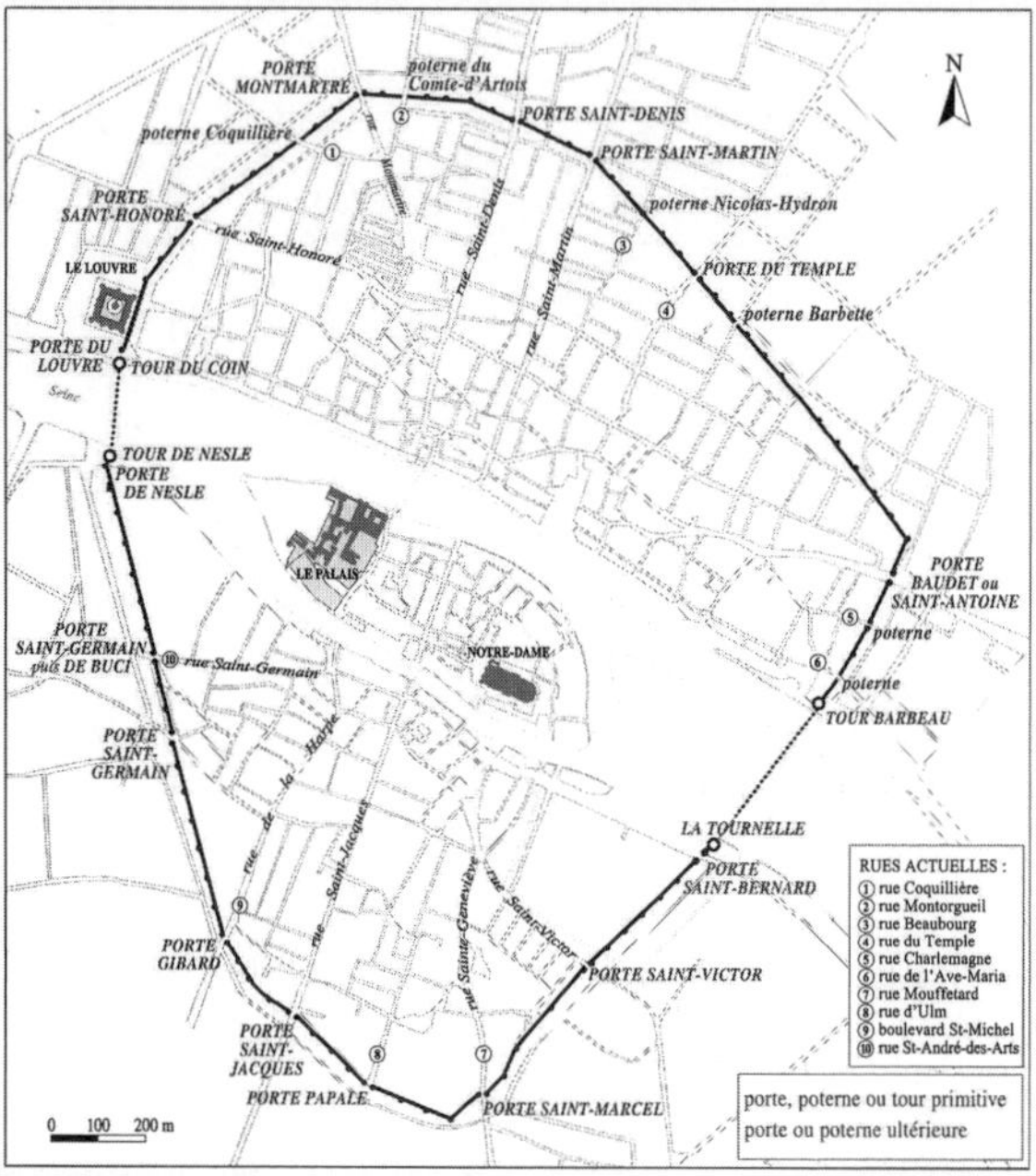

図3-8　フィリップ・オーギュストの市壁

こうして一二〇〇年時点でのパリの境界線が定められた。しかしその後の一三世紀の成長時代を経て、パリは市壁の外まで拡大していった。とくに右岸の発展はめざましかった。

そのため、一四世紀半ばに百年戦争が勃発し、本書2章のナルボンヌ大聖堂のエピソードにも登場したジャン二世善良王が、一三五六年の戦闘でイングランドのエドワード黒太子に敗れ捕虜としてロンドンに連行されると、ジャンの息子で王太子だったシャルルは、イングランド軍の侵攻に備えて、パリ右岸にひとまわり大きい市壁と堀の建設をはじめる。左岸では、都市がそれほど拡大していなかったようで、都市領域を拡大する新たな市壁は建設されず、フィリップ・オーギュストの市壁の外側に堀を掘削することで、防備が強化された。

この市壁（シャルル五世の市壁と呼ばれる）の建設にはずいぶんと長い時間がかかったようで、一三五六年に建設がはじめられてから完成までに半世紀以上が費やされている。それは、フィリップ・オーギュストの市壁の場合、右岸と左岸の工事がいずれも一〇年以内に完成したと考えられるのに比べて、たいへん長期の工事であった。一三世紀初頭の成長時代と比べたとき、こちらは一四世紀の苦難の時代の大事業だったとはいえ、戦時下で緊急性の高い防御施設にこれほどの時間がかかったことは、少し不思議に思われる。

じつは、王太子シャルルの命により商人頭《プレヴォ・デ・マルシャン》エティエンヌ・マルセルの指揮で進められた応急的な都市防備は、堀の掘削と、掘った土を積み上げて土塁を築くことだけだった。パリ市民たちが積極的に関わったこの工事は、掘削された堀での漁業権が委譲されるというインセンティブがあったために順調に進んだようで、比較的短い期間で完了したようである。(30) 一三六四年に父王ジャンがロンドンで没し、代わってシャルル五世がフランス王に即位すると、土塁の上に石積みの壁の建設がはじまった。どうやらこの壁の建設に長きを要したようなのだ。市壁の完成は一四二〇年頃と考えられ、それはシャルル五世の跡継ぎシャルル六世の治世の末期ということになる。

シャルル六世は狂王と呼ばれ、有名な「燃える人の舞踏会」(一三九三年)では自らの身体に火がつき、あわや焼死する寸前であった。精神異常をきたした王の下で、シャルル六世の叔父にあたるフィリップ豪胆公とその息子ジャン無怖公を中心とするブルゴーニュ派と、王弟オルレアン公ルイを中心とするアルマニャック派とのあいだでは苛烈な権力闘争が勃発し、暗殺や動乱、さらにはイングランド軍も介入し、パリの治安低下は著しかった。パリの混乱は都市の内側にあったのであり、市壁を完成させることには大きなモチベーションがなかったのかもしれない。

シャルル五世の市壁は、一六世紀から一七世紀にかけて市域を少しずつ拡大させながら、火薬時代にふさわしい稜堡《バスチオン》を備えた近代的な市壁に改変されていく。これもまた、長い時間をかけた巨大土木事業であった。ところが、この市壁の改変事業がようやく一段落した一六七〇年、時のフランス王ルイ一四世は、パリを「開かれた都市」にすることを決定する。国境の前線地帯に近代的な城郭を建設していくことで国の防御を実現すれば、首都パリを壁のなかに閉じ込めておく必要はなくなるという、国防上の戦略の変化だった。さすがは太陽王ルイ一四世というべきか。一六七〇年から一七〇〇年頃にかけて、市壁は破壊され、ここに大通り《ブールヴァール》が走ることになったのである㉛。

それからさらに一世紀を経た絶対王政《アンシアン・レジーム》の末期、ルイ一六世の治世の一七八四年になると、パリは再び市壁で囲まれることになる。これは「徴税請負人の壁《フェルミエ・ジェネロー》」と呼ばれる壁で、その名の通り関税のための市壁であり、軍事的な防備が目的ではなかった。徴税請負人の事務所でもあり関所でもあった約五〇か所の市門は、建築家クロード＝ニコラ・ルドゥーの設計で有名なものだったが、一八六〇年にはこの市壁も取り壊され、ルドゥー設計の市門も、いまでは四か所しか残っていない㉜。

ブラウンとホーヘンベルフの地図

さて、話をフィリップ・オーギュストの市壁に戻そう。一二〇〇年頃にこの市壁が建設された後、右岸ではひとまわり大きいシャルル五世の市壁（一三五六―一四二〇年頃）が建設された。このとき内側のフィリップ・オーギュストの市壁は不要になったはずである。ところが、新しい市壁の完成から一〇〇年を経た一五三〇年頃になってもなお、古い市壁も壊されずに残っていたようなのだ（図3-

図 3-9　《ブラウンとホーヘンベルフの地図》より，16 世紀のパリの都市地図

9）。

すでにここまで何度も参照している《ブラウンとホーヘンベルフの地図》は、ゲオルク・ブラウン（一五四一―一六二二年）によって編纂され、彫版師フランス・ホーヘンベルフ（一五三五―一五九〇年）が中心となって制作したヨーロッパ諸都市の都市図集で、一五七二年にケルンで出版された。五〇〇あまりの都市を緻密に描き出したこの都市図集は、見ているだけで心躍る体験をさせてくれる。ドイツの出版社タッシェンから「グーグル・アースの先祖」のキャッチコピーでリプリントされた版に序文を寄せた建築家のレム・コールハースは、「深い畏敬の念と猛烈な嫉妬心を抱くことなく、本書を読んだり眺めたりするのは不可能だ[33]」と述べているが、お世辞ではないだろう。

このパリの地図も、見れば見るほど楽しい地図である。ここに描き出されているパリは、出版年代のとおり一五七二年頃のパリと思われるかもしれないが、実際にはそれより半世紀ほど前の、一五三〇年頃の様子だろうと考えられている[34]。その年代判定の裏付けのひとつが、フィリップ・オーギュストの市壁である。この都市図には、シャルル五世の市壁の内側にフィリップ・オーギュストの市壁のラインがくっきりと描かれているが、おそらく市壁や市門をこのように見ることができたのは一五三〇年代までだっただろうと考えられるからだ。

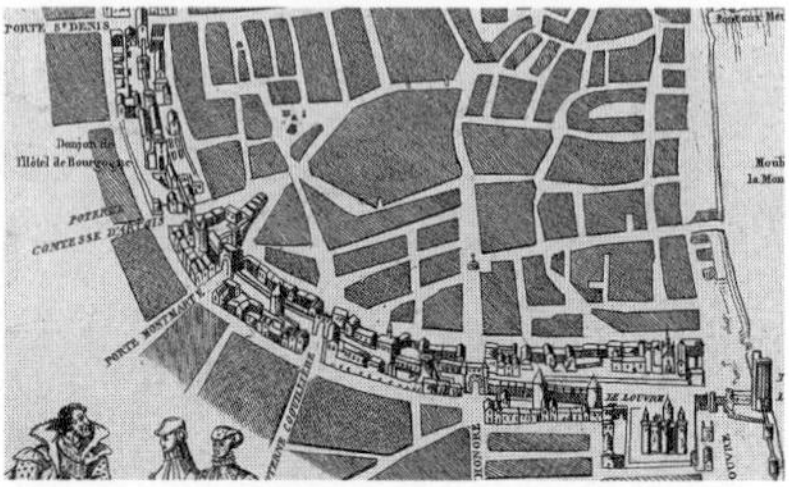

図3-10 《ブラウンとホーヘンベルフの地図》に描かれた市壁がトレースされた図（1813年）の部分

図３‐10は《ブラウンとホーヘンベルフの地図》に描かれたフィリップ・オーギュストの市壁と、それに寄生する建物がトレースされたものである。この図をみるとよくわかるように、市壁は都市の内外から住宅などに寄生され、結果として街区の背骨のようになっている。市門もはっきりと描かれているが、新しい市壁が都市の外周部に築かれ、このような都市内の門は不要になったはずなのに、一〇〇年ものあいだ（堀と土塁が築かれた頃から数えれば二〇〇年近く）壊されもせずに残っていたのは、驚くべきことといえよう。

偽りの市門を破壊せよ

しかし一五三三年四月になると、時のフランス王フランソワ一世はついに、不要となったすべての市門を破壊せよという命令を下す。

パリ商人頭《プレヴォ・デ・マルシャン》（市長）と執行役《エシュヴアン》に命ず。この町を美化するため、いまだに残存している偽りの市門をすべて取り壊し、道を建物のラインに揃えること。(35)

一六世紀の再開発精神の登場まで、門としての機能を失ったこれらの市門が、パリの主要な大通りに存在し続けていたという事実は、再利用的価値観からすると興味深いところである。パリ市民たちは、この不要になった立派な門をくぐり抜けるたびに、昔のパリの境界線を意識したであろうし、かつては兵士が見張りに立った市門の上部に勝手に棲み着いてしまう者もあったかもしれない。芥川龍之介の『羅生門』のような光景が、パリで繰り広げられていたとしても不思議ではないのだ。

当初の機能を失った古い市門は、交通の妨げになるばかりで、役に立つことはなにもない。こうした構造物は取り壊すのが当たり前と考える精神こそ、じつは近代的な再開発の精神であり、この例ではたしかに一六世紀にその精神が登場したのである。

この古い市門の取り壊しは、パリ市民の要求が契機となり、王がそれに答えたものであった。一五三〇年五月三一日、サン＝マルタン通り界隈の都市住民《ブルジョワ》たちが、サン＝マルタンの市門の取り壊しによる道路の拡幅と直線化を要求したのである。(36) ここでは裕福な商人層の経済活動の発展が、都市の再開発の直接的な契機となったといえよう。

ブルジョワ貴族層の台頭と画地分譲される封建貴族の屋敷

裕福な都市の商人層は、一六世紀中頃から土地を獲得して貴族的なブルジョワとなっていく。中世ヨーロッパでは貴族とは領主であり、戦時に戦うことこそ彼らの本質的な役割であった。しかし一六世紀の都市貴族の出現は、貴族という概念を曖昧なものにしてしまった(37)。

パリ市民の財産は、地所と年金と官職によって築かれた。戦争が貴族の所領の多くを破壊してしまったために、残された広大な地所は豊かな市民たちの購入の対象となった。彼らは貴族位を取得すると、一六世紀半ばから特に一七世紀の前半には、それらの地所を基盤に城館を設けたが、それが貪欲な蓄財の到達点となった(38)。

このようなブルジョワ層の経済的発展、土地獲得は、フィリップ・オーギュストの市壁の転生《アフターライフ》とも結びついていた。一五四三年九月二〇日付けの勅書で、フランソワ一世は「ブルゴーニュ公の屋敷、アルトワ伯の屋敷、フランドル伯の屋敷、エタンプ伯の屋敷、ブルボン家の屋敷、タンカルヴィル家の屋敷、サン＝ポル近くの王妃の屋敷およびその他の屋敷と土地を売却する(39)」ことを命じている(40)。これら中世の貴族邸宅の多くは、ルーヴル城に近いフィリップ・オーギュストの市壁周辺の敷地に、一三世紀末から一五世紀初頭にかけて次々に建設されたもので(41)、市壁との関係の強い邸宅群であった。なかでもアルトワ伯の屋敷は、フィリップ・オーギュストの市壁に跨がるように建設されたものであり、そこから五〇〇メートルほど離れたオルレアン公の屋敷まで、市壁上の巡回通路を通って行くことができたという[42]。アルトワ伯の屋敷は後に、屋敷を相続した女伯とブルゴーニュ公フィリップ豪胆公の結婚により、ブルゴーニュ公家の手に渡り、フィリップの息子ジャン無怖公は、一五世紀初頭になるとこの屋敷をさらに増築させた。彼の名を冠して「ジャン無怖公の塔」と命名された威厳ある塔とその下の市壁は現存しており、今でもパリの中世世俗建築の好例としてよく知られている。

これら中世の侯たちの屋敷が有していた広大な土地が、一六世紀のフランソワ一世の下で画地分譲され売却されたということは、いわゆる封建主義的な社会から、ブルジョワの経済活動の時代への変化の萌芽としても興味深いものである。そしてまた、フィリップ・オーギュストの市壁という中世の頑強な構造物もまた、中世の軍事的な防御施設としての役割から、一六世紀以降の都市開発の構造的骨組みへと変化を遂げていくことになったのである。

したがって、一六世紀の再開発において重要なのは、ルネサンス的美意識ばかりでない。都市の経済活動の発展という側面も無視できないということは、いわずもがなであろう。近代世界システムのとば口にあった一六世紀のヨーロッパにおいて、経済発展と中世を野蛮と見る価値観が同時に登場したことが、近代的建築観を作り出したのである。

そして一五三〇年代に古い「偽りの市門」が取り壊されたことにより、市壁そのものも人々の意識から消え去っていったのだろう。たとえば一五五〇年頃に製作された、これまた有名な《バーゼルの地図》の名で知られるパリの都市図（図3-11）には、もはやフィリップ・オーギュストの市壁は描かれていない。市壁はたしかに人々の目に触れなくなっていった。しかし市壁の構造は、新たに建設される建物の壁の一面として再利用されたり、またあるときは部分的に取り壊されたりしながら、む

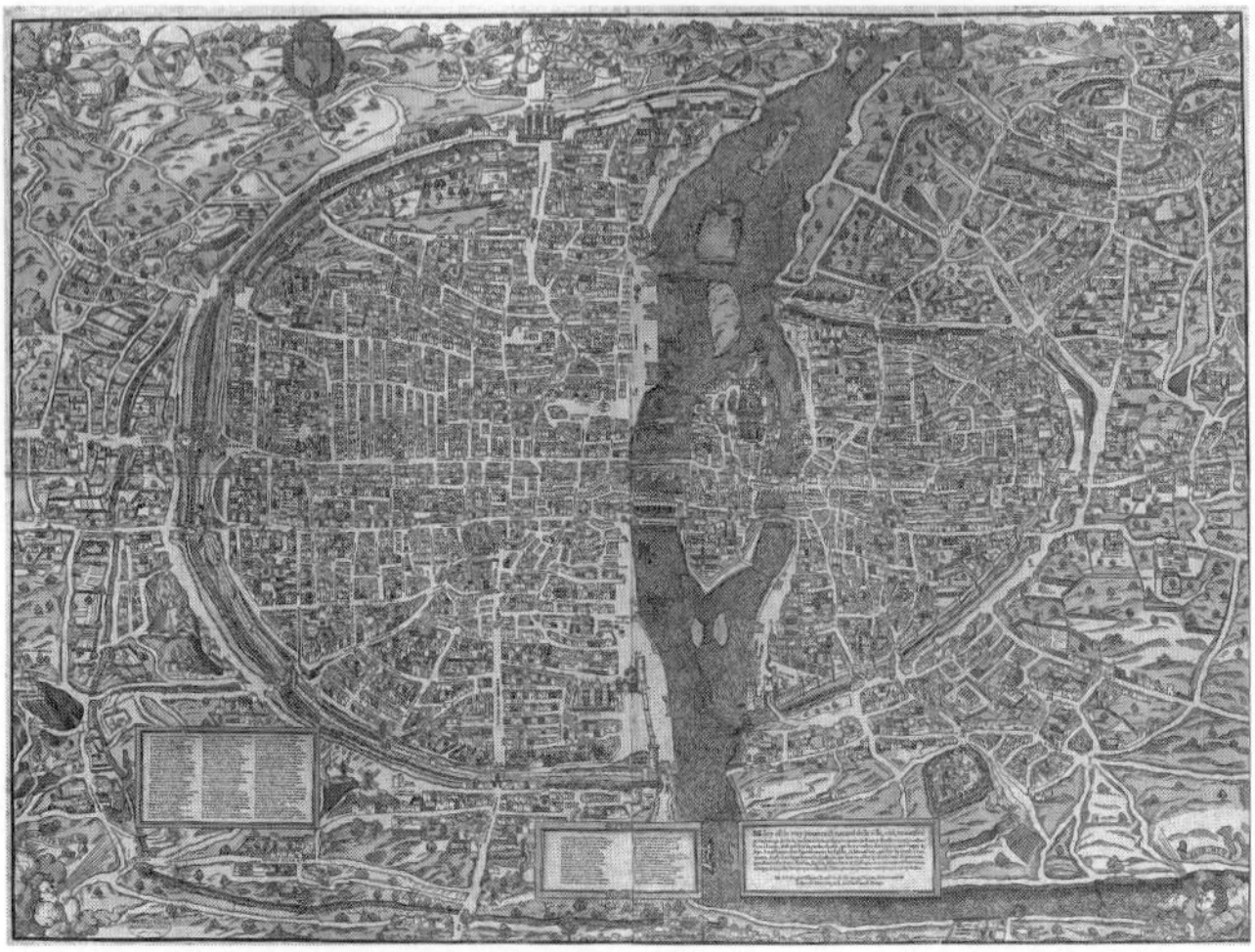

図 3-11　《バーゼルの地図》（1552 年）

しろ街区のなかの境界壁として生き続けていったのである。

フィリップ・オーギュストの市壁は、現在もなお、あるときは敷地境界という概念のなかで、またあるときは実体ある石積みの壁体として、パリの都市組織を構成している。そのような例をいくつか紹介しよう。

現代のパリに、市壁の痕跡を探る

まず最初にとりあげるのは、サントノレ通りと市壁の交点をなす、かつてのサントノレ市門の北側の街区である。ここは中世にはオルレアン公の屋敷もあった大きな街区だったが、一九世紀半ばにルーヴル通りという南北の都市計画道路が通され、分断されてしまった。

今日、サントノレ通りに立ってこのエリアを歩いてみても、街並みはすっかり近代的に整備されてしまっており、かつてここがパリの境界だったとは、ほとんど気づかないだろう。しかし、ここにフィリップ・オーギュストの市壁があったはずという知識を持ってよく観察すると、通りに面した建物に奇妙な点が見つかる。屋根の上に突き出した境界壁が、大きく斜めに傾いているのだ。一般的には、境界壁は通りに対してだいたい直交するものである。しかしここでは、境界壁が通りに対して六〇度ほども傾いた角度をなしているのだ。それは、そもそもこの街区が、フィリップ・オーギュストの市壁を骨格として形成されたためなのである（図3-12）。

パリの屋根の上に市壁の痕跡を見つけたときは、我ながら鋭い観察眼だと、ひとり悦に入ったものである。しかしこの事実は、パリの市壁に関する先行研究のなかで、しっかり指摘されていた[43]。筆者が最初の発見者になれなかったのは少し残念だが、とにかくこうした観察によって、市壁の痕跡を発見できるのはたしかなようだ。

図3-12 サントノレ通りに面する建物のファサード
屋根の上の境界壁が右斜め奥に向かっているのが見える

図3-13 ルーヴル通りに面するフィリップ・オーギュストの市壁の塔の痕跡

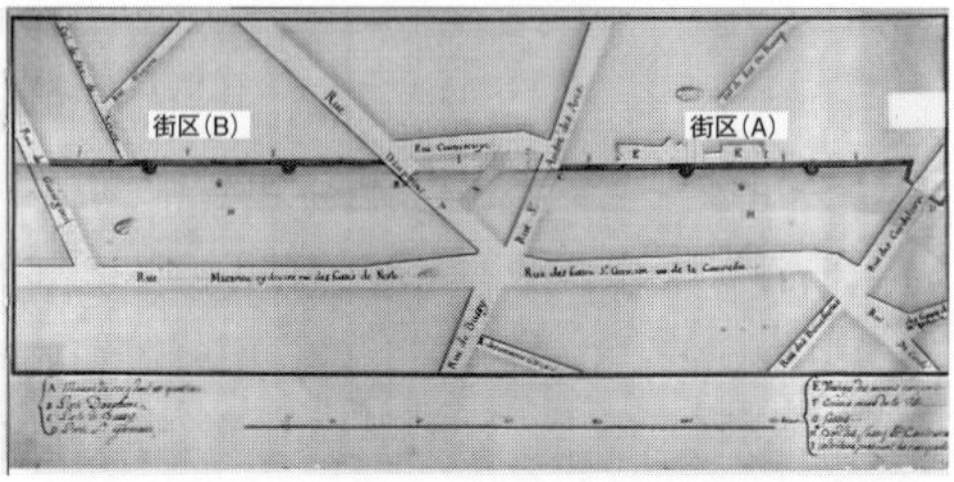

図 3-14　1737 年の開発計画図
図中の濃い太い線が市壁で，小さな突起状のものが塔を示す．

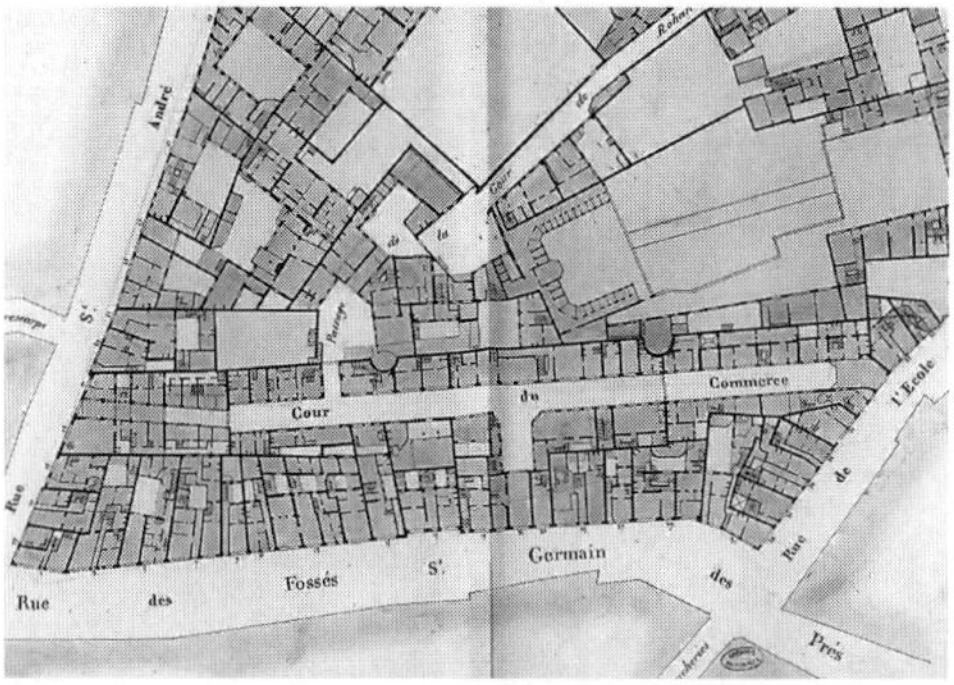

図 3-15　19 世紀初頭の「カダストル地図」
右の街区（A）の詳細

通りに面した扉を開けてこの集合住宅の共用通路に入ってみると、通路もまた通りに直交せず、斜めに奥へと続いていくため、なかなか奇妙な空間体験となる。敷地境界が通りに対して斜めになっているのはたしかなのだ。共有壁そのものも古い立派な石積みの壁になっているのだが、それがフィリップ・オーギュストの市壁そのものなのかどうかは、確認できなかった。もしかすると、フィリップ・オーギュスト時代の石積みの壁自体は、開発のなかで失われてしまったかもしれない。しかしこの街区の敷地境界線が、現在でもこうして不自然な斜めの角度となっていることは、この街区が市壁を骨格として成立していったことを示しているのである。

この街区の北側から市壁の痕跡を探ってみると、今度は明らかな証拠を見出すことができる。一九世紀にルーヴル通りが開通して街区が分断されたことにより、街区の背骨として内に取り込まれていた市壁が、その断面を露出したのである。ちょうどここには市壁の塔があり、その塔の痕跡が通りに面しているのだ（図３‐13）。

クール・デュ・コメルス・サンタンドレ

続いて、先の研究も参照しながら、セーヌ川の南側に渡ってみよう。ルーヴル城とセーヌを隔てた南側にはかつて、これまたフィリップ・オーギュストが建設させたネールの塔が建っており、市壁はそこからほぼまっすぐ南に下っていた。ネールの塔は一六六〇年に取り壊されたが、その南の街区では、市壁の痕跡を多く見出すことができる。一七三七年に描かれた地図には、南北二つの街区に市壁とそれぞれ二基ずつの塔の痕跡が描かれている（図３‐14）。

ふたつの街区のうち南側の街区（A）には、現在クール・デュ・コメルス・サンタンドレと呼ばれる屋根のないパサージュがある。一九世紀のパリで多く建設されたガラス屋根で覆われたパサージュとはまた趣の違うパサージュである。サン＝ジェルマン＝デ＝プレの華やかな表通りに面した街区の内側に、石畳の路地裏空間が隠れているのだ。表通りに面してはだいたい七階建てくらいの中層の建物が並び、パリらしい風景をつくり出しているが、この路地裏空間は別世界である。路地に面して並ぶのは二階建てか三階建てくらいの低層の建物で、商店や飲

図 3-16　クール・デュ・コメルス・サンタンドレに面したレストランのインテリア

食店が入っているところが多い。パリでもっとも古いカフェとして知られているル・プロコープがあるのもここだ。

このクール・デュ・コメルス・サンタンドレに面して並ぶ低層の建物群のうち、東側（図3-15では上側）の建物の背後の壁はフィリップ・オーギュストの市壁を再利用したものである。すなわち市壁の構造体に寄生した小さな建物の連なりが、この路地裏の商店街空間を生み出したのだ。

今日でも、この路地に並ぶレストランのなかで、フィリップ・オーギュストの市壁の一部だった半円筒形の塔を見ることができる（図3-16）。レストランの一階でも二階でも、この塔の石積みがインテリアに重厚な歴史性と物語性を加えている。塔はさらに屋根裏空間を貫いて屋根の上に顔を出し、屋根裏の住民のベランダとして使われているようだ。

地下パーキングの市壁

もう一方の、北側の街区（B）では、地上の建物はもう少し複雑な過程を経て建て替えが行われたようで、付近を歩き回っても市壁の痕跡を見出すのはなかなか困難である。ところが、市壁に平行に走るマザリーヌ通りに面した入口から、地下の公共パーキングのなかに入ってみると、そこには市壁の基礎部分が広い範囲で残っているのを見ることができる（図3-17）。殺風景な地下駐車場のなかで、中世の重要な遺跡を眺めるという体験は、なんとも奇妙なものだ。半円筒形の塔の一部も確認できるし、地下一階と地下二階の二層にわたって立ち上がる壁の遺跡を眺めることができるように、一部吹き抜けにして整備されている。この遺跡は、一九九六年にこの地下駐車場の建設工事の際に発見され

図 3-17　地下駐車場で見られる市壁

図 3-18　語学学校の講義室で見られる市壁

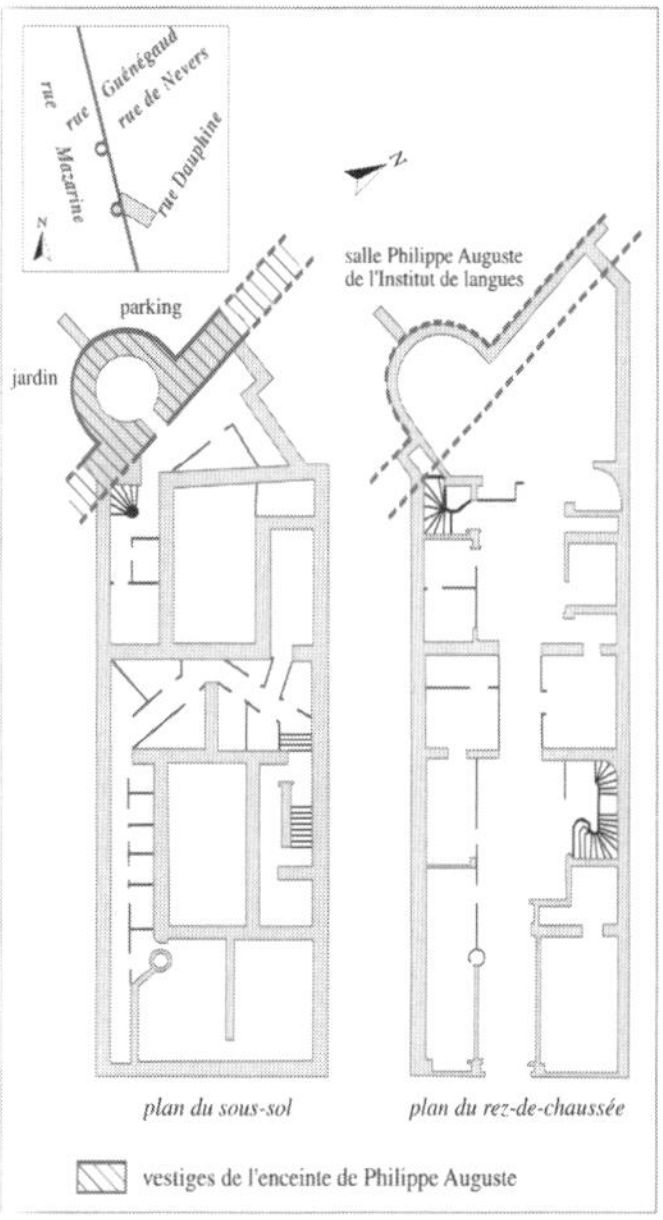

図 3-19　語学学校の裏側にある住宅の地下１階（左）と地上１階（右）の平面図

たものなのだそうだ。

この地下駐車場の真上には語学学校があり、フィリップ・オーギュストの名を冠した講義室の壁の一面に、市壁の石積みを露出させている（図３－18）。講義室の後方の隅には、駐車場でも見えていた塔の上部が、同じ半円筒形の一部をのぞかせている。

だがじつは、さらに興味深いのは、この壁の裏側である。この壁の裏は個人の住宅となっているのだが、この住宅の地下と一階部分では、市壁と塔の壁厚がまったく異なるというのだ（図３－19）。地下の駐車場から見えていた塔と壁は、当初の二・五メートル程度の壁厚を維持しているのに対して、一階部分の語学学校講義室の裏側では、それが五〇センチ以下の薄さになっているのである。[44]
　このようなことが起こった原因は、頑丈すぎ分厚すぎる市壁の構造にある。市壁は、切石のブロックを積み上げた二枚の石積み層のあいだにモルタルや砂利を流し込むという構法で建設されたものであった。二メートルを超すその壁厚は、軍事的な用途のためには必要な厚さだったが、街区のなかに取り込まれ住宅の境界壁となると、不必要な厚さとなる。そこで、いつの時代のことかは不明だが、この住宅のかつての住民が、表面の切石と内側のモルタルのコアを掻き取り、裏面の切石の石積み層だけを残すという大工事をやってのけたのである。結果として、境界壁は切石の石積み層分だけの厚さとなった。切石の厚さがだいたい四〇センチ前後なので、結果的に住宅の境界壁にちょうどいい厚さとなったのだった。この住宅で、地下の分厚い壁がそのまま残されたのは、おそらく基礎構造としての配慮によるものであろう。
　似たような、分厚い市壁を表面の石積み層の一枚だけにして使い続けた例は、パリのあちこちに点在する市壁の他の箇所でも確認できる。[45]市壁で使われている切石のブロックは、丁寧かつ巨大なサイズに切り出された貴重なものであるため、建材として再利用するにも適していたであろうし、皮一枚残して境界壁として再利用する場合にも、住宅の構造体としては十分に頑丈だったわけだ。

サン＝ポール・スポーツ公園

　続いて、フィリップ・オーギュストの市壁が最大規模で残っている、サン＝ポール・スポーツ公園を見てみよう。ここでは二基の塔を含む長く続く市壁の遺跡を、妨げるものなしに観察することができる。だが、街区のなかに取り込まれることで生き残ったはずの市壁が、いったいなぜここではこのように露出しているのだろうか（図3－20）。

じつは、この市壁も二〇世紀半ばまでは街区の内側に取り込まれ、外からは見ることのできない「街区の背骨」であった。一九世紀に作成されたカダストル地図を見ると、市壁を背にして間口の狭いウナギの寝床のような住宅が密集していたことがわかる（図3－21）。市壁の背後にはかつてはアヴェ・マリア小修道院があったが、カダストル地図が作成されたナポレオン統治下では修道院の建物が兵舎に転用されていたようで、「アヴェ・マリア兵舎」と記されている。一九世紀後半になると、この兵舎も取り壊され、跡地に高校の校舎が建設されて現代にいたるまで使われている。

図3-20　サン＝ポール・スポーツ公園とフィリップ・オーギュストの市壁

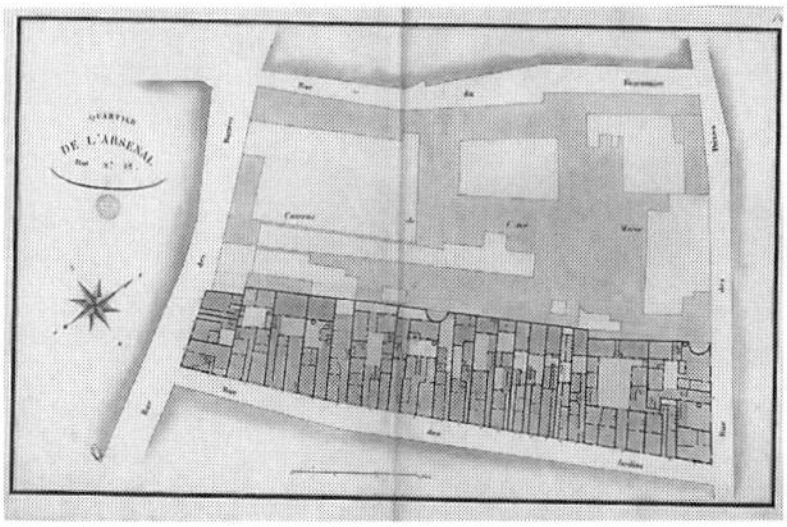

図3-21　サン＝ポール・スポーツ公園にかつて密集していた住宅の「カダストル地図」

第二次大戦直後の一九四六年、この密集した住宅の衛生状態がよくないというので、街区の半分、市壁に寄生していた住宅群がすべて取り壊された。すると案の定、そこにはフィリップ・オーギュストの市壁が隠されていた。そしてこの開発により、街区の内側を横切っていた市壁が表から見える状態になったのである。それはまるで、ひとつの街区を切断して都市の断面を顕わにするような開発行為であった。

衛生状態を理由に密集した住宅群を取り壊すような、スラム・クリアランス的な再開発は、二〇世紀の得意技だった。これもまた、野蛮に対する干渉のひとつのかたちといえるかもしれない。むろんスラムを解消し、住民に近代的で衛生的な生活環境を提供することは、素晴らしいことであろう。ただ、スラム的な密集住宅地を大規模に破壊して更地にする再開発行為が、たとえば「衛生」という観点によって正当化されてきた構図は、一六世紀以来の野蛮に対する干渉が、二〇世紀まで続いてきたことの好例であるように思うのである。スラム・クリアランスを全否定するつもりはない。ただ、その背後にある価値判断のヒエラルキーに自覚的になることは、悪いことではないだろう。

もちろん、この市壁前の運動公園を眺めていると、バスケットボールに打ち興じる高校生たちは幸せそうに見えるし、こうしてフィリップ・オーギュストの市壁を仔細に観察できる現状は、ありがたいかぎりである。こうした問題は、歴史上の問題として論じているかぎりは辛うじて客観性を担保できそうだが、ことが現代の問題として自分自身に迫ってくると、言葉に窮するところがあり難しいところだ。

ピエール・ル・ミュエと偽の壁

そこで最後にふたたび歴史を遡り、ルネサンス的価値観による建築行為とこの市壁の交錯を見ることで、本節の幕を閉じたい。とりあげるのはピエール・ル・ミュエ（一五九一—一六六九年）という、フランスにおけるルネサンス／バロック期の建築家が、市壁に隣接する敷地で建設した邸宅建築である。アヴォ邸、あるいはサンテニャン邸として知られるこの邸宅は一六四四年に設計されたもので、現在はユダイズム博物館として使われている。

通りに面した建物をくぐり抜け中庭に出ると、そこにあるのはルネサンスの美しい左右対称の邸宅建築である（図3－22）。しかしながら、じつは向かって左手の壁面はフェイクなのだ。ご丁寧に、右手の壁面と同じデザインの窓が一階と二階と並べられているが、じつはこれらの窓の裏側に室内空間はない。この壁面は建物のファサードではなく隣地との境界壁に過ぎず、この壁はフィリップ・オーギュストの市壁を建物のファサードに転用したものなのである（図3－23）。それを理解したうえで観察すれば、背後の建物が壁ギリギリまで迫っており、この壁の裏側にはル・ミュエがデザインした邸宅の内部空間が存在しないことがすぐにわかるだろう。

図 3-22　ユダイズム博物館，中庭に面した正面

図 3-23　ユダイズム博物館，中庭に面した左手の壁

ここでも確認できるのは不動の境界壁と、境界壁に転じた市壁の構造体である。境界壁が不動なのは、建物の構造の問題によるばかりでなく、むろん土地所有の問題

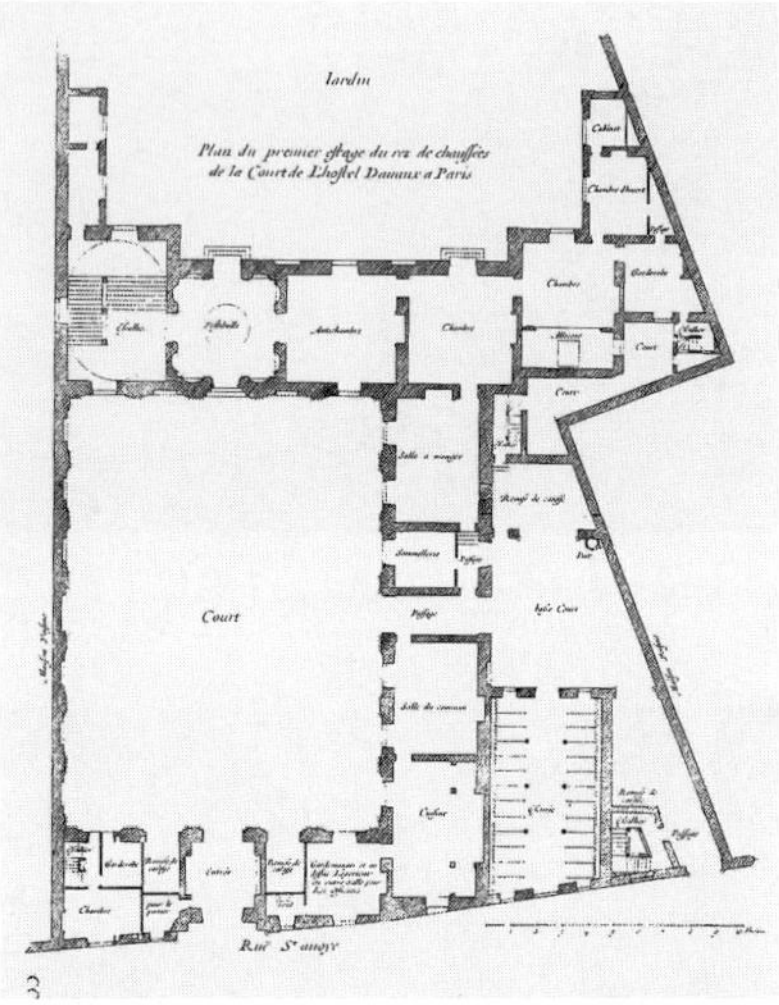

図 3-24　ピエール・ル・ミュエ「アヴォ邸」平面図

とも関係している。隣接する二つの土地所有者が異なる場合、境界壁（mur mitoyen）に対しては、壁の両側の住民が共有権（mitoyenneté）を持つのである。

ピエール・ル・ミュエは中世の市壁という強い構造体に阻害された制約のある敷地のなかで、ルネサンスの建築家らしくシンメトリーを建築美の欠かせぬ要素として、偽りのファサードをデザインしたわけである（図3-24）。建築は、一六世紀以降の価値観の変化とともに、ある種の形式主義《フォルマリズム》の道を進んだように思われる。次節では形式主義の観点についてもう少し論じてみたい。

4　意図的な形式主義

アンドレア・パラーディオ

一六世紀の建築家のなかで、後世にもっとも強い影響力を持った建築家のひとりに、アンドレア・

パラーディオ（一五〇八―一五八〇年）がいる。パラーディオは不思議な建築家である。必ずしも巨大なモニュメントを数多く手がけたわけではなく、どちらかといえば住宅作家としての活躍の印象が強い。それもパラッツォと呼ばれる都市型の邸宅建築よりも、どちらかというとヴィラと呼ばれる田園型、農村型の住宅を得意とした。

むろん、大都市で巨大な公共建築や貴族の大邸宅を多く手がけることが、偉大な建築家の条件というわけではない。しかし、大都市で人目に多く触れる巨大建築を手がけることが、建築家の名声を高めることにつながりやすいのは、現代でも同じであろう。問題はいかにして、その建築作品を人目に触れさせるかであり、パラーディオは自著『建築四書』（一五七〇年）の刊行によって、彼の作品を「図面」として流通させることに成功したのだった。パラーディオは、本というメディアの力で、国際的な名声をあげることに成功したのである。しかし、パラーディアニズムと呼ばれる彼のスタイルの国際的な伝播は、単にメディア活用の成功だけに因るものではない。それだけでなく、彼が『建築四書』の図面のなかでルネサンスを極度に抽象化し、形式化したことが、彼のスタイルの模倣を容易にしたのであり、その結果としてパラーディオ様式はある種のインターナショナル・スタイルに発展したのである。

パラーディオの『建築四書』に登場する彼の作品を見ると、そこに登場するのは、いずれも極度に対称性が強調された作品の数々である。平面図においても、立面図や断面図においても、彼の建築作品にはいたるところに対称性が表れ、抽象的で幾何学的な構成が強く示されている。それは観念的かつ理想的な建築の表象であり、ある意味で現実離れしたものといえるかもしれない。

彼の建築作品がこれほどまでに理想的《イデアル》たりえたのは、ひとつには彼のヴィラの多くが、既存建物が建て込んだ都市部ではなく田園地帯で設計されたこと、そしてもうひとつには、実際《リアル》には彼の建物が必ずしも『建築四書』の図面通りに建設されたわけではないことが、理由としてあげられそうだ。既存建物が存在せず、設計の制約となる敷地境界もなければ、建築家が頭のなかに思い描いたとおりの設計をすることが容易になろうことは、ここまで見てきたセルリオの『建築書』第七巻や、フィリップ・オーギュストの市壁の例を考えれば、理解しやすいだろう。じつはパラーディオの『建築四書』でも、セルリオの『建築書』第七巻の主要テーマであった不整形な敷地における設計の問題が、第二書最終章でとりあげられている（図3－25）。

第一七章「さまざまな敷地に応じたいくつかの案について」

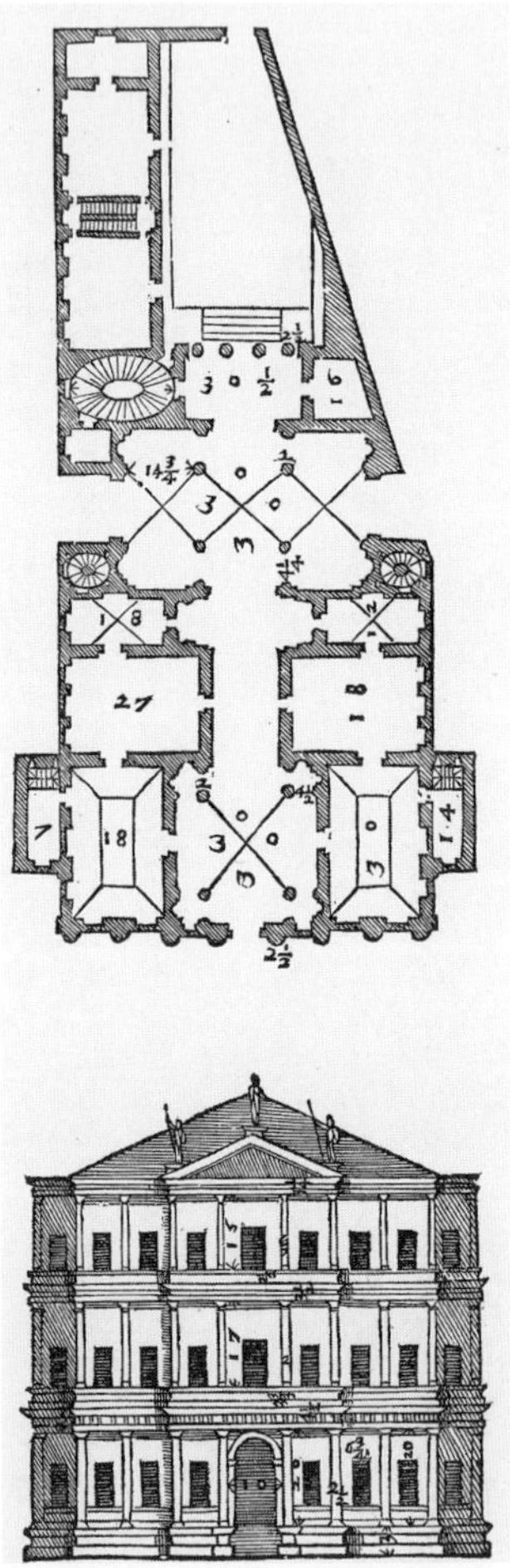

図 3-25　パラーディオによる様々な敷地に応じた計画の第一案

私の意図したところは、すでに完成したか、あるいは起工されて、やがて完工することが期待できる程度に出来上がった建物についてのみ述べることであった。しかし、その後、建物は、いつも広々とした場所に建てられるとは限らず、そのため、たいていの場合、敷地と折り合いをつけなければならないようになることを知ったので、すでに示した図面に加えて、私が、さまざまな紳士方の要求に応じて考案したが、その後に、よく起こる事情のため、実施されなかった若干の案を付加しても、われわれの目的から外れることはあるまいと思うようになった。というのは、それらの困難な敷地条件、そして、私がそうした敷地のなかで、脇部屋やその他の室を、相互に対応と比例を保つように配置するときに守った方法は、（私が確信しているように）、少なからず役立つものとなるだろうからである。[46]（パラーディオ『建築四書』第二書第一七章）

揚げ足取りのようになってしまうが、パラーディオは建物がいつも広々とした場所に建てられるとは限らないことを知らなかったというのだ。彼の建築家としての原点と、その建築に対するアプローチは、これまで見てきたような既存建物といかに向き合うか、という問題をまったく有していなかったわけである。彼の建築観は、破壊と新築からなる再開発的なものですらなく、ただ新築あるのみの「開発的」建築観とでも呼ぶべきものであろう。この第一七章にはいくつかの具体例が示されているが、そこにはセルリオが詳細に論じたような、既存の壁や境界壁との格闘など、まったくないかのようだ。第一案を見ても、それは長方形の敷地のひとつの隅が斜めにカットされただけの「不整形」であり、パラーディオの論点はただ、その不整形の枠のなかでいかに比例や対称性を保つかということに尽きるのである。

パラーディオによる既存再利用

しかしパラーディオにとって、既存建物の再利用にまったく縁がないかというとそんなことはなく、彼自身はその建築家としてのキャリアのなかで、既存再利用の大建築を二つ手がけている。ひとつはバシリカ・パラディアーナの名で知られる市民ホールのような建築、もうひとつはテアトロ・オリンピコの名で知られる、おそらく歴史上最初の重要な屋内型の半円形劇場である。いずれも、イタリアのヴィチェンツァで建設された。

テアトロ・オリンピコは、パラーディオ最晩年の作品である。この場所に劇場を建設することが決定したのが一五八〇年二月、パラーディオは同年八月に亡くなっているから、彼は、その完成を目にしていない。『建築四書』にこの作品が掲載されておらず、彼がこの大規模な既存構造物の再利用について何も論じていないことには、何らかの意図があったわけではなく、時系列を考えればまったく仕方のないことといえる。

後世の建築史家や美術史家たちは、この劇場がいかに古代ローマ的であるか、あるいはパースペクティブの効果を用いた舞台背景の特色などを、こぞって論じてきた[47]。しかし彼らはこの建物が既存再利用であることに、ほとんど光を当てていない。この劇場は、もともとは中世の城塞、その後監獄に転用されていたもので、その煉瓦の構造体で囲われた内側に、古代ローマ風の劇場をインフィルして屋根を架けたものなのである。こうしたことは、事実としては指摘されるのだが、それはパラーディオの作家性とは関係のないこととして扱われてきたように思われる。近代のパラーディオ信奉者が彼の「古典性」を論じる上では、この建物が中世の城塞の再利用であり、中世の野蛮な構造体のなかにこのような美しい劇場が嵌め込まれているという事実は、むしろ目をつぶりたいようなことだったのかもしれない。

バシリカ・パラディアーナ

もうひとつのパラーディオの大作、バシリカ・パラディアーナ（一五四六年設計）が既存再利用であることは、よく知られている。これは中世以来のヴィチェンツァの市民ホールであり、二層に分かれた中央部上階に大ホールが入ったこの建物の原形は、一二、一三世紀頃まで遡るものと考えられる。一階部分は、小規模な商店が並ぶ三つの区画と、通り抜けのための三本の通路になっていた。一五世紀末に地元の石工トンマーゾ・フォルメントンがこの建物の構造補強を行い、ゴシック風の尖頭アーチが並ぶ二層のロッジアでこのホールをぐるりと囲った。ところがフォルメントンの工事から一〇年もすると、ふたたびこの建物の構造的安定性に問題が生じはじめたようである。ヴィチェンツァ市当局は、一六世紀前半を通じて何人もの著名建築家達を招聘し、修理・改築の提案をしてもらっている。しかし方針が決定しないまま世紀も半ばに達した一五四六年、ついにパラーディオが自身の改築案を提出することになる。市当局は一五四九年になってようやく、パラーディオ案で改築を行うことを承認し、改築工事がはじまることとなった[48]（図3-26・図3-27）。

パラーディオの設計は、フォルメントンが建設した一五世紀のゴシック風ロッジアを、ルネサンス

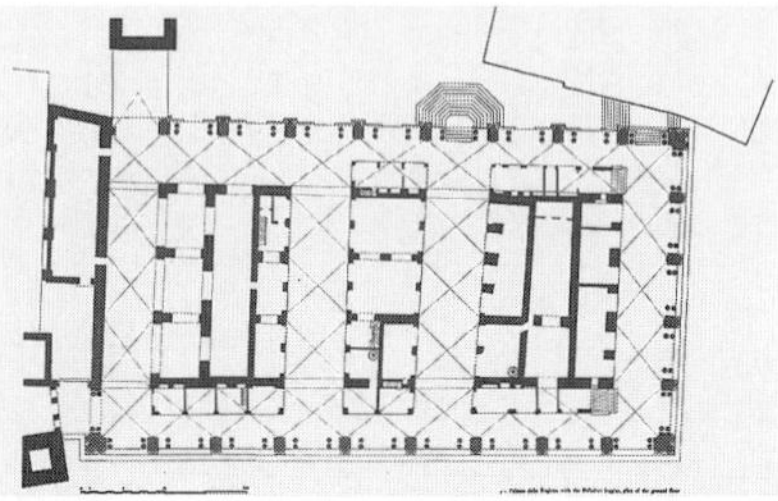

図 3-26　バシリカ・パラディアーナ　1 階平面図

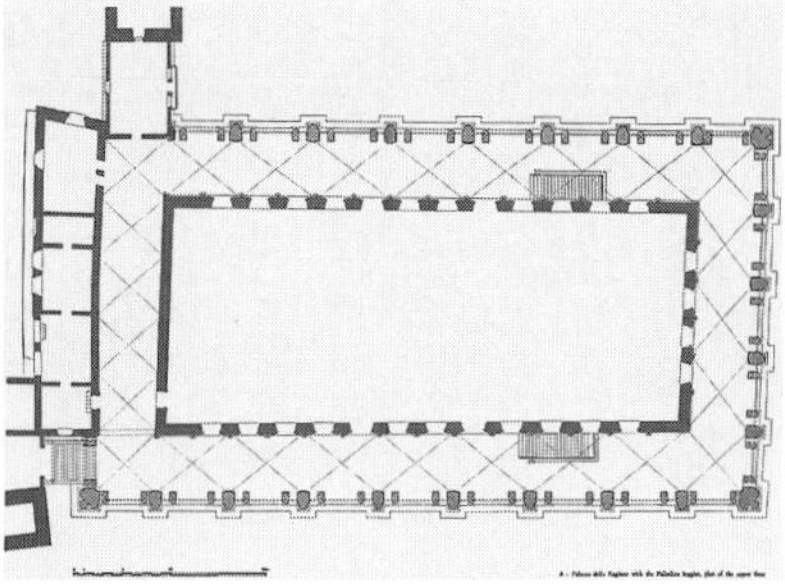

図 3-27　バシリカ・パラディアーナ　2 階平面図

風ロッジアに建て替えるものであった。パラーディオは建物本体を取り囲むロッジアを、後にセルリアーナとかパラディアーナとか呼ばれるようになるアーチと円柱の組合せモチーフの正確な繰り返しによってデザインしている。

　彼の出世作ともいうべき「バシリカ」は、もちろん『建築四書』に掲載されている。彼はこの建物を「古代のバシリカ（Basiliche antiche）」との対比で、「われわれの時代のバシリカ」あるいは「近代のホール（Sale moderne）」と呼んでいる。パラーディオはこの建物について、もとは中世の建物だったとか、ゴシック風のモチーフを古代のモチーフに取り替えた、というような具体的な経緯については説明しない。ただ「その周囲についている列柱廊は、私の考案によるものであり、また私は、この建物が古代の建物に比肩し得るものであって、ただ単にその大きさや、装飾においてのみでなく、その材料においても、古代以降のこの地に建てられた最もりっぱで美しい建物のなかに数えられることを疑わない[49]」と語るのみである。そこにあるのは古代とパラーディオ作品の対比だけだ。ヴィチェンツァの町に住む人々ならばいざ知らず、パラーディオの『建築四書』だけでこの建物を知った当時の人々にとっては、それが中世建築のリノベーションであったことはわからなかっただろう。

パラーディオ理論における設計《デザイン》と施工《コンストラクション》の分離

また、既存構造物の再利用において、どの壁を残しどの壁を壊すのか、どのように既存の構造体と新しい構造体を接続するのかといった、いわば構築的な側面に、パラーディオは一切言及しない。間違いなく、現場で彼はこうした問題に取り組んだはずであり、これらの構築術は彼の専門家としての最大限の力量を必要としたはずなのだが。『建築四書』で論じられるのはただ、古代に比肩する壮大さと装飾の美しさ、比例や寸法といった図面上の問題だけなのである。『時間のなかの建物』でトラクテンバーグは、アルベルティに設計と施工の分離、そしてそれによって実現された「時間殺し《クロノサイド》」を見出したが、それはパラーディオの『建築四書』において、究極の純化を遂げたのだ。パラーディオは彼の理論から、施工や構築の問題を締め出したのである。

イギリスでは、建築家イニゴ・ジョーンズが『建築四書』の理論と図面上に表現されたパラーディオの建築デザインをもとに、パラーディアニズムと呼ばれるスタイルを確立し、一七、八世紀の流行を生み出していく。おそらく後世の建築家たちは、パラーディオが意図的に施工・構築の問題を排除したことには、ほとんど気づかなかったのではなかろうか。パラーディオ風の建築をつくる際にも、破壊して新築するやりかたであれば、一六世紀のセルリオが（そしてじつはパラーディオ自身も）直面した既存建物との対峙は必要なかったからである。パラーディオ主義者たちは、まんまとパラーディオの策略に嵌まってしまったのだ。

美化されたパラーディオ建築

バシリカ・パラディアーナに関する『建築四書』の欺瞞は、もうひとつある。それは既存の建物が、図面から削除されたということである。パラーディオの描いた図面は、実際の建築をまったく反映していないのだ。実際のところこの建物は、北東側に建つ背の高い塔や他の建物と隣接し、ひと連なりの構造物として繋がっていた。ところが図面のなかでこの建物は、周囲に何もない独立した建物として描かれている。彼が設計したロッジアは（そしておそらく彼の前にフォルメントンが設計したゴシックのロッジアも）、実際には北東の面には別の建物が繋がっているため、ほぼ三面しか存在しない。ほぼ、というのは四つめの面にもアーチひとつ分が作られているからであり、理念的にはこのアーケードは四辺を囲むはずであったという設計意図を明快に示している。その意図が、図面のなかで表明されているわけだ。さらに、実際の建物の平面は完全な水平垂直を有した長方形ではないのだが、これまた、彼の図面のなかでは歪みも綺麗に補正されている（図3-28）。

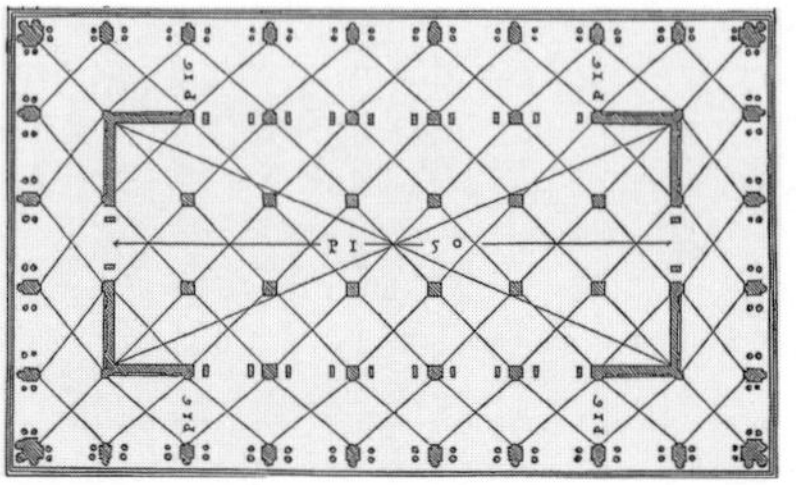

図3-28　パラーディオ自身によるバシリカの平面図

パラーディオの図面に表現されたバシリカは、彼の建築の実際《リアル》ではない。彼の建築の理念《イデア》が示されたものなのである。

このように『建築四書』では、実際の建物の不都合な箇所はすべて除去され、この建物はいわば

「美化」されたかたちで示されているのであるが、その反面、パッラーディオが最も苦心をした問題については、全く触れられていないということになろう。このようなことは「バシリカ」だけではなく、ほとんどの作品が『建築四書』の中で「美化」されており、それだけに彼がそこに示している比例寸法などについて、それをどのように解釈すべきかという問題が生ずる。[50]

福田晴虔は、パラーディオの建物と彼の図面が整合していないものがかなりたくさんあること、『建築四書』のなかでパラーディオ作品は「美化」されたかたちで示されている場合が多いことを、繰り返し指摘している。たとえばパラッツォ・ヴァルマラーナについては、「図では平面はきちんとした直角のコーナーをもつ左右対称形に描かれているが、実際の敷地はひどく歪んだ不規則なものであり（……）崩れかけた隣家の塀と接している[51]」こと、また「現存の建物の非常に不規則な壁配置などからみて、これは新築されたものではなく、古い既存の建物をそっくり利用してファサードをつけかえ、内部を整備しただけのものではなかったか[52]」と、福田は指摘する。おそらくパラーディオ建築の「実践」のなかにも、こうした再利用手法が、同じ一六世紀のペルッツィ、セルリオらと同様にあったはずなのである。しかしパラーディオは、彼の「理論」のうえでは、理念的で新築的な建築デザインだけを、意図的に示したものと考えられるのだ。

形式主義《フォルマリズム》とゴシック

パラーディオの「仕掛け」は、イニゴ・ジョーンズのようなパラーディオ主義者のみならず、近代の知識人の考え方にまで、影響を及ぼしていくことになった。

ゲーテは、かの有名な『イタリア紀行』のなかで、一七八六年九月にヴィチェンツァを訪れ、このバシリカを見学した。ゲーテが「パラーディオのバシリカ会堂が、ふぞろいの窓をいっぱいに取り付けた城塞風の古い建物（……）と並んでどのような光景を呈しているか（……）残念ながらぼくはここでもまた、自分の見たくないものと見たいものとが併存しているのを見出すのだ」と感想を述べていることを、渡辺真弓は指摘している[53]。

ゲーテは一七七二年の「ドイツの建築について」のなかで、ストラスブール大聖堂を「再発見」し、ゴシック建築の再評価をはじめたことでよく知られている。ところが、その一二年後、彼はヴィチェンツァの地で、パラーディオのバシリカに隣接する中世の「城塞風の古い建物」を「見たくないもの」と呼んでいるのである。それはゲーテの変節だったのだろうか。

おそらくそうではないだろう。ゲーテはストラスブールに「調和のとれた無数の部分」を見出し、その「一つの完全な巨大な印象」を評価したのである。そしてヴィチェンツァの「ふぞろいの窓をいっぱいに取り付けた城塞風の古い建物」は、やはり、ゲーテにとっても嫌悪の対象だったのだ。

一八世紀末から一九世紀初頭にかけて、ゴシック建築は再評価されていったといわれる。ドイツではゲーテ、イギリスではホレス・ウォルポール、フランスではシャトーブリアンらが相次いで登場し、一斉にゴシック建築の再評価をはじめた。しかしそれは、一六世紀以降の価値のヒエラルキーによってつくりだされた「野蛮な中世」を、まるごと受け止めて評価する姿勢ではなかった。彼らは、ゴシック建築は野蛮ではないという論陣を張ることによって、ゴシックを再評価したのだ。ルネサンスの古典主義者が古代建築をオーダーによって整理していったのと同様に、ゴシック建築もまたリヴァイヴァリズムのなかで形式的に整えられ、あるいは「合理的」という新たな近代的価値観に基づく評価によって、高次の芸術の仲間入りを果たしたのである。「野蛮」そのものが復権した訳ではないのだ。

ホレス・ウォルポールだけは少し例外的な存在で、野蛮なゴシックに文学的魅力を見出し、その可能性を新たに切り拓いた人物といえる。ウォルポールが幕を開いた「ゴシック小説」という新しい文学のジャンルは、一九、二〇世紀の流行の鼻祖となった。それがテーマパークの「幽霊屋敷」というビルディングタイプに反映されたとすれば、ウォルポールの悪趣味贔屓が建築にも還元されたと言い得るかもしれない。しかし、敢えて野蛮をつくりだそうとする建築は、テーマパーク内では成立したとしても、現実世界ではなかなか登場し得なかった[54]。

だが、もしかすると『時がつくる建築』という本書の主題に基づく建築再利用の歴史の再評価は、現代における野蛮礼賛なのかもしれない。野蛮は、ゴシック的な形態《フォルム》によって生み出されるものではない。むしろ繰り返される増改築がつくりだすある種の無秩序や、その時間の蓄積を直接的に受け止める物質性《マテリアリティ》のなかにこそ、一六世紀の建築家が嫌った真の野蛮があるように思うのである。

理想的《イデアル》ヴィラ

以上のごとくパラーディオの建築観は、古代末期以来の再利用的建築観とは異なる路線を志向したものであり、一六世紀にはじまる新たな建築観の純粋なかたちであった。その意味でパラーディオは、伝統的な建築の在り方との断絶を表明した建築家といえよう。本書では、既存建物が密集する都市部の建築よりも、田園地帯のヴィラをパラーディオが多く手がけたことが、この新たな建築観の誕生と関係していたかもしれないと示唆した。じつは二〇世紀にも、伝統的な建築の在り方を忌避し、この新築的建築観をよりいっそう進化させた建築家がいる。モダニズムの旗手、ル・コルビュジエだ。

　彼もまた、ヴィラの名作を数多く手がけた建築家だった。そして面白いことに、パラーディオとル・コルビュジエを対比させた、二〇世紀でもっとも重要な建築論のひとつを著したコーリン・ロウは、彼らの建築を「イデアル・ヴィラ」と呼んだのである。(55)ロウの論文「理想的《イデアル》ヴィラの数学」では、彼らのヴィラが再利用ではなく新築であったことなど、むろん問題にされていない。この論文が発表された一九四七年当時は、建築の再利用など、誰も問題にしていなかった。この論文の主題は、彼らの「理想的《イデアル》／観念的《イデアル》なヴィラ」に潜む、数学の問題であり比例の問題である。しかし、建設という土にまみれた行為を、真っ白なノートの上で思考する数学のように論じることは、本来不可能なはずだ。パラーディオとル・コルビュジエの建築理論が、構築や施工の問題を排除した観念的《イデアル》なものであったからこそ、こうした議論が可能になったのである。一六世紀に端を発するこの建築観は二〇世紀になって、ついにその究極的な段階に達したのだった。

5　無意識の形式主義

ペディメント論

一六世紀の建築家たちは、古代の建築の円柱にこそ、建築の本質的な秩序《オーダー》を生み出す秘密があると考えた。古代ローマの建築家ウィトルウィウスが説明したドリス式、イオニア式、コリント式、コンポジット式、トスカナ式などの円柱の形式、デザインのヴァリエーションは、「オーダー」という概念で理論化され、「五つのオーダー」として整理された。

パラーディオに限らず、オーダー理論の追究という点において、ルネサンスの建築家たちはみな、建築を観念的で理想的なものへと変貌させたのである。彼らは円柱という構築的な部材を、モチーフとして抽象化、形式化したのだ。その原点はたしかに古代の建築家ウィトルウィウスにあったかもしれない。しかしセルリオ、ヴィニョーラ、そしてパラーディオといったルネサンスの建築家たちの書籍によって、その形式化されたオーダー理論がヨーロッパ中に伝播していったことにより、抽象化された建築のルールがヨーロッパ統一基準となっていった。オーダー理論は、マリオ・カルポも指摘した通り、最初のインターナショナル・スタイルを創出したのである。

しかし本節では、敢えてオーダーではなく、ペディメントをとりあげて論じてみたい。

ペディメントというのは、ギリシア神殿のファサードなどに見られるような、三角形の破風飾りのことである。オーダーと同じく、古代の建築の重要なモチーフのひとつであり、ルネサンス建築の特徴的な形態のひとつとされる。それは本来、切妻屋根の破風を飾るものであり、屋根の傾きのラインを二辺とする二等辺三角形のモチーフであった。しかしルネサンスの建築家たちは、ペディメントを切妻の破風飾りとしてばかりでなく、窓や扉口などの開口部の上に載せる、新しいデザイン手法を開発した。四角い窓の上部にこの三角形のモチーフを載せることで、「家型」が生まれる。ルネサンス

図3-29　ユネスコのロゴ

の建築家たちは、本来の屋根の飾りという役割から離れて、屋根とは関係のない開口部の装飾としてペディメントを用いたのである。

　この手法は一六世紀になると文字通り爆発的な流行を見せ、ルネサンス建築のファサードを彩ることになった。一六世紀の半ばにはヴァリエーションも多様に展開し、三角形ばかりでなく弓形（櫛形）ペディメントや、頂部の欠けたブロークン・ペディメント、三角形の底辺を開くオープン・ペディメントなど、様々な装飾的ペディメントが登場していった。ペディメントは本来の「屋根」から離れ、ルネサンスの建築フォルムとして一人歩きしていくこととなったのである。そうしたペディメントの「形式化」は、翻って、古代の建築のファサードを同様の形式によって理解することを可能にした。現代のユネスコのロゴは、ギリシア神殿のファサードを模したもので、列柱の代わりにＵＮＥＳＣＯの文字が並び、その上にペディメントが載っている（図3-29）。たとえペディメントという言葉を知らない人でも、このデザインを見ればギリシア神殿が表現されていることを容易に理解することができるのは、このペディメントの形式性ゆえといえるだろう。

　ペディメントを屋根から引き離し、窓や扉口に載せたことは、本当にルネサンス人の発明だったのだろうか。似たようなものは古代にはなかっただろうか。たとえば古代にもしばしばつくられた小祠《エディクラ》は、ちょうど窓くらいの大きさで、その上にペディメントを備えている。しかし小祠は、神殿のミニチュアなのであり、大きさが窓に近いとはいえ、やはりこれは屋根飾りとしてのペディメントと考えるべきであろう[56]。

あるいはもしかすると、古代にも、窓の上に載るペディメントが存在したのかもしれない。しかし、ルネサンスのパラッツォ建築のファサードに見られるような、窓という窓がペディメントで飾られるような状況はおそらくなかっただろう。ルネサンスの建築家は、オーダーを理論化することによって古代の建築を現代に甦らせることができると考えた。しかし、それ以上に建築のファサードを覆い尽くし繁茂したペディメントは、古代の屋根飾りの形態を無数に繰り返すことによって、古代建築の表象を高らかに表明していた。たとえオーダーがなくとも、開口部にペディメントが載っていれば、それで十分にルネサンスたりえたのである（図3-30）。

図 3-30　ローマのパラッツォ・ファルネーゼのファサード，1549 年の版画

理論化されなかったペディメント

ところが、オーダー理論の流行とは対照的に、ペディメントが理論化されることはほとんどなかった。むしろペディメントは、理論を上回るスピードで、実践の領域で進化していったように思われる。

ルネサンスにおける窓の上のペディメントの最初期の例としては、たとえばブルネレスキのオスペダーレ・デリ・インノチェンティに見られるものがあげられそうだ。だが、ブルネレスキの伝記作家は、これについて何も語っていない。また、ペディメントについて最初に論じたルネサンス建築家はアルベルティだが、一五世紀半ばの彼は、屋根飾りとしての破風（ペディメント）を論じたのみであった。

破風が建築に威厳を大いにそえることは一般に認められる。ユーピテルの住まいは天上のもので、たとえそこでは雨が降らないにしても、住まいに優美を保持するためには、少なくとも破風なしでよいとは考え難い。[57]（アルベルティ『建築論』第七書第一一章より）

じつは、この破風に関するアルベルティの記述は、古代の文筆家キケローから直接的な影響を受けたものと考えられる。

神殿や他の建物では、破風は美のためよりも実際の必要性のためにある。見てのとおり、屋根の両側から雨水を流すためのものであり、それに加えて神殿に威厳を与えるという恩恵がある。たとえ神殿の存する天上では雨が降らないとしても、破風なしでは威厳を保つことはできない。[58]（キケロー『弁論家論』第三巻第四六章より）

このようにアルベルティは、神殿の破風（ペディメント）を論じるうえで、キケローの一文から「威厳（dignitas）」という言葉を引用することで、その重要性を主張したわけである。

一方、キケローが第一義的に重視した「必要性（utilitatis）」に着目してペディメントを論じたのは、パラーディオだった。パラーディオがキケローの記述を意識したかどうかは不明だが、彼が「必要(necessita)」に言及している点は興味深い。ただし、ここでパラーディオが論じているのは、屋根の破風ではなく窓の上のペディメントであった。したがって、彼はキケローと同じく雨に言及しているが、そこでの機能は屋根というより庇のそれである。

しかし、私にとって、ひじょうに重大に思われるのは、戸口、窓、ロッジアのペディメントを、中央部が欠損した形につくるという誤りである。なぜなら、ペディメントなるものは、建物に雨が降りかかることを示し、かつ、それを非とすることからつくられるのであるから、むかしの建設者たちは、必要そのものから教えられて、このようにペディメントの中央部を高くしたのである。[59]（パラーディオ『建築四書』第一書第二〇章より）

ここでパラーディオが誤用として断罪しているのは、ブロークン・ペディメントと呼ばれるタイプのペディメントである。そして彼のペディメントに関するこの一節は、もうひとつ別の重要な事実に気付かせてくれる。それは、彼がペディメントを指すのに、「破風(fastigio)」の代わりに「フロンティスピーチョ(frontispicio)」というイタリア語を選んだという事実である。

先に見たアルベルティは、一五世紀半ばの時点で、屋根飾りとしての破風と、開口部の上に載るペディメントを使い分ける語彙を有していなかった。「コリント式の窓枠」について説明した箇所でも、アルベルティは窓の上に載るペディメントをラテン語で「破風(fastigium)」と呼んでいた。[60] しかし、一六世紀半ばのパラーディオの時代になると、切妻の屋根飾りとしての破風と、開口部の上に載るペディメントとを、語彙として使い分ける必要が生じていたということであろう。しかしようやく破風とは異なる語彙が登場した一六世紀半ばには、すでに建築のファサードを百花繚乱のペディメントが覆い尽くしていたのである。

ちなみに、窓の上のペディメントを「フロンティスピーチョ（frontispicio）」と呼び、「破風（fastigio）」と区別したのは、パラーディオよりセルリオの方が早かった。セルリオは、彼の『建築書』第四巻「建物の五様式について」のなかで、ペディメントのことを「フロンティスピーチョと呼ばれる破風(61)（fastigii detti frontispici）」と表現している。

「ペディメント」という語について

セルリオやパラーディオが使った「フロンティスピーチョ」という言葉は、果たして何を指すものなのだろうか。じつは現代のイタリア語では、ペディメントのことはフロンティスピーチョとは呼ばず、フロントーネと呼ぶ。フランス語ではフロントンである。ペディメントは英語であり、ドイツ語にはこれを指す言葉は存在せず、ギーベル（破風）という語しかない。

ドイツ語ではペディメントを指す言葉が生まれなかったという事実も興味深いところだが、差し当り考えたいのは「フロンティスピーチョ」が何を意味するのか、ということである。この語は本の扉頁などのことを指すこともあるが、建築用語としては建物の正面のことを指すようだ。建物正面入口に設けられることの多い、列柱を備えたポルティコが、しばしば切妻型のペディメントを戴くため、このように呼ばれたのかもしれない。しかし、「フロンティスピーチョ」という言葉では建物の内外で窓や扉口の上に載るペディメントを言い表しきれないため、結局はペディメントを指す用語として、この語は定着しなかったのであろう。

では、ペディメントという英語はいつ生まれたのだろうか。『オックスフォード・イングリッシュ・ディクショナリー（OED）』によれば、建築の専門書で最初にこの語が登場したのは一七世紀も半ば過ぎのことであり、一六六四年に出版された『古代の建築と近代との対比』のなかだったようである。本書は、もともとは一六五〇年にフランスで出版されたロラン・フレアール・ド・シャンブレの著作であり、ジョン・エヴリンによって英訳されたものだった。ただし、ペディメントという用語が登場するのは、英訳版にのみ巻末付録として収録された用語集のなかで、「屋根（roof）」の説明のなかに登場する。

> コーニスの上に誇らしく掲げられたこれらの屋根は、通常は三角形の面か破風の形状を持つもので（その頂点があまり鋭角過ぎず、尖っていない場合、我々の職人たちはそれをペディメントと呼ぶ）、古代にはティンパヌムと呼ばれた。[62]

ジョン・エヴリンの説明によれば、ペディメントという英語は職人用語だったらしいことがわかる。OEDによると、ペディメントの語源は定かではないが、古い用例では"periment"などと綴ることもあり、「ピラミッド」がその語源だった可能性があるらしい。ピラミッドが語源といっても、エジプトの神秘的な建造物と関連があるわけではなく、単に三角形という意味でのピラミッドである。すなわち、イギリスの職人たちは「あの三角形のやつ」くらいのニュアンスで「ペディメント」と呼んだのであろう。

もう一点、「古代にはティンパヌムと呼ばれた」という指摘について確認しておきたい。古代ローマの建築家ウィトルウィウスは、たしかにペディメントの三角形の、三辺に囲まれた内側の部分をティンパヌムと呼んでいた。

破風に囲まれているテュムパヌムの高さは次のようにつくらるべきである。すなわち、コローナの正面はキューマティウムの端から端まで全体が九部分に測り分けられ、そのうち一部分が中央でテュムパヌムの頂点に定められ、なおそれはエピステリュームおよび柱の頸部と面一に対応する。(63)（ウィトルウィウス『建築書』第三書第五章）

ここでウィトルウィウスが説明しているのは、ペディメントの三角形の底辺と高さの比が九対一となるべきという、比例の問題である。このティンパヌムという用語は、中世の建築では、扉口の上部を飾るアーチの内側を埋める彫刻された部分を指すようになる。語源的にはティンパヌムとは太鼓のことを指すそうで、(64)縁に囲まれた内側の部分ということから、ペディメントの三角形の内側や、半円アーチの内側などを指すようになったのであろう。ただ、ウィトルウィウスがペディメントの部分を「破風に囲まれているティンパヌム」と呼んだとしても、すでに中世のあいだに古代の三角形とは異なるアーチ状の形態を呼ぶ名称として定着していたため、ルネサンスの建築家たちは、この三角形の形態を別の名称で呼ぶ必要があったのである。

ペディメントという無意識

以上、西洋建築史では馴染み深い「ペディメント」の呼称の変遷について、ここまで概観してきた。ペディメントは「古典主義建築」には欠かせない建築モチーフである。しかし、ルネサンスを通じてこの形態が大流行したことと裏腹に、その理論はきちんと構築されてこなかった。その名称すら定まらず、「あの正面のやつ（フロンティスピーチョ）」「あの三角形のやつ（ペディメント）」というような現場の呼び方ばかりが先行し、理論的建築家たちは、ただそれに追随したに過ぎなかったように思われるのである。

一六世紀の再開発的建築観、新築的建築観は、左右対称や幾何学を強調するような理念的建築形態を多く生み出していった。ペディメントは、まさにこの時代の産物である。一六世紀以前の既存建物の再利用においては、先行する強い構造物に依存し、あるいは制約を受けることで、建築形態は不規則で無秩序なものになりがちであった。しかしながら一六世紀になって、更地でゼロから建築を作るような新築的建築観を理想とする時代となって、建築は形式主義を強めていくこととなったのである。左右対称が強調され、オーダーやペディメントのような形式によって、建築は整えられていったのだ。

ペディメントは、ルネサンス建築家たちが意図的に高めていったオーダー理論のようには、理論化されなかった。しかし、ペディメントが持つ形式性は、ほとんど無意識のうちに「古典主義」の建築作品の外観やインテリアを覆い尽くしていったのである。無意識の形式主義が、そこにはあったのだ。

6　サン＝ピエトロ再開発計画

一六世紀のサン＝ピエトロ

本章で論じてきたことは、一六世紀の野蛮論が既存建物の破壊を促し、一六世紀の形式主義が新築デザインの導き手になったのではないかという仮説である。ただしその破壊は、現代の都市で見られるような都市的で面的な再開発とは異なり、それほど徹底的なものではなかった。破壊し尽くせなかった強い構造物が、都市組織として歴史的な都市の骨格を形成していったことも、また事実であった。最後に、一六世紀の破壊と新築の象徴的存在であるサン＝ピエトロを見て、本章の幕を閉じたい。

サン＝ピエトロは、もともとは四世紀前半の皇帝コンスタンティヌス一世の治世に建設されたもので、しだいにキリスト教世界の頂点に君臨する教会堂としての地位を確立していく。キリスト教権力における重要性のみならず、建築としても重要な存在で、中央軸線となる身廊の両脇に二本ずつの側廊を備えたこの五廊式のバシリカは、その規模の巨大さと相俟って、その後の中世の西ヨーロッパで盛んに建設された教会堂建築の模範となった。そして古代末期に建設されたこの教会堂そのものも、その後一二〇〇年近くにわたって使い続けられたのである（図3－31）。

しかし一六世紀になると、この由緒ある教会堂を破壊し、まったく新しい教会堂を建設しようという動きが登場する。ルネサンスの巨匠ドナト・ブラマンテからミケランジェロにいたる、ドームを中心としたギリシア十字の「集中式プラン」として知られる計画は、旧サン＝ピエトロの完全な取り壊しと新築を前提とした再開発計画であった[65]（図3－32）。

再利用を目指したアルベルティ

当時たしかに、旧サン＝ピエトロの聖堂建築は、ひどく老朽化していたようである。一五世紀半ばの時点でアルベルティは次のように述べている。

ローマの最大のペートルスのバシリカで、円柱に支えられた側壁が垂直面から外れ、屋根の崩壊を招きそうである。それについて、私は以前に次のような考案をした。傾いた壁のうち、円柱一

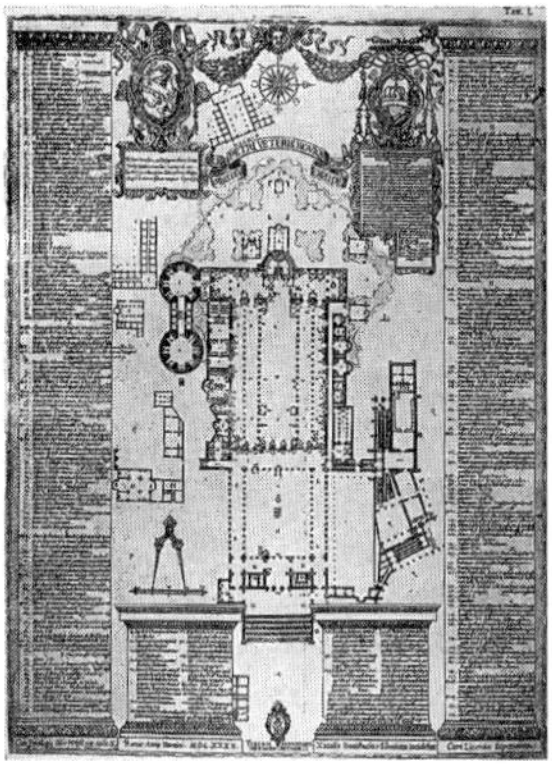

図 3-31　16 世紀に描かれた旧サン＝ピエトロの平面図（1555-70 年頃）

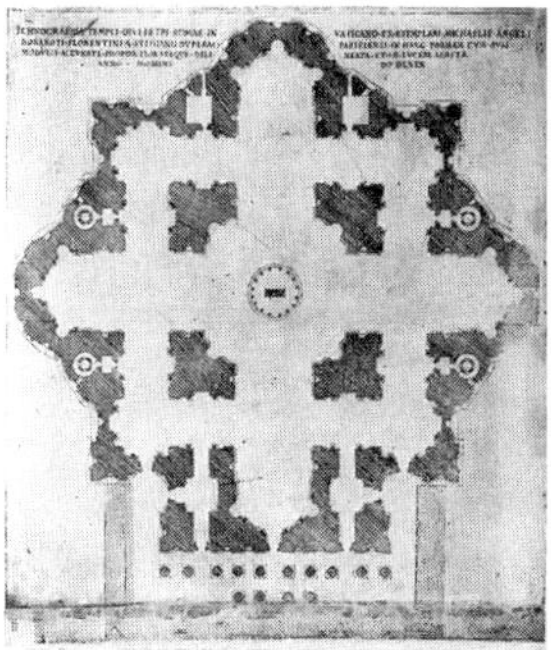

図 3-32　ミケランジェロによるサン＝ピエトロの「集中式」平面図（1569 年）

本分が支えている部分を最初に切り離し、運び去る。取り去った壁の代わりに、正規の垂直な壁を更新する訳であるが、それは残された壁の左右から、幾つかの石造の鉤と強力な留金物で結合される[66]。

たしかに旧サン＝ピエトロでは、壁は傾き、屋根は崩落寸前といったひどい状態であったようだ。しかしアルベルティは、だから再開発が必要だとは論じていない。むしろ彼の主張は、いかにしてこの建物を使い続けるか、という観点による構築的な工夫である。

彼は円柱で支えられた上部の壁のうち、傾いて重心から外れた部分の石材を取り除き、新たな壁で古い壁を両側から挟み込み、それを金属金具で固定するという構法を提案している。彼は『建築論』の別の箇所でも、同じく古い壁を新しい壁で挟み込んで構造補強する構法を提案しており、また彼がリミニの町で設計した教会堂テンピオ・マラテスティアーノは、中世の古い教会堂の壁体を、アルベルティがデザインした新たな壁体で挟み込むような構成となっている。その構法は、『建築論』で述べられたやり方とまったく同一ではないとしても、アルベルティはこうした古い壁を新しい壁でサンドイッチするという独特の手法を提案し、実践しているのである。

アルベルティはさらに、既存建物を安易に破壊することにも反対していた[67]。

灼熱の太陽、暗夜の凍結、雪、風がどのように強力か、われわれは承知している（……）これらに加えてさらに、人間の暴力がある。まったく！　ある人びとの無関心（というより、敢えて貪欲といいたいが）によって、以前は尊厳の故に蛮人や荒れ狂う敵といえども手出しを差し控え、また将来とも、物体を滅ぼす時の流れに対しても、強く永く耐えることも容易なものが、消滅させられて行くのを見ると、時として憤りをおぼえない訳に行かないほどである[68]。

こうして見ると、一五世紀半ばに活躍したアルベルティという建築家は、じつは再利用的建築観を強く有する建築家だったようだ。たしかに彼は、初期ルネサンスの優れた建築家であり、様式史の観点からすれば新しい時代を切り拓いた建築家である。しかし同時に、「時間と建築」の歴史のなかでは、彼はむしろ一六世紀の新しい価値観が登場する直前を生きた、過渡期の建築家だったといえるかもしれない。

ブラマンテの再開発計画

しかし一六世紀の幕が開くと、このサン＝ピエトロの再開発計画に教皇ユリウス二世と建築家ブラマンテが華々しく登場する。ヴァザーリの「ブラマンテ伝」にも明記されている通り、これはまさに、破壊して新築する再開発計画であった。

教皇の権力と意志がブラマンテのもつ才能や熱意と一致していることが分かり、実際に教皇がサン・ピエトロ大聖堂を取り壊して新たに再建するつもりだと耳にすると、彼の意気込みはいやが上にも高まり、次から次へと計画案を提示した[69]。

実際には、ユリウス二世の下でブラマンテの計画案だけがすぐに採用、承認されたわけではなく、フラ・ジョヴァンニ・ジョコンドやジュリアーノ・ダ・サンガッロらの計画案も検討され、ブラマンテ案も段階的に修正されていったらしい。(70) 当初は既存構造物をまったく無視したような再開発計画だったが、建設工事がはじまると、既存建物を段階的に取り壊し、既存部分を建設に利用しながら新築するという手法がとられたようである。それは長い時間を要する当時の建設工事においては、やはり必要な手順だったのであろう。

したがってこの再開発工事は、現在の建設現場で見られるような、まず破壊して敷地を完全に更地にしたうえで新築するというやり方ではなかった。しかしそれでもなお、サン＝ピエトロ再開発計画の基本コンセプトは、破壊して新築するという手法の幕開けであった。歴史と由緒に満ちた旧サン＝ピエトロを、こうして取り壊してしまうという決定の背景には、一六世紀の価値判断もあったと考えるべきであろう。さすがに旧サン＝ピエトロが「野蛮」であるとは言わないまでも、この建物は古代盛期の「正しい形式」に基づくものではないと判断され、それをルネサンスの「良き建築」に置き換えたいと、一六世紀の人々は考えたわけである。

ヴァザーリの価値判断

すでに見た通り、ジョルジョ・ヴァザーリの歴史観によれば、古代《アンティカ》は「コンスタンティヌス帝以前の時代」であり、旧サン＝ピエトロを建立させたコンスタンティヌス帝の時代は、衰退の時代の始まりであった。ヴァザーリは、四世紀の間におけるキリスト教の隆盛と古代の芸術の衰退を次のように論じている。

> 既述の諸芸術にとってはるかに大きな打撃と損害をもたらしたものは、新しいキリスト教信仰の熱狂的な力であった（……）素晴らしい彫像や、彫刻、絵画、モザイコ、その他の装飾をすべて破壊し、打ち砕いてしまったのみならず、その優れた業績を記念して徳に満ちた古代が公共の場に彫像やその他の記念碑を建てた数多くの卓越した人々の思い出や栄誉までも亡ぼしてしまった。その上、キリスト教徒の使用する聖堂を建てるため、異教徒に捧げられた最も著名な神殿をも破壊したばかりでなく、サン・ピエトロの聖堂をいっそう高貴に飾り立てるため、すでに最初からそこにあった装飾に加えて、今日ではカステル・サンタンジェロと呼ばれるハドリアヌスの墳墓の大建築から石の円柱を奪い取り（spoglio di colonne）、その他の多くの建築をも、今日無残な姿で見られるように、荒らしてしまった[71]。

こうしてスポリアを用いて建設された一二〇〇年前の建築は、彼らにとって価値ある建物ではなくなっていたのである。歴史的建造物の価値判断が、由緒ある旧サン＝ピエトロの破壊を促すことになったのだ。

次章では「時間と建築」の次なるフェーズ、修復と保存を見ていきたい。一般に歴史的建築の修復や保存は、その建物の「価値」に基づいてなされると考えられがちだが、旧サン＝ピエトロはその価値判断によって破壊されてしまったのである。破壊と保存は同じ建築観の表裏一体の関係にあったのだ。

（1）鷲田哲夫「〈中世〉を意味する語の用法とその範囲について」『早稲田大学大学院文学研究科紀要　文学・芸術学編』一九九三年、四一頁。
（2）尾藤正英「近世史序説」『岩波講座　日本歴史9　近世1』岩波書店、一九七五年、二頁。
（3）ヴァザーリ『ヴァザーリの芸術論――「芸術家列伝」における技法論と美学』ヴァザーリ研究会（編）、平凡社、一九八〇年、一九九頁。
（4）「ゲーテ　文学論　美術論」小栗浩訳、『世界の名著　続7　ヘルダー　ゲーテ』中央公論社、一九七五年、三〇六―三〇七頁。
（5）前掲書、三〇七頁。
（6）A. Grafton, *et al.* (eds.), *The Classical Tradition*, Harvard University Press Reference Library, Belknap Press, 2010, p. 205.
（7）イマニュエル・ウォーラーステイン『ヨーロッパ的普遍主義――近代世界システムにおける構造的暴力と権力の修辞学』山下範久訳、明石書店、二〇〇八年。特に第一章「干渉の権利はだれのものか――野蛮に対する普遍的価値」を参照。
（8）前掲書、一二頁。
（9）前掲書、一九―二〇頁。
（10）前掲書、二六―二八頁。

（11）セプールベダ『征服戦争は是か非か』柴田秀藤訳、岩波書店、一九九二年、三九―四〇頁。（太字の強調は引用者による）

（12）ウォーラーステイン、前掲書、三九―四〇頁。

（13）ジリアン・クラーク『古代末期のローマ帝国』足立広明訳、白水社、二〇一五年、一三一頁。

（14）ジリアン・クラークは次のように説明している。「「蛮族」〔英語ではバーバリアン〕という名称ができたのは、彼らの話す言葉がギリシア人には「バル、バル、バル」（あるいはルフバルブ、ルフバルブ、ルフバルブ）と聞こえたからである。非ギリシア人の「蛮族」のなかには、じっさいには高度な文明を持つ民族がいたし、バビロニアやエジプト、フェニキアなどの「蛮族の知恵」は、単なるギリシアの賢さよりもずっと深く深淵だと考えるギリシア人もいた。」――前掲書、一二七―一二八頁。

（15）*Sebastiano Serlio on Architecture*, Volume I, trans. by Vaughan Hart and Peter Hicks, Yale University Press, 1996, p. xi.

（16）*ibid.*, p. xxv.

（17）*ibid.*, p. 253.

（18）*ibid.*, pp. xxxii-xxxiii.

（19）*ibid.*, pp. xxxiii-xxxiv

（20）陣内秀信「空間の魔術師――イタリア人の都市再生」『新建築』一九八三年三月、二二六―二二七頁（陣内秀信・大坂彰『都市を読む＊イタリア』法政大学出版局、一九八八年、四七二―四七七頁に再録）では、ここで紹介したセルリオの改築案が紹介されており、「レスタウロ」という観点から論じられている。「レスタウロ」というのは歴史的な建物を修復・改造・再構成などの方法によって再生することをいい、それは本書の「再利用」と類似したものといえそうである。レスタウロ（restauro）は、直訳すれば「修復」

ということになるが、文化財的な「時間の巻き戻し」としての「修復」とは異なる。この点については、本書の4章第2節（「修復」の意味の変遷の項）を参照。

（21） *Sebastiano Serlio on Architecture,* Volume II, trans. by Vaughan Hart and Peter Hicks, Yale University Press, 2001, p. 310.

（22） ヴィクトル・ユゴー『ノートル＝ダム・ド・パリ』、一三七頁。

（23） 前掲書、一七五頁。

（24） Pierre Pinon, *Paris détruit,* Parigramme, 2011, pp. 14–15.

（25） Hilary Ballon, *The Paris of Henri IV, Architecture and Urbanism,* MIT Press, 1991, p. 65.

（26） 図3－5で、シテ島の突端部に描かれているポン・ヌフ（新橋）も、アンリ四世の重要な都市計画のひとつとしてドーフィーヌ広場と同時期に建造されたものである。中世都市では、しばしば石造の橋という強い構造に、多くの建物が寄生するように建ち並び、商店街のような街路を形成していた。それに対して、新しい都市計画の一環であるこの橋は、橋の上から眺める川の景色を楽しむという、新時代のコンセプトのもとに実現されたものであった。ポン・ヌフ自体は、既存建物の破壊とは関係のない新築のプロジェクトである。しかしポン・ヌフは近代都市の橋のモデルとなり、パリでは一七八六年になると、ついに中世以来の伝統であった橋の上での商売を禁止し、橋の上の建物を取り壊すという法令が出されることになる。そして中世以来のパリの風景をつくり出していた橋の上の建物群は、一八〇九年までに段階的に取り壊されていったのだった。

（27） *Sebastiano Serlio on Architecture,* Volume II, trans. by V. Hart and P. Hicks, Yale University Press, 2001, p. 286.

（28） 陣内秀信・大坂彰『都市を読む＊イタリア』法政大学出版局、一九八八年、三一四頁。

(29) Renaud Gagneux et Denis Prouvost, *Sur les traces des enceintes de Paris, promenades au long des murs disparus,* Parigramme, 2004, pp. 22–24; Philippe Lorentz et Dany Sandron, *Atlas de Paris au Moyen Âge, espace urbain, habitat, société, religion, lieux de pouvoir,* Parigramme, 2006, pp. 38–39.

(30) P. Lorentz et D. Sandron, *op. cit.,* p. 49.

(31) Danielle Chadych et Dominique Leborgne, *Atlas de Paris,* Parigramme, 1999, p. 82.

(32) *ibid.,* p. 108.

(33) Georg Braun and Franz Hogenberg, *Cities of the World: 230 Colour Engravings Which Transformed Urban Cartography 1572–1617,* Taschen, p. 7.

(34) Pierre Pinon, Bertland Le Boudec, *Les Plans de Paris, Histoire d'une capitale,* éditions Le Passage, 2004, p. 34.

(35) Académie des Sciences Morales et Politiques, Collection des ordonnances des rois de France, *Catalogue des actes de François Ier,* tome deuxième, 1er Janvier 1531–31 Décembre 1534, Paris, Imprimerie Nationale, 1888, p. 407.

(36) *Histoire général de Paris, Registres des délibérations du Bureau de la Ville de Paris,* tome deuxème, 1527–1539, p. 65; Jean-Pierre Babelon, *Nouvelle histoire de Paris: Paris au XVIe siècle,* Hachette, 1986, pp. 199–200.

(37) I・ウォーラーステイン『近代世界システムI』一五四頁。

(38) ペルーズ・ド・モンクロ『パリ大図鑑』三宅理一監訳、西村書店、二〇一二年、一四六頁。

(39) Académie des Sciences Morales et Politiques, Collection des ordonnances de s rois de France, *Catalogue des actes de François Ier,* tome quatrième, 7 Mai 1539–30 Décembre 1545, Paris, Imprimerie Nationale, 1890,

p. 501.

(40) Jean-Pierre Babelon, *op. cit.*, p. 197, 228.

(41) P. Lorentz et D. Sandron, *op. cit.*, pp. 108–109.

(42) ペルーズ・ド・モンクロ、前掲書、一一八頁。

(43) R. Gagneux et D. Prouvost, *op. cit.*, p. 32.

(44) *ibid.*, pp. 64–65.

(45) Michel Fleury et Maurice Berry, *L'enceinte et le Louvre de Philippe Auguste*, Délégation à l'Action artistique de la Ville de Paris, 1988, p. 37.

(46) 桐敷真次郎編著『パラーディオ「建築四書」注解』中央公論美術出版、一九八六年、二二五頁。

(47) 「この劇場の建築的特色をいうとすれば、何を措いてもその「古代ローマ風」ということがまず挙げられることになっており、すべての案内書はもとよりほとんどの研究書がそのことを冒頭で述べるのが常である。」——福田晴虔『パッラーディオ』鹿島出版会、一九七九年、九—一〇頁。

(48) 福田晴虔、前掲書、六二—六四頁。

(49) 桐敷真次郎、前掲書、二九一頁。

(50) 福田晴虔、前掲書、七八頁。

(51) 前掲書、一二三—一二四頁。

(52) 前掲書、一二六頁。

(53) ゲーテ『イタリア紀行』(渡辺真弓『イタリア建築紀行——ゲーテと旅する七つの都市』平凡社、二〇一五年、五〇頁より)。

(54) 加藤耕一『「幽霊屋敷」の文化史』講談社現代新書、二〇〇九年。

（55）コーリン・ロウ「理想的ヴィラの数学」『マニエリスムと近代建築』伊東豊雄・松永安光訳、彰国社、一九八一年。

（56）破風飾りを備えた小祠《エディクラ》という建築モチーフが、古代ばかりでなく中世のゴシック建築にもルネサンス建築にも見いだせることを指摘したのは、ジョン・サマーソン『天上の館』（鈴木博之訳、鹿島出版会、一九七二年）である。サマーソンは、ここでは古典主義のデザインとゴシックのデザインに通底するものとして小祠《エディクラ》に着目しているため、ルネサンスに特徴的な「ペディメント」には敢えて言及していない。しかし彼が次のように小祠《エディクラ》の流行を指摘する箇所では、明らかに「ペディメント」が想定されている。「しかしながら、この特別の意味はやがてはあまりに多くの扉や窓に施されるようになってゆき、小祠《エディクラ》はありふれた普通の装飾的要素に過ぎなくなってしまった。そのようなものとしてこれは初期イタリア・ルネサンスに再び現れ、同じように一六世紀後半になると他の国々で何百何千となく採用されたのだった。」
——前掲書、一二三頁。

（57）アルベルティ『建築論』相川浩訳、中央公論美術出版、一九八二年、二一七頁。

（58）Cicero, *De Oratore*, III, cap. XLVI, §180.

（59）桐敷真次郎、前掲書、五二頁。（引用文献中では「ペジメント」と表記されているが、ここでは「ペディメント」に改めた）

（60）アルベルティ、前掲書、二一九頁。

（61）*Sebastiano Serlio on Architecture*, Volume I, p. 294.

（62）Roland Fréart de Chambray, trans. by John Evelyn, *A Parallel of the Ancient Architecture with the Modern*, 1664, p. 140.

（63）『ウィトルーウィウス建築書』森田慶一訳註、東海大学出版会、一九七九年、八六頁。

(64) 前掲書、三二三頁。森田慶一による訳注。

(65) 近年の研究成果によれば、ブラマンテ自身の計画は「集中式」ではなく「長軸式」であった可能性が高いのだという（稲川直樹・桑木野幸司・岡北一孝『ブラマンテ――盛期ルネサンス建築の構築者』NTT出版、二〇一四年、二九六頁）。しかし、ブラマンテによる当初計画はやはり、旧サン＝ピエトロの取り壊しを前提にしたものであった。

(66) アルベルティ、前掲書、三四二―三四三頁。

(67) アルベルティと既存建物の破壊の問題については以下も参照。岡北一孝「De re aedificatoria における第十書の位置づけと「修復」"instaurare"の意味」京都工芸繊維大学、平成二五年度学位請求論文、私家版。

(68) 前掲書、三〇一頁。

(69) ジョルジョ・ヴァザーリ『美術家列伝』第三巻、森田義之・越川倫明他監修、中央公論美術出版、二〇一五年、九〇頁。

(70) 稲川直樹・桑木野幸司・岡北一孝、前掲書、二九五―三〇四頁。

(71) 『ヴァザーリの芸術論』、一八七頁。

4章　文化財的建築観
――文化財はなぜ時間を巻き戻したのか？

一九世紀から現代まで

1　野蛮の復権

ナポレオンの戴冠式

一枚の絵からはじめよう。

この絵の作者は革命期に活躍した画家で政治家のジャック゠ルイ・ダヴィッド。ナポレオンの主席画家を務めた彼が、一八〇四年一二月二日に挙行されたナポレオンの戴冠式を描いた有名な作品である（図4－1）。今日、ルーヴル美術館で見ることのできるこの絵画は、高さ六メートル以上、幅も一〇メートルに達しようかという大作で、名作の並ぶルーヴル美術館のなかでもひときわの存在感を放

図 4-1　ジャック＝ルイ・ダヴィッド《ナポレオン一世の戴冠式と皇妃ジョゼフィーヌの戴冠》

っている。

かくいう筆者も、かつてゴシック建築の研究のためにパリに留学していた頃、日本から友人が来るたびにルーヴル美術館を案内し、この絵の前で立ち止まっては解説したものだ。

そもそもフランス王家とカトリックのつながりの歴史は古く、五世紀末にフランク王国のメロヴィング朝の王として即位したクロヴィス一世にまで遡る。古代末期の混乱のさなかで、フランク人のクロヴィスはチューリンゲン人、アラマン人、そしてついには西ゴート人との闘いに勝利して王国の礎を築いた。こうした一連の戦争の過程で、クロヴィスは三〇〇〇人の従者たちとともにランス大司教レミギウス（聖レミ）によりカトリックの洗礼を受けたと伝えられる。[1]このとき、フランスはカトリックの王国となったのだ。さらにカペー朝の時代になると、クロヴィスの伝統がいっそう儀礼化され、その後はわずかな例外を除くほとんどのフランス王が、ランス大聖堂でランス大司教手ずから聖別される戴冠式によって、フランス王に即位することになった。

英仏百年戦争のさなか、狂王シャルル六世の王太子シャルルは、フランス中部のロワール地方に潜伏していた。シャルル六世の死後、ジャンヌ・ダルクの助けを借りた彼が、イングランド軍によるオルレアンの包囲網を破りランスまで進軍したのも、まさにランス大聖堂で戴冠式を行い、シャルル七世として即位するためだった。

それほどまでに、フランス国王の即位式において、ランス大司教によって冠を授けてもらうこの儀式は重要なものだったわけである。しかしフランス革命によって、フランス国王の戴冠式という伝統はいったん途切れることになった。王政廃止後の第一共和政を経て、ナポレオンは「皇帝」に即位する。彼はこのとき、フランス王家の伝統を取り入れながらも、それを大きく変容させた戴冠式を演出した。それこそが、この絵に描かれたシーンである。

戴冠式の舞台となったのは、ランスのノートル＝ダム大聖堂ではなかった。その代わりの舞台として選ばれたのはパリのノートル＝ダム大聖堂である。絵をよく見ると、立ち上がって冠を高く掲げるナポレオンの背後には、パリ大司教ばかりか、カトリックの最高権威であるローマ教皇ピウス七世までもが描かれている。しかしナポレオンは教皇から冠を授かるのではなく、自らの手で月桂樹の冠を戴き、次いで皇妃ジョゼフィーヌに彼自身が冠を授けたのである。この最後のハイライトが、ダヴィッドによって描かれた戴冠式の様子であった。

ダヴィッドのこの作品にまつわる話としては、じつは当初はナポレオン自らが冠を被る様子が描かれたが、後から修正されたとか、出席しなかったはずのナポレオンの母が描かれているなど、他にも多くのエピソードがある。

しかし私は、もっと大事な点を見落としていた。パリ大聖堂は初期ゴシック建築の傑作であり、学位論文でもこの建築を大きく取りあげた筆者は、学位論文の完成後、初期ゴシック建築の研究をさらに深めるためにパリに留学していた。にもかかわらず、友人たちに「そういうわけでこれはランス大聖堂ではなく、パリのノートル＝ダムが描かれているのだ」と偉そうに説明しながら、自分自身は、完全に思考停止に陥っていたようである。これほど巨大な絵画作品なのだから、目に入ってこなかったはずはない。ただ、目に入ってきたものが何を意味しているか、ということを考えようとしていなかったのだ。

この絵に描かれた舞台が、まったくゴシック建築などではない、ということを。

覆い隠されたノートル＝ダム

ダヴィッドの絵のなかには、ゴシック建築の特徴を示すものは何ひとつ描かれていない。ゴシック建築の主要な特徴である尖頭アーチもなければ、細いシャフトもない。今日ノートル＝ダムで見られるインテリアとは似ても似つかぬものなのである。戴冠式が行われたのはパリのノートル＝ダムではなかったのだろうか。もちろん、そんなことはない。じつは一八〇四年当時、パリ大聖堂はたしかにこのような姿だったのである。

いったい何が起こったのかを知るためには、さらに一〇〇年ほど時間を遡らなければならない。

これは一八世紀初頭の王室主任建築家ロベール・ド・コットの仕事で、彼は一七一五年、パリのノートル＝ダム大聖堂のゴシック様式の内陣を、大理石パネルを使ってすっかり覆い隠し、ゴシック的な内陣をルネサンス的な内陣へと変貌させたのだ。それは、ここまで何度も見てきた「野蛮に対する干渉」の典型的な事例であった。しかし、その一方でその仕事ぶりは丁寧で、生まれ変わった「古典主義的な」内陣もまた、たいへん美しいものだったといえるだろう。

ロベール・ド・コットは、赤色と白色の大理石の羽目板を用いて、ゴシックの円柱を覆って角柱とし、ゴシックの尖頭アーチを内側から覆って半円アーチとした。このような強引な改変がなされたにもかかわらず、その柱とアーチのプロポーションはじつに美しく、その手腕は見事というほかない（図4－2）。

図 4-2　ロベール・ド・コット《ノートル＝ダム内陣のデザイン》（1715 年）

しかし称えるべきはコットの仕事ぶりばかりではない。ダヴィッドの構図も、同じくじつに見事である。コットが大理石の羽目板で覆ったのは、内陣の大アーケードと呼ばれる一層目だけであった。したがって、上部に目を向けるとゴシックのデザインが露見してしまう。なかでも、本来ゴシックのアーケードの柱頭から伸び上がるモノリスの細いシャフトの束が、この大理石の羽目板の後ろから出てくる様子は、かなり奇妙なものである。

しかしダヴィッドは、巧妙に空間をトリミングし、上部の不自然な部分を画面にいっさい登場させなかった。彼の絵のなかに、建築的な不自然さはまったく存在しない。結果的に、これほど有名なこの絵画作品のなかに、「野蛮に対する干渉」すなわちゴシックに対する古典主義の干渉が指摘されることは、これまでほとんどなかったわけである。

パリのノートル＝ダム大聖堂は、一九世紀に登場する「文化財的価値観」とも呼ぶべき、既存建物の修復／保存という新しい態度を考える上で、もっとも重要な建築である。一八〇四年のナポレオンの戴冠式から約三〇年を経た一八三一年には、ヴィクトル・ユゴーが『ノートル＝ダム・ド・パリ』を発表する。これは単に文学の傑作としてばかりでなく、ゴシック建築の復権と歴史的建築の修復／保存という、一九世紀における建築の新しいコンセプトにも決定的な影響力を持った著作である。そしてさらに約一〇年後の一八四三年には、ノートル＝ダムの修復計画のための設計競技が開催され、このコンペを勝ち取ったヴィオレ＝ル＝デュクとジャン＝バティスト・ラシュスの設計チームが、一八四五年からこの大聖堂の修復工事をはじめることになるのである。

本章の目的は、古代から続く「再利用」、一六世紀に端を発する「再開発」に続いて、一九世紀になって登場する「文化財」の建築観がいかなるものだったかを明らかにすることである。まずは、この新しい建築観が登場した背景を見てみよう。

文化財制度のはじまり

一般に、フランスの歴史的記念物（monument historique）と呼ばれる「文化財」制度の歴史は、フランス革命期の破壊行為から語りはじめることになっている。フランス革命には、歴史的建築の「破壊」や「略奪」といった「蛮行《ヴァンダリズム》」のイメージが付きまとっているからだ。革命の暴徒たちは、一七八九年七月一四日にバスティーユ監獄を襲撃した。バスティーユはその後、破壊、解体されることになる。有名なクリュニー大修道院も革命後に略奪され、放棄され、挙句の果てには住民たちが再利用するために石材が次々に運び去られ、このヨーロッパ最大の修道院建築は完全な廃墟となった（図4-3）。北フランスでは、カンブレ大聖堂やアラス大聖堂が解体され、その建物は地上から消滅した。

革命期に吹き荒れたこのような蛮行《ヴァンダリズム》への反動あるいは反省として、一九世紀初頭になると、ロマンティシズム、クリスチアニズム、さらにはナショナリズムに至るまで、さまざまな観点が持ち出され、フランスの中世建築を保護すべきという運動が湧き起こる。破壊され、荒廃し、廃墟となった歴史的モニュメントは、修復され、国家的な文化財（歴史的記念物）として保存されていくことになるのである。

図 4-3 フランス革命で破壊され廃墟となった旧クリュニー大修道院の聖堂跡

> 革命のイデオロギーによって扇動された民衆の怒りが、旧体制《アンシアン・レジーム》のしるしとなる文化財への破壊行為となって国土を襲った。その深刻な事態を押しとどめるために造られた言葉が「ヴァンダリズム（vandalisme）」であり、「ヴァンダル族」に由来するこの言葉によって、破壊行為は文明への蛮行という意味づけのもとで糾弾された。革命政府は、行き過ぎた行為への対策として保護活動を目的とした委員会を設置し（……）「歴史

的記念物」の概念とその制度の成立とともに発展してゆくことになる(2)。

こうした歴史叙述は、文化財の歴史を語る上ではきわめて正統的なものである。しかし、少し立ち止まって考えてみよう。一九世紀フランスの文化財の歴史のなかで、実質的にも象徴的にも中心的なモニュメントであったパリのノートル＝ダムは、果たして本当に荒廃した廃墟だったのだろうか。ナポレオンは荒れ果て打ち棄てられた廃墟のなかで、かくも盛大な戴冠式を挙行したのだろうか。そんなはずはあるまい。われわれは、革命期に破壊者たちと闘った保存主義者たちが持ち出した「蛮行《ヴァンダリスム》」という言葉に、いまだに幻惑されているのではなかろうか。蛮行、すなわち一九世紀の新たな「野蛮」の概念に。

ヴァンダリズムとは何か？

ヴァンダル人といえば、古代末期にローマ帝国に侵入した異民族のなかでも、ゴート人と並んでローマ人たちを苦しめた獰猛な民族として知られる。一六世紀の人々は野蛮人の代名詞としてゴート人の名を出すことで、「ゴシック」建築を貶めた。それに対して一九世紀の人々は、ゴシック建築の破壊者たちにヴァンダル人というレッテルを貼ることで、破壊者を批判すると同時に、ゴシック建築の復権を目指したのである。

この野蛮をもって野蛮を制するという戦略は大成功だったといえるだろう。この頃まではたしかに、たとえばゲーテのエッセイ「ドイツの建築」（一七七二年）に見られるように、人々は「ゴシック」という呼称に野蛮で悪趣味という含意を嗅ぎ取っていた。しかし現代人は「ゴシック建築」と聞いてもそこに「野蛮」の気配を感じ取ることはほとんど不可能である。ゴシック建築は一九世紀を通じて再評価され、高級芸術の仲間入りを果たしたからだ。一方で「ヴァンダリズム」と聞くと、現代人はいまでも、野蛮な略奪と破壊を思い浮かべ、そこに悲惨な廃墟のイメージを描出するのである。

このまったく新しい野蛮の概念を創り出したのはアンリ・グレゴワールという人物であった。彼は一七九四年八月三一日の国民公会への「蛮行によって為される破壊について」(3)と題する報告で、この造語を披露した。

この報告の冒頭でグレゴワールが述べていることによれば、蛮行とは、国有化された動産に対して「我々が国家である」という勝手な論理を振りかざす市民たちが、それらを略奪して売却してしまうという行為を指しているようだ。彼は最初に、フランス各地の図書館で蔵書が略奪され、売却されているという問題から論じはじめ、後半では歴史的建築からの略奪行為を含む、革命市民による文化の破壊全般が批判されていった。報告の末尾は、次のように締めくくられている。

> ですから次のような一文を、すべてのモニュメントに、そしてすべての心のなかに刻み込もうではありませんか。「野蛮人(barbares)と奴隷は科学を嫌悪し、芸術的モニュメントを破壊する:自由人はそれを保存することを欲する」(4)

ヴィクトル・ユゴーの「破壊者たちとの闘い」

こうした文化と伝統の全般的な破壊という観点から、歴史的建造物の問題に特化して、その破壊者たちを批判したという点で重要なのは、ヴィクトル・ユゴーである。彼は有名なエッセイ「破壊者たちとの闘い」（一八二五年と一八三二年、彼は同タイトルで二つの論を発表した）、そして『ノートル＝ダム・ド・パリ』（一八三一年、建築に関する重要な論考が増補された第二版は一八三二年）のなかで、歴史的建築の破壊のヴァリエーションを独自の視点で整理していった。

若干二三歳のユゴーが一八二五年に著した「破壊者たちとの闘い」は、彼自身が説明している通り、「フランス国内のごく一部を駆け足で旅行したときに偶然出会ったもののいくつかについて、あまり準備もせずに急いで書いた⑤」ものであり、いわば現在進行形の破壊を速報的に綴ったルポルタージュである。その一部を箇条書きにすると次のようになる。

・ブロワ城は兵舎になった。
・オルレアンではジャンヌ・ダルクの防御壁の最後の遺構が、最近失われた。
・パリでは、ヴァンセンヌ城の主塔《ドンジョン》を取り囲むいくつもの古い塔が破壊された。ソルボンヌの大修道院がいままさに壊されている。サン＝ジェルマン＝デ＝プレの美しいロマネスク聖堂の尖塔の二つが廃墟化し、扉口にルイ一五世様式の不適切なポルティコが取り付けられ、内部の古いチャペルのいくつかはサン＝シュルピス風のコリント式の柱頭を持つものに置き換えられ、その他はカナリア色の石灰塗料で塗りつぶされた。

・オータン大聖堂も同様の侮辱を受けた。
・二か月前のこと、一八二五年の八月にリヨンを通りかかった時には、大聖堂の何世紀も経た美しい色調が、ピンク色のテンペラ絵の具のひと塗りで、塗りつぶされているところだった。
・リヨン近くの、有名なラルブレルの城が破壊されるのも目撃した。正確に言うと城の所有者は塔のひとつだけは保存したのだが、それをコミューンに貸し出し、牢獄に転用したのである。
・ヌヴェルでは、一一世紀の二つの教会堂が厩舎に転用された。この町には同時期の教会堂がもうひとつあったはずだが、すでに破壊された後で、見ることはできなかった。
・モーリヤックの古い教会堂も取り壊された。
・ソワッソンでは、サン＝ジャン修道院の素晴らしい回廊と、軽快かつ大胆な尖塔が崩れ落ちるままにされており、その廃墟から切石が建材として持ち去られている。
・まったく同じようなことがブレーヌの魅力的な教会堂でも起こっており、ヴォールトが取り壊され、そこに埋葬されている王家の墓が雨に晒されたままになっている。
・ブールジュの近くのシャリテ＝シュル＝ロワールにはヨーロッパでもっとも有名な大聖堂にも比肩するようなロマネスクの美しい教会堂があったが、その半分は廃墟となり、石また石が崩れ落ちている。⑹

転用《コンバージョン》・干渉・破壊（再開発）

ここでユゴーが羅列した「破壊」を、本書の観点から整理し直してみよう。第一の破壊は、じつは

「転用《コンバージョン》」であり再利用である。本書2章第6節で見たとおり、革命後のナポレオン時代は大きな社会変革とともに古い役割を失った建物の「大転用《コンバージョン》時代」ともいうべき時期であった。それはたしかに、その建物の歴史的価値を尊重するような再利用ではなく、歴史的な建物を監獄、兵舎、厩舎に転用するような、いわばネガティブな再利用であったといえる。ユゴーにとってそれらの転用《コンバージョン》は、破壊行為として非難されるべきものだったのだ。

たとえば、シャリテ＝シュル＝ロワールにあったのは、クリュニー系ロマネスクの巨大な修道院であった。組織としては大修道院（abbaye）ではなく小修道院（prieuré）であったが、その聖堂は中世最大の聖堂建築であったクリュニー第三聖堂に次ぐ巨大な規模を誇るものであったといわれている⑦。しかしこの教会堂もまた、革命期には国有財産（Bien national）となり、聖堂内には陶器工場が入ったのだった⑧。

ただし、ユゴーが報告した「その半分は廃墟となり、石また石が崩れ落ちている」という状態は、工場への転用とは関係なかったものと思われる。たしかにユゴーがこの地を訪れたとき、シャリテ＝シュル＝ロワールのノートル＝ダム聖堂は、半分が廃墟化した無残な姿に見えたことだろう。しかしそれはおそらく、革命による破壊のためではなかった。この中世の巨大な聖堂は、革命よりも二〇〇年以上前、一五五九年に発生した大火災のために、身廊の大部分が焼け落ちてしまったのである。

この火災は三日間にわたり街を焼き、修道院の建物と二〇〇軒の住宅に被害をもたらしたといわれている⑨。このときの火災により聖堂の西側半分は廃墟と化した。聖堂の身廊は、もともとは九柱間《ベイ》から構成されていたと考えられるが、入口側の五柱間《ベイ》と南側廊の五柱間《ベイ》は失われてしまった。この巨大建築は、火災の被害からすぐには復活できなかったようである。折しもフランスでは、ユグノー戦争と呼ばれる宗教戦争が勃発していた（一五六二―一五九八年）。そのため、この巨大な宗教建築がようやく修理されたのは、一七世紀に入ってからのことだったようだ。焼け残った身廊の四柱間《ベイ》に蓋をするように、聖堂の規模を縮小して、新たなファサードが建設された。これより四〇メートルほども西に位置する古いファサードで焼け残ったのは、ファサード北側の鐘楼と、中央扉口のアーチだけであった。焼け落ちた身廊部分は、街路のような小さな広場となり、中央扉口のアーチは、この広場の入口の門のような存在になったのである。

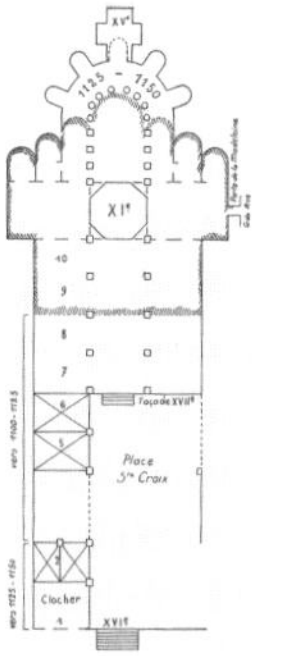

図 4-4　住居化した旧シャリテ＝シュル＝ロワール修道院聖堂の側廊（右）
図 4-5　シャリテ＝シュル＝ロワールのノートル＝ダム聖堂の平面図（左）

しかし何より驚くべきは、焼け残ったものの聖堂から切り離されてしまった五柱間《ベイ》分の北側廊である。この廃墟となった構造体には、人々が棲み着き、住居化していったのだ。現在でもここでは、かつての聖堂の身廊が街路のような広場となり、側廊が住宅となるという驚くべき聖堂建築の転生《アフターライフ》を見ることができる（図4-4・図4-5）。ここで起こったことは、まさしく「転用」による「再利用」だったのである。

第二の破壊は、中世建築に対する古典主義の「干渉」である。中世の装飾は古典主義的な装飾で覆い隠され、あるいは単に漆喰や絵の具で塗りつぶされた。これはむろん、対象の建物を廃墟化させるような「破壊」ではなく、当事者にとっては「美化」だったはずである。しかしユゴーはこれを逆転し、これまた「破壊」であると断じたわけだ。じつはユゴーにとって、「干渉」こそが、もっとも深刻で断罪すべき「破壊」ということになっていくのだが、それは後で見ることにしよう。

図 4-6　ソワッソンの旧サン＝ジャン＝デ＝ヴィーニュ大修道院聖堂の廃墟

そして第三は、文字どおりの「破壊」である。だが、これを野蛮で不法な略奪的な破壊行為（革命直後の蛮行《ヴァンダリズム》）と一面的に捉えるべきではなかろう。むしろこうした破壊行為の多くは、暴徒による無法な略奪としてではなく、経済的で近代的な再開発のためになされたのである。たとえば、ユゴーがとりあげたソワッソンで起こったことを見てみよう。

ソワッソンの旧サン＝ジャン＝デ＝ヴィーニュ大修道院を訪れると、いまでもここには天高く聳える双塔の下に、空虚に口を開ける薔薇窓と扉口が印象的な、ファサードの廃墟を見ることができる（図4-6）。この無残な廃墟に、荒れ狂う暴徒たちの姿を想像する向きもあるかもしれないが、じつはそうではない。この修道院建物は革命後に売却され、その石材は同市の大聖堂の修理のため、また町の住宅の建材のために次々と剝ぎ取られ、再利用されていったのだった[10]。教会堂の身廊および内陣の石材は基礎から天井まで根こそぎ持ち去られ、残ったのはファサードだけだったのである。

この事例は、クリュニー大修道院で起こったことと同じ、典型的な革命後の聖堂建築の末路といえるだろう。革命後に国有財産（Bien national）となったいくつかの教会堂はこうして役割を失い、新たな役割を獲得できないままに売却され、別の建設工事のために、その石材が再利用されていったわけである。

クリュニーやソワッソンで見られたような歴史的建築の「破壊」は、文化財的価値観にすっかり馴染んだ現代の感覚からすれば、たしかに許されざる破壊行為と見えるかもしれない。しかし一六世紀に登場した「再開発」の価値観からすれば、ユゴーが語った一連の「破壊行為」は、「野蛮」とは対極の「近代的文明」の仕事であったといえるだろう。野蛮な中世の建物を破壊し再開発することは、一六世紀以来の主要な建築行為であったし、不要になった建築から部材を転用し再利用するスポリアは、古代以来、連綿と続けられてきた建築行為だったのである。たしかにフランス革命を契機として、土地や建物の所有が大きく変動し、新しい市民社会の経済活動（投機）により、歴史的建築の安定性は一気に崩壊した。しかしそれは、この社会変動により「再利用」と「再開発」が加速したことを示すものであり、それ自体は既存建物に対する態度の変化を示すものではなかった。

それに対してまったく新しい建築観を提示したのが、一九世紀の文化財の概念である。これは、再開発的建築観の根底にあった「野蛮な中世の建物を破壊し、良き趣味の建物を新築する」というコンセプトを反転させ、すべての破壊は野蛮（蛮行《ヴァンダリズム》）であるというイメージ戦略を打ち立てることで、既存の価値観に闘いを挑んだのである。

『ノートル＝ダム・ド・パリ』と時・革命・修復

この価値観の反転は、ユゴーの『ノートル＝ダム・ド・パリ』のなかで、よりいっそう明確になる。彼は、ゴシック建築の荒廃を次のように「三種類の荒廃」としてまとめている。

つまり、いままで述べたことを簡単に申しあげれば、三種類の荒廃が今日のゴチック建築を醜いものにしているのだ。この建築の表皮にしわだの、いぼだのをつくったのは「時」のしわざだし、この芸術に暴行だの蛮行だのを加えて打撲傷だの骨折だのをつくったのは、ルターからミラボーにいたるまでのいろいろな革命のやったしごとなのである。切断や切除や手足の脱臼、つまり「修復」は、ウィトルウィウスやヴィニョーラの流れをくむ先生がたのギリシア式か、ローマ式か、野蛮式かの作業の結果なのだ。ヴァンダル族が生み出した素晴らしい芸術をアカデミー派の先生がたが殺してしまったのである。世紀の流れや、様々な革命は、破壊を行うにしても少なくとも公平であり、偉大であった。だがそこへ認許され、組合員となり宣誓を行ったいわゆる流派に属する建築家たちがわんさと押しよせてきて、悪趣味な分別でせっかくの芸術を台なしにし、ゴチック風の透かし金細工を、ルイ一五世時代のキクジサ装飾に代え、パルテノン神殿の名声をいやがうえにも高めてしまったのだ。(11)

ここでユゴーが整理した「時」「革命」「修復」という三種類の「荒廃」は、筆者自身が先に整理した「転用《コンバージョン》」「干渉」「破壊（再開発）」とは多少のずれがあるため、説明が必要だろう。まず「転用《コンバージョン》」について、ユゴーはたしかに彼の「破壊者たちとの闘い！」のなかではこれを取りあげていたが、『ノートル＝ダム・ド・パリ』ではこの論点には触れていない。それはパリ大聖堂が他用途に転用されず、ナポレオンと教皇ピウス七世の合意《コンコルダ》により、すぐにカトリックの大聖堂としての役割を取り戻したためかもしれない。代わりにユゴーがあげた「時」による荒廃とは、建物の「風化」のことである。次の「革命」は、むろん略奪的な蛮行《ヴァンダリズム》をも含むのだろうが、「再開発」的な破壊もまた、革命という社会構造の転換がもたらした破壊のひとつであった。しかし彼は「時」と「革命」の破壊は「少なくとも公平[12]」だったと述べており、これらに対する批判の意図はあまり強くないことがわかる。

対照的に彼の痛烈な批判の矛先は、彼がいうところの「修復」に向けられている。原書のなかで、ユゴーはこれに“restaurations”の語をあて、イタリックで強調している。この「修復」という語は何を意味しているのだろうか。彼はこれをウィトルウィウス（古代ローマ）やヴィニョーラ（ルネサンス）の流れをくむ「先生がた」の仕事であると説明する。すなわちユゴーのいう「修復」とは、ゴシック建築に対する古典主義による「干渉」のことである。そして彼は、そうした「干渉」が、「ギリシア式か、ローマ式か、野蛮式（barbare）」であると嘯《うそぶ》くのだ。本来ゴシックのことを指していたはずの「野蛮式」を、「良き趣味」の側にあるギリシア式やローマ式と並置することで、ユゴーが価値のヒエラルキーの逆転を謀っていることが理解できるだろう。さらに追い打ちをかけるように、彼はゴシック建築のことを「ヴァンダル族が生み出した素晴らしい芸術」とまで呼ぶ。ユゴーが駆使するレトリックは流石というほかなく、いったい何がそもそも「野蛮」だったのか、読者はすっかり煙に巻かれてしまう。そして破壊行為《ヴァンダリズム》のなかでも、もっとも悪質で「野蛮」な行為は、古典主義によるゴシックに対する干渉であるというユゴーの主張に、いつの間にか飲み込まれてしまうのだ。

ユゴーの『ノートル＝ダム・ド・パリ』が、一九世紀におけるゴシック建築の再評価に多大な影響を及ぼしたことは、これまでも、この分野を扱うほとんどの研究が指摘してきた周知の事実である。しかし、なぜ彼の著作が一六世紀以来「野蛮」で「悪趣味」と貶められてきたゴシック建築を再評価させることに成功したかといえば、それは「野蛮」の構図を転覆させたからなのだ。むろん「古典主義」が「野蛮」に転落したわけではない。上位の古典主義が下位のゴシックに対して干渉するという、価値観のヒエラルキーにもとづく行為が「野蛮」とされたことにより、結果的に「ゴシック」は「古典主義」と同列の、高等芸術に高められることになったわけである。古典主義様式とゴシック様式とは、このとき、西洋の二大建築様式になったのだ。

2　ヴィオレ＝ル＝デュクと「修復」のはじまり

「修復」の意味の変遷

「修復」という言葉については、もう少し深く論じる必要があるだろう。現代人が「建築の修復」といえば、破損、損傷、なんらかのダメージからの回復という「修理」や「修繕」のことと考えるのが一般的であろう。しかしヴィクトル・ユゴーの「修復」は、必ずしも損傷を受けた建築の修理を意味していなかった。むしろ「アカデミー派の先生がた」、すなわち古典主義の建築家が、ゴシック建築を「悪い状態」にあると捉え、それを「良き趣味」の装飾に改変することが、彼のいう「修復」であった。すなわち価値観上の問題としては、悪い状態を良い状態に回復させるという行為であるが、物理的な破壊や損傷を修理する行為のことではない。

本書3章でとりあげたセルリオを思い返してみよう。セルリオの『建築書』第七巻には、ゴシックのファサードを持つ住宅が、領主の命令によってルネサンスのファサードに改築させられたというエピソードが紹介されていた。この住宅の物理的な状態も「それほど古くもなく」「住み心地も良い」という健全な状態であったにもかかわらず、同じく建築の価値を「改善」するために改築されることになった事例である。セルリオはこの章のタイトルを「古いものの"ristorar"について」としていた。したがってセルリオもまた、このような改築を「修復」と呼んでいたわけだ。ユゴーの「修復」という言葉の使い方は、特別おかしなものというわけではなさそうである。修復とは、破損部分の修理を含む場合もあるとしても、本質的には古いものに手を加えて更新することであり、時間を前に進める行為だったのである。

しかし一九世紀のヨーロッパでは、そうした建築に流れる時間を更新する「修復」とはまったく異なる手法が登場してくることになる。建築の時間を巻き戻す「修復」、そして建築の時間を止める「保存」の登場である。これこそが「文化財」的な価値観の誕生であった。

歴史的建築と文化財

西ヨーロッパの人々が、過去の遺物に「文化財」的な価値を見出すようになった最初の大きな契機は、一八世紀におけるギリシアの「再発見」だったともいえるかもしれない。オスマン・トルコとヨーロッパ諸国の緊張関係が緩和されたことにより、西ヨーロッパから多くの考古学者や画家たちが実際にギリシアを訪ね、古代ギリシアの遺跡を次々にヨーロッパ諸国に紹介していくことになった。一八世紀半ばにギリシアで調査を行ったイギリスのジェームズ・スチュワートとニコラス・レヴェットは『アテネの古代遺跡』(一七六二年、初巻刊行)を出版し、フランスからギリシアに渡ったジュリアン＝ダヴィッド・ル・ロワは『ギリシアの最も美しい建造物の廃墟』(一七五八年)を出版した。さらに、ドイツのヨハン・ヨアヒム・ヴィンケルマンは『ギリシア芸術模倣論』(一七五五年)や『古代美術史』(一七六四年)を出版し、古代ギリシアの芸術作品を称えていった。

こうした一連の古代ギリシア研究が、現代まで続く考古学、美術史、建築史の出発点のひとつであるのは間違いないことだろう。だが一方で、古代ギリシアの再発見はルネサンスにおける古代ローマの再発見と、本質的な差異はあまりないものだったようにも思われる。地理的、政治的な制約によって古代ギリシアの再発見が遅れたに過ぎないのだ。この時間的ギャップは、これらの現象を指し示す用語の差として表れている。すなわちルネサンスが「古典主義」と呼ばれるのに対し、ギリシアが再発見されたこの時期の芸術運動は「新古典主義」と呼ばれるということである。ちなみに、すでに本書3章で見たとおり、「古典」という言葉を古代の芸術に当てはめるようになったのは、まさにこの一八世紀後半以降のことで、『ギリシア芸術模倣論』の作者ヴィンケルマンはその最初期の人物のひとりであった。

ノートル＝ダムの「修復」とは何だったのか？

しかし本書が目指す建築の時間論において、さらに重要な事件が、少し遅れて一九世紀半ばのフランスで起こる。それこそが、ヴィオレ＝ル＝デュク（一八一四―一八七九年）による「修復」であった。

歴史的建築の修復や保存という行為を歴史的に捉えようとしたとき、これまでの研究のなかでも、「修復建築家」ヴィオレ＝ル＝デュクの存在感はひときわ大きいものである。彼はなかでも中世ゴシック建築の修復家であった。修復の実務によって、中世のゴシック建築を解剖・解体するように理解した彼は、誰よりもゴシック建築を深く理解し、全一〇巻から成る『中世建築事典』を著したことでも知られる。

彼の最初の修復の現場はブルゴーニュ地方の盛期ロマネスク建築の傑作、ヴェズレーのマドレーヌ聖堂であった。一八四〇年にこの仕事を請け負った彼は、修復現場を続けながら三年後の一八四三年、ジャン＝バティスト・ラシュスとの連名で、パリのノートル＝ダム大聖堂の修復設計競技に応募する。この提案が採択され、彼は一八四五年以降、ヴェズレーに続きノートル＝ダムの修復という大仕事を手がけていくことになるのである。

ここで問題なのは、ノートル＝ダムの修復とはいったい何だったのか、ということである。これまで、革命期の蛮行によって酷く傷つけられ廃墟めいた姿になってしまったパリ大聖堂の修理と修繕が、この「修復」の根本であったように、漠然と捉えられてきた。ヴィオレ＝ル＝デュクによる「修復」

の手法の是非はさておき、大袈裟にいえば、修理しなければ廃墟と化した建物は維持できず崩壊の危険があり、修理・修繕は不可欠だったかのような印象が持たれがちである。文化財の保存・修復に関するもっとも重要な先行研究から二点、当時のノートル＝ダム大聖堂の描写を見てみよう。

一八世紀にはいると、ヴィクトル・ユゴーが『ノートル＝ダム・ド・パリ』で嘆いていたように、流行に惑わされた建築家の改修や革命の嵐によって破壊が繰り返され、廃墟と化してしまう。彫像は投げ捨てられ、樋口（ガルグイユ）や尖塔は次々にはぎ取られた。ノートル＝ダムの歴史を語る装飾はすべて削り取られてしまったのである。(13)

ノートル＝ダム大聖堂は一二世紀に建立され、その後多くの改変を経験している。当初の内陣はほとんど残っておらず、その内部造作は一七世紀に作られたものである。身廊の様相も、特にその窓に変更が施されている。中央玄関は一八世紀に、好ましくない方法をもって改造され、革命の間は教会堂全体が破壊行為の対象となった。多くの彫像が西正面の二十八王像も含めて、取り外され建材として売却されていた。後にゴッドゥが行った修理も、建物の状態を改善するものではなかった。(14)

革命直後の蛮行《ヴァンダリズム》のなかで、ノートル＝ダムの外観を飾る彫像の多くが、取り去られ売却されるなどしまったことは事実である。ユゴーのいう「時のしわざ」によって、建物の多くの部分に傷みが生じていたことも、間違いなかろう。しかしながら、時代の変遷とともにノートル＝ダムになされた多くの改変が「好ましくない方法」によるもので、建物の状態が悪化の一途を辿っていたかのような記述の方はどうだろうか。すでに見たとおり、この建物は盛大なるナポレオンの戴冠式の舞台となった場所なのだ。じつはこうした描写は、一九世紀以降の「文化財」的な価値観による判断に基づいており、必ずしも客観的な表現ではない。

繰り返しになるが、ノートル＝ダムの内陣は一七一五年に王室建築家ロベール・ド・コットにより改修され、古典主義的な美しい装飾によって覆い尽くされていた。一七四一年には身廊の高窓を飾るステンドグラスが取り壊され、明るい白いガラスに交換された。一七七一年には、パリのパンテオン（サント＝ジュヌヴィエーヴ聖堂）の建築家として名高いジャック＝ジェルマン・スフロが、正面扉口を拡大するために、扉口上部のティンパヌムの彫刻を刳りぬいて新たな尖頭アーチを取り付けた。そして一七九二年には交差部の尖塔が「あっさりとちょん切られた」。こうした改修の履歴は、たしかに

図 4-7　修復直前のノートル＝ダム大聖堂（ヴァンサン・シュヴァリエのダゲレオタイプ写真，1841 年）

中央扉口で刳りぬかれた尖頭アーチ，双塔の間に覗く交差部の尖塔の不在，「王のギャラリー」他多くの彫刻の不在．

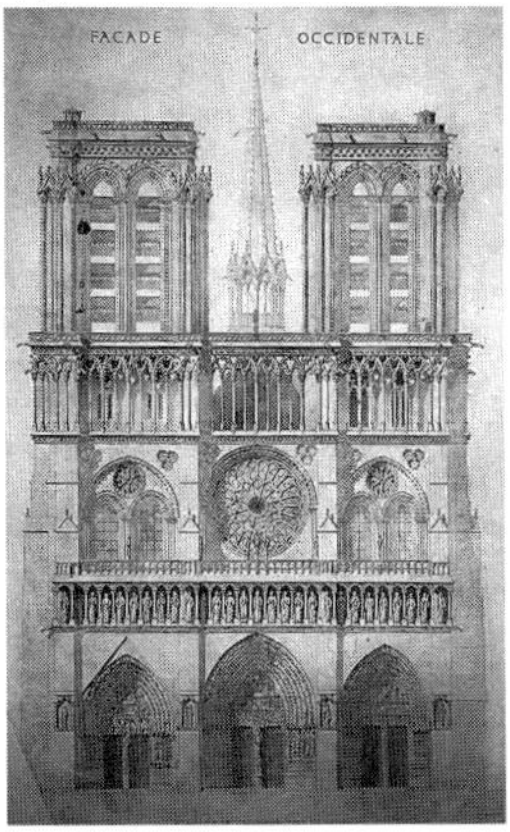

図 4-8　ヴィオレ＝ル＝デュクとラシュスによるファサード修復案

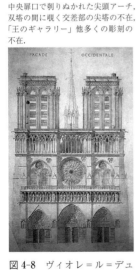

歴史的事実である（図4‐7）。

しかしながら、一八世紀を中心に繰り返された一連の「改修」を「好ましくない」と判断することができるようになったのは、ここまで見てきたように一九世紀前半のヴィクトル・ユゴーが、一六世紀以来の価値観、価値のヒエラルキーを転覆させたお蔭である。一八世紀まで、ゴシックに対するこのような「干渉」は、まったく正しいことであった。彼らは「破壊」を目的にしていたわけではなく、「美化」を目的にしていたのである。そして野蛮なゴシックは、「美化」されるべき対象だったのだ。一九世紀前半のヴィクトル・ユゴーによる「破壊者たちとの闘い」は、まさにこの「価値のヒエラルキー」との闘いであった。

そしてユゴーによるこの闘いを経て、ヴィオレ＝ル＝デュクの「修復」は「時間の巻き戻し」というコンセプトを獲得したのである。すなわち、ルネサンスの価値観によってゴシック建築に上書きされてきた時間の蓄積をすべて剝ぎ取り、あるいは失われた部分を再現し、かつての輝かしい中世の姿を取り戻すという時間の巻き戻しこそ、ヴィオレ＝ル＝デュクの「修復」だったのだ（図4‐8）。

ヴィオレ＝ル＝デュクの「修復」の定義

ヴィオレ＝ル＝デュクによる有名な「修復」の定義を見てみよう。彼の『中世建築事典』のなかで、二一頁も割いて説明された「修復」の項目の冒頭は次のようなものである。

この言葉、そしてそれが示す事柄は新しいものである。建物を修復するということは、維持することではないし、修繕することでもないし、改修することでもない。それは、過去のいかなる瞬間にも存在しなかったかもしれない完全な状態に、建物を戻すことである。建物を別の時代の状態に修復したいと人々が考えるようになったのは、ようやく今世紀の第二四半世紀になってからのことであった。そして、修復を建築術として定義することは、まだ為されていない。また、その言葉に結びつけられ、その行為に結びつけられるべき意味のなかには、多くの曖昧さが紛れ込んでいるようであるから、修復という言葉がどのような意味で使われていて、しかし本来どのような意味で使うべきかを正確に説明しておくには、ちょうど良い機会かもしれない[15]。

ヴィオレ＝ル＝デュクは、この冒頭の段落に続いて、彼が主張する「修復」という手法の新しさを次のように強調する。

我々はこの言葉とそれが示す事柄が新しいものであると述べた。実際、過去の時代に属するいかなる文明も、いかなる人々も、今日我々が理解するような意味で修復しようとは思わなかったのである[16]。

ヴィオレ＝ル＝デュクが強調するように、「修復」という言葉そのものは以前から存在したとしても、その意味は、いまやまったく新しいものとなった。彼の「修復」は、ヴィクトル・ユゴーが用いた「修復」とも異なるものである。それは「建物を別の時代の状態」に戻すことであり、まさに時間の巻き戻しという新しいコンセプトなのである。
ただし、ここで問題となるのが（そして今までのヴィオレ＝ル＝デュク研究でも必ず問題とされてきたのが）、「過去のいかなる瞬間にも存在しなかったかもしれない完全な状態に建物を戻す」という不可思議な定義が、いったい何を示すのかという点である。なぜ彼は、もっと単純に、ルネサンスの干渉を剝ぎ取り、中世の「オリジナル」の状態に戻す、といわなかったのだろうか。この奇怪な「修復」の定義ゆえに、ヴィオレ＝ル＝デュクの修復手法は、後に厳しく批判されていくことになる。

修復における創造を積極的に認め、ヴィオレ・ル・デュクの理想とする合理主義的な姿に様式を統一することをほのめかすものと解釈されたのである。とりわけ「完全な状態」という表現は、様式統一を害する後補の改造や増築を取り去った状態を指すとし、歴史的建造物の歴史的価値を重視する考古学者から修復における様式統一を正当化するものとして攻撃されたのである(17)。

後世のヴィオレ＝ル＝デュク批判のポイントはふたつある。

（1）創造的／想像的な修復
（2）様式統一的な修復

「過去のいかなる瞬間にも存在しなかったかもしれない」状態に建築の時間を巻き戻すというヴィ

オレ＝ル＝デュクの修復手法は、考古学的、建築史学的に「正しくない」という烙印を押されることになった。実際、彼は創造的《クリエイティブ》で想像的《イマジネイティブ》な修復を、いたるところで実践した。それは、二〇世紀を通じて文化財に関する国際的なルールが厳密化されていく過程で、もっとも激しく批判された点である。修復は、実証的な歴史研究に基づき、正しく行われなければならない。「推測による修復を行ってはならない[18]」のだ。

時間をどこまで巻き戻すのか?

だがここでもう少し、ヴィオレ＝ル＝デュクの思考に迫ってみよう。

本書1章で見たように、M・トラクテンバーグは、前近代の建築には「最終的な完成など存在しないし、おそらく絶対的なはじまりも存在しない[19]」と看破した。中世のゴシック建築に誰よりも精通していたヴィオレ＝ル＝デュクもまた、この建築の時間論に気づいていた。

> とくに中世においては、建物が一気に建設される事はほとんどなかったし、仮にあったとしても、増築や改築、部分の変更など、著しい改変を被らなかった建物は、ほとんどなかった[20]。

古典主義によってゴシック建築になされた数々の干渉を剥ぎ取り、時間を巻き戻すという修復のコンセプト。しかし巻き戻す先は、連続する時間のなかで変化し続ける建築像であり、「オリジナル」も「完成形」も選び取ることはできない。これがもし、何もない「敷地」で建築家が計画し、短期間で完成させるような二〇世紀の建築であれば、「オリジナル」を想定することは容易であろう。しかしながら、既存の構造物を再利用して計画されたような建物の場合、建築家が次々に交代し計画変更を繰り返したような建物の場合、「完成」した建物が時を経て大きく改築されたような建物の場合、どの時点に時間を巻き戻すかという判断はきわめて難しいものなのだ。

じつはこの問題の難しさは、現代日本の文化財修復の現場でも、しばしば直面するものである。「当初《オリジナル》」の状態を想定できたとしても、その後の時間変化もその建物にとって重要であるならば、果たしてどの時点まで時間を巻き戻すべきなのか。たとえば東京駅の修復工事が大きな議論を巻き起こしたことは、いまだ記憶に新しい。辰野金吾が設計した「オリジナル」のドームを重視するのか。それとも第二次世界大戦の被災後の修理工事として設計され、その後オリジナルよりも長い歴史を有することになった第二のドームを重視するのか。結局のところ、時間のなかで変化してきた建築の時間を巻き戻すことは、選択の問題である。長い時間を生きてきた建物のなかには様々な時代の痕跡が刻まれるが、時間の巻き戻しにおいては、タイムマシンに入力する時間座標の一点を選ぶことしかできないのだ。それは結局「その建築のもっとも価値ある時代」を決定することである。そしてその価値判断は、他の時代は「相対的に価値がない」と（消極的に）表明することにほかならない。

構想段階のイデア

したがってヴィオレ＝ル＝デュクの「修復」は、解決不能の問題を抱えていた。古典主義の干渉の履歴を削除するためには、時間の巻き戻しが必要であった。その一方で、時間のなかで変化し続けたゴシック建築において、戻すべき一点を選択することも不可能なのである。そこでは彼は、「仮想の完成形」ともいうべき状態を設定したのではなかろうか。

図4-9は、ヴィオレ=ル=デュクの「理想的大聖堂（cathédrale idéale）」として知られる有名なスケッチである。この図はその呼称とともに、ヴィオレ=ル=デュクの主観的で個人的なゴシックの理想像を示すものかのように扱われてきた。しかし彼の『中世建築事典』の「大聖堂」の項目のなかで、この図は「一三世紀の、完全に構想されたとおりに完成された大聖堂というもののイデアを表す」[21]ものと説明されている。この説明の背後にあるのは、中世のゴシック建築は建築家が最初に構想したとおりに完成されるものではない、という前提である。しかし、もしも「完全に構想されたとおりに完成」されたとしたらこんな風ではなかったか、という建築像を彼は提示しているのだ。換言すればそれは「過去のいかなる瞬間にも存在しなかったかもしれない完全な状態」ということなのである。

図 4-9　ヴィオレ＝ル＝デュク《理想的大聖堂》

すなわちヴィオレ=ル=デュクの〝cathédrale idéale〟は、彼の個人的な理想《イデアル》を示すものではない。それは「観念上《イデアル》の大聖堂」なのであり、ある意味でパラーディオのヴィラを指してコーリン・ロウが命名した〝Ideal Villa〟（理想的／観念的なヴィラ）と同じものなのだ。パラーディオの時代ですら、彼の構想上（図面上）のデザインと実際に建設された作品のあいだには不一致があった。中世のゴシック建築は、ルネサンス建築よりもさらに強度な実際上の制約により、構想から実現への過程で多くの改変がなされている。ヴィオレ＝ル＝デュクは翻って、ルネサンス建築家的な「構想段階のイデア」を設定し、そこに向けて時間の巻き戻しを行ったのではないだろうか。

むろん、ヴィオレ＝ル＝デュクの「理想的大聖堂」の図を、彼の修復の方法論に結びつけて語るのは、いささか牽強付会がすぎるかもしれない。彼の『中世建築事典』の「修復」の項目には、「まず大聖堂の構想段階に思いを馳せよ」と書かれているわけではない。実際の修復の実務のなかで、対象となる歴史的建造物を前にしてやるべきことは、詳細な観察によって特徴を捉え、それを記録することである。

したがってもっとも重要なのは、修理工事を始める前に、それぞれの部分の年代と特徴を正確に確認し、文章と図版による確かな記録に基づいた調書を作成することである[22]。

さらに、こうして実際の建物を詳細に観察していくと、そこには時間変化の痕跡が多々、立ち現れてくる。

当初の部分と改変された部分を含む建物を修復することになった場合、改変を考慮に入れず無理矢理に様式の統一を回復させるべきであろうか。それとも後世の改変を含めて全体を再現すべきであろうか。こうしたケースでは、二つの選択肢からひとつを絶対的なものとして選び取ることは危険である。むしろ必要なのは、二つの方針のうちいずれのやり方も絶対的なものと是認せず、個々の状況に応じて行動することである(23)。

このように述べるヴィオレ＝ル＝デュクは、具体的な事例を次々にあげながら、個別のケースにおける判断の例を示していく。したがって彼の修復とは、以後発展していく文化財の修復／保存手法のベースとなった徹底した現場主義なのであり、「理想的大聖堂」のような理念を修復に取り入れたようには見えないかもしれない。しかし、現場主義に基づき中世建築に精通していたはずの彼が、なぜ中世には存在しなかった怪物たちの彫刻を、ノートル＝ダム大聖堂の塔の上に並べたのか。南フランスの城塞都市カルカソンヌでは、なぜ北フランスの屋根の材料と構造を採用したのか。中世末期以来、打ち捨てられ完全な廃墟となっていたピエールフォン城を、なぜかなりの部分を想像で補いながら完全に使用できる状態にまで修復、再建したのか。こうした彼の、言動の不一致とも思える修復の実践は、これまでも繰り返し批判されてきた点である。ただ彼の修復が「理想的大聖堂」の考え方に支えられていたと考えると、多少は説明がつくように思うのだが、読者はどう判断されるだろうか。

さて、ここまでをまとめると、ヴィオレ＝ル＝デュクが定義した「新しい修復」は、建築の「時間の巻き戻し」を狙ったものであった。そしてその背景には、古典主義とゴシックのあいだに立ちはだかっていた価値のヒエラルキーの問題、ヴィクトル・ユゴーを中心とする「野蛮」をめぐる闘いがあった。その意味において、一九世紀フランスにおける時間の巻き戻しは必然であったといえる。

しかしながら建築の時間を巻き戻すことは、戻すべき時代を決断しなければならないという点で難しいものであった。さらに、それは歴史のなかで変化し続けてきた建築の時間を、ある一瞬で止めてしまう行為でもある。ヴィオレ＝ル＝デュクの修復の興味深い点は、驚くほど綿密な調査に基づく精緻な歴史研究の末に、過去に実在した状態を選択しなかった点にある。それどころか彼は、進んで最新技術を取り入れることさえも提唱している。一九世紀の鉄の技術を活用して構造をより強固にすること、真冬には凍えるほどに気温の下がる石造りの教会堂を暖房することなどである。それはある意味、歴史的な建築を再利用して、そこに現代技術を取り込むリノベーションであり、時間を前へ進める行為でもあったといえるかもしれない。彼の修復は徹頭徹尾、建築の時間操作であった。その修復理論は一筋縄ではいかず、彼はなかなかその尻尾をつかませてくれない。

同じ頃、イギリスではフランスよりも明快な「修復」が進められていた。それは建築家ジョージ・ギルバート・スコット卿による「様式」を操作する修復であった。

3　修復から保存へ

イギリスにおける議論の背景

イギリスで精力的に中世の教会堂建築を修復していたのは、ヴィオレ＝ル＝デュクより三歳年長の建築家ジョージ・ギルバート・スコット（一八一一—一八七八年）であった。彼はロンドンのセント・

パンクラス駅に併設されたミッドランド・グランドホテル（二〇一一年にセントパンクラス・ルネサンス・ホテルとしてリニューアル・オープン、図4－10）をはじめ、ヴィクトリア朝のイギリスで、数々のゴシック・リヴァイヴァルの名建築を設計した偉大な建築家として知られる。それはフランスのヴィオレ＝ル＝デュクがもっぱら修復専門の建築家として活躍したこととは対照的である（ヴィオレ＝ル＝デュクにも新築の建築作品はいくつかあるが、残念ながらその評価はあまり高くない）。スコットの場合、修復によって歴史的建築の深い知識を得ることは、直接的に最新の建築作品のデザインにも反映されるものだったのである。

　だが巨匠スコットの修復は、一九世紀を通じてジョン・ラスキンらによる痛烈な批判に晒されていくことになる。このイギリスにおける反修復論が契機となり、二〇世紀の「文化財」的価値観における時間のコンセプトは、時間を巻き戻す「修復」から、時間を止める「保存」へとシフトしていったように思われる。いったいなぜ、スコットの修復は批判されることになったのか。そしてなぜラスキンは修復を批判し、保存を提唱したのか。ここではこの点について考えてみたい[24]。

図 4-10　ジョージ・ギルバート・スコット，旧ミッドランド・グランドホテル

　イギリスにおける文化財の修復と保存をめぐる議論が、フランスとは異なる道を歩んだ

ことの背景を、以下の二点から考えてみよう。

（1）ゴシックに対する「干渉」

（2）廃墟の美学

ゴシックに対する干渉

まず（1）の古典主義によるゴシックへの干渉については、イギリスの状況はフランスほどには深刻ではなかったといえそうである。それは、イギリスではルネサンスの導入が遅れたことと関係しているのだろう。フランスでは一六世紀前半にはフランソワ一世の主導により、イタリア人芸術家たちがフランスに招聘され、積極的にルネサンスの導入が進められていた。しかしイギリスのルネサンスはずいぶん遅れ、よく知られているように、建築家イニゴ・ジョーンズが一六〇〇年前後にイタリアを訪れ、パラーディオに感銘を受けたことがルネサンスのはじまりとされる。イニゴ・ジョーンズ自身は一七世紀前半に、クイーンズ・ハウス（一六一六―一六三五年）や、バンケティング・ハウス（一六一九―一六二二年）など、パラーディオに倣った建築作品をいくつも手がけ、イギリスにおけるルネサンスの幕を開けているが、イギリスで真にパラーディオの流行が起こったのはようやく一八世紀になってからのことだった。一七一五年になってパラーディオの『建築四書』の英訳がジャコモ・レオニによって出版される。そして「建築家伯爵」とも呼ばれた第三代バーリントン伯リチャード・ボイルや、建築家ウィリアム・ケントらが競ってパラーディオ風の建築を設計していったことにより、一八世紀前半のイギリスではパラーディオ主義と呼ばれるルネサンスの大流行が起こるのである。

しかし、パラーディオ主義の時代にあっても、ゴシックは駆逐されず、野蛮な建築として強い干渉を受けることはあまりなかったようである。同じ一八世紀、フランスではいよいよゴシックに対する本格的な「干渉」が猛威を振るっていた。パリのノートル＝ダムの内陣が改築され、ステンドグラスが破壊され白ガラスに交換されていたのは、まさに同じ一八世紀前半のことであった。しかしイギリスでは、たとえば一六六六年のロンドン大火後、一七一一年までかけてロンドンのセント・ポール大聖堂をバロック的なデザインで再建したことで知られるクリストファー・レンは、たしかに「古典的」な建築デザインを多用したバロックの建築家として知られているが、状況に応じてゴシック的なデザインも使い分けていた。たとえばオックスフォードでは、クライスト・チャーチのトム・タワー（一六八一―一六八二年）にゴシック的なデザインを採用している。またレンの事務所で建築家としてのキャリアをスタートさせたニコラス・ホークスムアも、一般的にはバロックの建築家として知られるが、同じくオックスフォードのオール・ソウルズ・カレッジ（一七一八―一七二四年）でゴシックのデザインを用いているし、ロンドンのゴシック建築の代表格ウェストミンスター・アビーの西正面上部に、二基の塔をゴシック・デザインで増築（一七二二―一七四五年、

図 4-11　ウェストミンスター・アビーのファサード

図4-11）したのも彼だった㉕。

一八世紀前半のイギリスでは、たしかにパラーディオ主義と呼ばれる、ルネサンス的デザインの流行が起こっていた。「ゴシックは野蛮である」という考え方も、教養としては受け入れられていたのだろう。しかしながら、ゴシックもルネサンスも、建築家にとってはいずれも選択肢のひとつだったのであり、そこには折衷《エクレクティック》的とでも呼べるような建築デザインの状況があったのである。同時代のフランスと比較したとき、イギリスのゴシックは、深刻な「干渉」を被ってはいなかった。

ウェストミンスター・アビーの双塔が完成した直後の一七五〇年頃には、ゴシック・リヴァイヴァルの嚆矢として名高い、ホレス・ウォルポールの屋敷、ストロベリー・ヒルの建設がはじめられることになる。イギリスではゴシックの伝統はほとんど途切れることなく継続しており、ヴィクトル・ユゴーが成し遂げた価値観の転覆も、ヴィオレ＝ル＝デュクが実践した古典の干渉を剝ぎ取る修復（時間の巻き戻し）も、あまり必要に迫られたものではなかった。では、ジョージ・ギルバート・スコット卿の「修復」とはいったい何だったのか、という点は後で見るとして、続いて（2）の廃墟の美学について考えてみよう。

廃墟の美学

イギリスにおける廃墟趣味の歴史的背景は、（1）のルネサンスの導入よりも古く、一六世紀前半の修道院解散法まで遡る。これはイギリスにおける宗教改革のなかで、イングランド王ヘンリー八世が一五三四年の「国王至上法」によってイングランド教会をローマ・カトリックから独立させ、王権の下に位置付けたことに端を発する。一五三六年には「小修道院解散法」が、さらに一五三九年には「大修道院解散法」が制定され、修道院の財産は王の下に没収された[26]。こうして資産を没収され、解散させられた修道院の建物は、管理する者もなく廃墟化していくことになる。すなわち一六世紀以降、イギリスの修道院関連施設では、「時」の力による荒廃、すなわち風化が促進されることになったのだ。それから二〇〇年ほど経過した一八世紀のイギリスでは、廃墟趣味がピクチャレスクや崇高の観念と結びつき、ひとつの美学的なムーブメントをつくりだしていくことになったのである。

このようなイギリスの歴史的文脈は、フランスのそれとは大きく異なるものであった。ヴィクトル・ユゴーは、フランスのゴシック建築を荒廃させているものとして時と革命と修復（干渉）を挙げたが、イギリスには革命による深刻な破壊も、古典による強すぎる干渉もなかった。そして「時」がもたらす荒廃は、むしろ「美」の新しい領域を切り拓いたわけである。

そうした歴史的背景を理解すれば、ラスキンが『建築の七燈』のなかで次のように述べたことは、イギリスでこそ登場した観点であることが理解されよう。

> 建物のもっとも偉大なる栄光は、その石にあるのではなく、その黄金にあるのでもない。その栄光は「歳月[27]（age）」にあるのである。雄弁に語りかけ、断固として見守り、神秘的に共鳴する、あの深い感覚のなかに。否、そこを通り過ぎてきた人類によって洗われ続けてきた壁に我々が感じ取る、是認され、あるいは非難されるような、あの深い感覚のなかにさえも[28]。

そしてラスキンはピクチャレスクの観念を賞賛し、「ピクチャレスクは廃墟に求められる[29]」と述べる。

ピクチャレスクあるいは建築の外的な崇高さは、そのなかに他のいかなるものよりも高貴な役割を有している。それはすなわち、前述したように建物のもっとも偉大なる栄光である「歳月」を説明するという役割である[30]。

このようなラスキンの廃墟崇拝、建築のなかに刻まれ続ける時間に対する崇敬が、時間の巻き戻しである修復の批判に結びつくことは、容易に理解されるだろう。「所謂修復とは、破壊の最悪の方法である[31]」とまで、彼は言い放つ。だが、このようなラスキンの態度がイギリスの歴史的文脈によるのだとすれば、なぜ、もう一方のスコットは「修復」を選んだのであろうか。

スコットの修復を動機づけたもの

フランスでは、ヴィオレ＝ル＝デュクが一八四〇年にヴェズレーのマドレーヌ聖堂の「修復」に着手し、一八四五年からはパリのノートル＝ダム大聖堂の修復に取り掛かっていたが、だいたい同じ頃、スコットの活躍もはじまる。彼の建築家としてのキャリアは一八三〇年代半ばにスタートするが、一八四〇年代になると、そこに修復の仕事が加わり、一八四七年にはイリー大聖堂の修復工事の委託を受けるまでになった。

一八四八年、彼は修復に関する講演を行い、二年後の一八五〇年にその内容を『我が国の古い教会堂の忠実な修復への要請』と題する書物にまとめて刊行する。この間、一八四九年に出版されたのがラスキンの『建築の七燈』であり、ラスキンの主張はすでに見たとおり、修復を全否定するものとなっていた。イギリスにおける修復理論と反修復理論は、ほとんど同じ時に登場したことになる。「修復派」のスコットにとって、ラスキンの修復批判は驚きだったのではなかろうか。スコットはもちろん新築も多数手掛けたが、古い建物を「修復」する立場において、彼は既存建物を破壊するのではなく保護することを選んでいたはずだからである。

古い教会堂は、我々にとってごく当たり前のもので、馴染みあるものであるから、我々はしばしばその価値を忘れがちである。そして我々の古い教会堂が真実いかなるものであるかを正しく鑑賞する力を高めることによってのみ、その古い教会堂を保存したいという、誠実かつ真剣な感情を得ることができるのである(32)。

スコットの修復を動機づけているのは「古い教会堂を保存したいという、誠実かつ真剣な感情」であり、そのために必要なのは、古い教会堂を「正しく鑑賞する力」であるという。この正しく鑑賞する力が必要になるのは、彼が中世の教会堂のデザインを忠実に模倣しながら、ゴシック・リヴァイヴァルの作品を新築する際にも、同様であっただろう。彼は中世建築研究に依拠して、新築・修復を行う優れたデザイナーだったのである。

スコットのこのような態度は、時流に乗ったものだった。当時のイギリスでは、英国国教会がカトリックに接近し、政治から宗教を切り離すための教会刷新運動が起きていたからである。たとえばオックスフォードでは、雑誌『トラクト』の名で知られる『時勢に対する小冊子《トラクト》』（一八三三―一八四一年）が刊行され、カトリック以来の歴史的伝統を強調することによって、英国国教会の宗教的権威を高めようとするいわゆるオックスフォード運動が起こっていた。それに続き一八三九年のケンブリッジでは、ケンブリッジ・キャムデン協会が設立され、その名も教会建築研究家を意味する雑誌『イクレジオロジスト』を発刊した（一八四一―一八六八年）。この団体と雑誌の目的はまさに、教会建築の研究と教会堂の建設と修復を促進することであった。もともと協会の名称は、一六世紀の古物愛好家ウィリアム・キャムデンからとったものだったが、一八四五年にはイクレジオロジカル協会に改称し、協会の目的がよりいっそう明確化された。

こうした運動は、イギリス特有の現象であった。たしかにイギリスでは、一六世紀の宗教改革により、ローマン・カトリックから英国国教会への移行が果たされた。すでに見たとおり、それを契機にカトリックの修道院は取り潰しの憂き目に遭った。しかし、大聖堂の建物をはじめとする多くの教会堂建築は宗教改革によって改宗《コンバージョン》され、カトリック時代の聖堂は英国国教会の聖堂として使い続けられたのである。したがって、一九世紀前半の教会刷新運動のなかで、彼らが英国国教会の歴史的ルーツに再びカトリックを見出したことは、まったく正当なことであった。一九世紀の宗教界で起きていたことは、当時の英国国教会の宗教的権威を高めることを目的とした、ある種のカトリック・ブームであった。そしてそのような考え方は、ゴシック・リヴァイヴァルの新聖堂の建設にも、カトリック時代以来の歴史を有する古い教会堂の修復にも、直接的な影響を及ぼしたわけである。

時間と形態をつなぐ様式

このようなカトリック時代の建築に対する興味は、宗教界ばかりに先導されたわけではなかった。なかでも重要なのは建築家による建築史研究である。鋳鉄を用いたゴシック・リヴァイヴァルの教会堂を設計したことでも有名な建築家トマス・リックマンは、一八一七年に『英国建築の様式判別の試論――ノルマン征服《コンクエスト》から宗教改革まで』を発表する。本書のなかで、彼はイギリスの中世の建築を段階別に「様式」として命名し、整理したのである[33]。

第一期　ノルマン様式（一〇六六―一一八九年）
第二期　初期英国《アーリーイングリッシュ》様式（一一八九―一三〇七年）
第三期　装飾《デコレイテッド》様式（一三〇七―一三七七年）
第四期　垂直《パーペンディキュラー》様式（一三七七―一六三〇または一六四〇年）

これは、建築様式と年代を明確に対応させたという意味で、イギリスに限らずヨーロッパ全体で見ても、きわめて早い試みだった。たとえばフランスでも、一三、一四世紀の盛期ゴシックをレイヨナン式、一五世紀の末期ゴシックをフランボワイヤン式と呼ぶことがある。こうした個別の表現そのものは一九世紀のうちにも見られたが、リックマンがやったような、時間軸のなかに明快に年代順に位置付ける試みは、二〇世紀を待たなければならない[34]。そしてフランスにおけるその試みはあまりうまくいかなかった。同じ年代でも北と南の地域差が大きいフランスでは、あまりに明瞭すぎる枠組みは実情にそぐわなかったのだろう。結果として、レイヨナン式やフランボワイヤン式という用語は、形の特徴を示す用語として使われることはあっても、リックマンがやったような明確な時間軸を示す指標としては、あまり定着しなかった。

このことは「修復」という時間の巻き戻しを考える上で、きわめて重要である。ヴィオレ＝ル＝デュクの修復理論において、彼はしばしば「一三世紀のゴシック」や「一四世紀のゴシック」という表現を用いる。彼の修復はあくまで時間の操作である[35]。しかし、イギリスにおいてジョージ・ギルバート・スコットは、修復に際して時間の指標の代わりに様式の指標を用いることができたのだ。すなわち彼の修復は、時間の操作ではなく、形態の操作だったといえるだろう。彼は「どの時代に戻すべきか」ではなく、「どの形態が美しいか」を、建築家としての立場から議論すればよかったのだ。そしてそれは、中世の教会堂の修復でも、ゴシック・リヴァイヴァルの新築でも、等しく応用可能なクライテリアだったのである。

否定された「修復」

しかしスコットの修復理論は、結果的にはイギリスの文化財的建築観のスタンダードとなることはなかった。ラスキンの理論を引き継ぐように、一八七七年には古建築保存協会（S. P. A. B.）が設立される。ウィリアム・モリスを中心とするこの協会の設立時に発表された「当協会の原理」は次のようにある。

はじめのうちは、知識の不足から贋作を行なうことは不可能であった。修理をするとその時代の痕跡が刻まれた。一一世紀の教会に対して一二世紀、一三世紀、そして一八世紀に至るまで、人びとは痕跡を刻みつけた。

それに対し、修復は建物をその全歴史を通じて最良の時代に戻すと称したが、建物から何ものかを失わせ、想像力でギャップを埋め、建物の表面を消滅させた。

あらゆる様式の建物を、われわれは修復ではなく、保護という形で扱うことを主張する。改造の類は行なわれるべきではないのだ。[36]

こうしてイギリスでは、形態操作としての「修復」は否定され、時間操作としての「保存」が優位に立っていく。「保存」の時間操作とは、時間を巻き戻すことを否定し、時間を止めることを理想とするものであった。そして、その修復批判と保存の推奨は、一九世紀末のフランスでも共有されることとなり、ついには二〇世紀に整備されていく「国際的な」文化財のルールに取り入れられていくことになる。

一九世紀末のフランスが、この理念を受容することができたのは、ユゴーとヴィオレ＝ル＝デュクの奮闘が、ついにはゴシック建築の復権に結実したためと見ることもできるだろう。ゴシックと古典のあいだのヒエラルキーは、もはや無視できるものとなったのであり、ゴシックは野蛮であるという同定は、一九世紀末までにはすっかり形骸化していたのである。フランス人もまた、ゴシック建築に刻まれた古典の干渉を剝ぎ取り、時間を巻き戻す必要がなくなっていたわけである。

アナトール・フランス

最後に一八九九年に発表された、フランスの作家アナトール・フランスの小説『ピエール・ノジエール』を引用してこの節を終わりにしよう。少々長い引用になるが、ここには時間と建築に関する本書の観点が凝縮されている。

昔は、新しくするために壊したが、今では、古くするために壊している。歴史上の記念物を当初あった通りの状態に置き直そうと云うのである。いやそれ以上のことをしている。当初あるべきだった状態に置き直そうと云うのである。

王侯と民衆が、彼等の眼には野蛮と見える過去の名残に争って嫌悪を感じ、数世紀に渉って、憎悪或は軽蔑のために遺跡の破壊を行ったが、それ以上の破壊をヴィオレ・ル・デュックとその門弟が、技術と方法の力で、短日月の間に、重ねなかったかどうか、これは問題である。我が国の中世の教会が彼等を静に老いさせた長い間の無関心と同じ位新しい建築家達の不用意な熱心のために甚しい打撃を受けなかったかどうか、これは問題である。城なり伽藍なりをその原初の建築計画、それは年代の経過する間に修正されたものであり、乃至は、最も多くの場合、決して忠実に実行されなかったものであるが、そうした原初の計画に引き戻そうと云う目論見を立てた時、ヴィオレ・ル・デュックは全く非人間的な考え方に従っていたのである。その努力はむごたらしいものだった。尊崇すべき愛すべき作品を犠牲にし、ノートル・ダム・ド・パリの場合のように、生きている伽藍を抽象の伽藍に変形するほどのことまでやったのである。このような企ては自然と人生を愛を以って感知する何人にとっても身の毛のよだつものである。時代の古い記念物と云うものはそのすべての部分に於て同一の様式であることは稀である。それは生きたものである。そして生きた間は、変化し続けたのである。蓋し変化は生命の本質条件である。夫々の時代がその跡形をその建築物に記したのである。それは各々の世代が一頁ずつ書き加えた本である。それ等の頁のどれ一つをも変改してはならない。同じ手で書いたのではないから同じ書体ではない。それを同一の型に還元しようと云うのは偽の学問のせいであり悪趣味である。それらの頁は、様々の、しかし何れも等しく信用の置ける、生証人なのである。(37)

アナトール・フランスによる、時間のなかで変化する建築と生命のアナロジーは、二〇世紀後半に登場する建築の時間論に通じるものといえそうだ。本書5章で見るように、時間の経過とともに変化する建築像は、メタボリズムのような建築運動とともに登場し、二〇世紀末には、既存建物の再利用、リノベーションやコンバージョンの流行へと転じることになる。しかし一八九九年の時点では、アナトール・フランスはそこまで大胆にはなれなかった。彼は過去の建築が生命のように変化し続けていたことを指摘しながらも、保存によってその生命の時間を止めることを訴えたのである。

そしてようやく、二〇世紀の幕が開けることになる。

4　二〇世紀の国際的な文化財的価値観の整備

ヨーロッパ基準から国際基準へ

一九世紀のあいだ、ヨーロッパ各国では、それぞれ国内の文化財を保護する仕組みを模索していた。しかし二〇世紀になると、ヨーロッパ全体の問題として（ひいては「国際的な」問題として）、このテーマが議論されるようになる。

マドリッド宣言（一九〇四年）

アテネ憲章（一九三一年）

ヴェニス憲章（一九六四年）

世界遺産条約（一九七二年）、世界遺産委員会による作業指針（一九七七年）

ごく大雑把に文化財に関する国際的なガイドラインの歴史を辿るならば、以上の四段階がとくに重要であろう。さらに日本の文化財にとって重要な出来事にも着目するならば、マドリッド宣言の直前に、我が国最初の文化財に関する法律「古社寺保存法」（一八九七年）の制定があり、二〇世紀末に国際的な文化財のルールと日本のような木造文化圏の文化財のルールの擦り合わせが議論された奈良会議（一九九四年）が加わることになる。しかしまずここでは、前記四つの国際的なルールから、時間と建築に関する理念を見ていきたいと思う。

マドリッド宣言（一九〇四年）

マドリッド宣言は、歴史上のモニュメントを「死んだ記念建造物」と「生きた記念建造物」に分類したことで有名である。

一・記念建造物は、二種類に分けることができる。それは、死んだ記念建造物、すなわち過去の文明に属するか、今ではすたれてしまった目的に役立つものと、生きた記念建造物、すなわち、当初から意図された目的に役立ち続けているものである[38]。

これは、驚くほどに近代的な建築観といえそうである。時代はまさに機能主義やモダニズムなどと呼ばれる新しい建築運動に突入しようとしていた。この時代にあって、この条項には建築の転生《アフターライフ》は念頭にない。建築は当初の目的に役立たなければならない。転用《コンバージョン》は、建築の死なのだ。

だがマドリッド宣言は、意味もなくこのような分類をした訳ではない。死んだ記念建造物は放置すれば廃墟化してしまうので「保存」が必要であり、生きた記念建造物は使われ続けるように「修復」すべき、と論じたのである。「何故ならば、建築では有用性が美の基礎の一つであるからである[39]」。マドリッド宣言の主張は機能主義的でモダニズム的であり、一九世紀になされてきた修復と保存に関する議論とはどこか断絶しているようにも思われる。たとえば、生きた記念建造物の「修復」について、彼らは次のように宣言する。

四．そのような修理は、建造物の統一性が保存できるよう、当初の様式を意図して行うべきである。様式の統一性もまた、建築の美の基礎の一つであり、素朴な幾何学的形態は完全に再現可能である。全体とは異なった様式で施工された部分も、その様式が固有の価値を持ち、記念建造物の美的バランスを破壊しなければ、尊重すべきである。(40)

このような様式統一のための修復、オリジナルばかりを重視するような修復は、一九世紀末までに否定されたというのが、議論の大勢ではなかっただろうか。まるで一九世紀半ばに議論が逆戻りしたかのようにも見えるが、むしろこれは何もない「敷地」で建築家が一から設計するモダニズム的建築観によるイデア的、オブジェクト的な見方で歴史的建築を捉えていると見ることができそうである。

アテネ憲章（一九三一年）

マドリッド宣言とモダニズムの密接な関係性については後で確認することとして、続いて一九三一年のアテネ憲章に進もう。アテネ憲章の第一条には、一般原則として次のように書かれている。それは、マドリッド宣言から一転して、原則としての修復の禁止であった。

具体的な事例がどんなに変化に富んだものであり、それぞれ異なった解決に向かうものであるにしても、この会議では、建物の保存を確実にするために考慮された定期的、恒久的な維持方式を創始することによって、全面的修復を止め、付随する危険を回避するという一般的な傾向が、出席したさまざまな国において支配的であるということが、注目された。

腐朽や破壊の結果修復が避けられないと見える時でも、過去の歴史的芸術的作品は、どの時代の様式をも除外せず尊重されねばならないと、この会議は勧告する。(41)

アテネ憲章こそ、文化財保存の国際的なルールのはじまりであり、ここに、建築の時間を止める保存という二〇世紀における文化財行政の基本方針が確認されたと見ることができそうである。一方、こうした慎重な態度と裏腹に、アテネ憲章には大胆な提案も含まれていて興味深い。それは次の部分である。

専門家達は、古代記念物強化のために近代的材料を使用することについてのさまざまな話題を聴取した。彼等は、自由にあらゆる近代的技術用資材を、特にいえば、鉄筋コンクリートを、賢明に使用することを、承認した。(42)

このように新しい技術を積極的に取り入れることは、ヴィオレ＝ル＝デュクの姿勢とも共通するものといえるかもしれない。建築の時間を止め、それを未来永劫保存するためには、じつは最先端の技術が不可欠である。日本でも、文化財保存のための技術は大きく進化を遂げた。建物全体を巨大な人工地盤の上に載せ、免震装置によって地震の揺れを防ぐ免震レトロフィットのような技術が開発されたのは、地震国日本ならではの創意工夫といえるだろう。

ヴェニス憲章（一九六四年）

続いて一九六四年のヴェニス憲章を見てみよう。すでにこの憲章の制定から半世紀が経過したが、いまなお、国際的な文化財保存の基本ルールとして知られるものである。アテネ憲章を定めた「第一回歴史的記念建造物に関する建築家・技術者国際会議」を継承しつつ、「アテネ憲章で述べられた原則を全面的に見直し、その展望を拡大して新しい文書に改めるため、同憲章を再検討[43]」することを目的に招集された第二回同会議で定められたのが、このヴェニス憲章であった。

ヴェニス憲章を契機に、翌一九六五年には、ユネスコの諮問機関として国際記念物遺跡会議（イコモス）が設立された。ヴェニス憲章という国際基準と、イコモスという国際機関の設立により、それまでは「国際」と銘打っていてもせいぜいヨーロッパ基準に過ぎなかった文化財のルールが、これ以降、名実ともに世界基準となっていくことになる。

ヴェニス憲章の正式名称は「記念建造物および遺跡の保全と修復のための国際憲章（International Charter for the Conservation and Restoration of Monuments and Sites）」という。憲章内では、この「保全と修復（Conservation and Restoration）」という言葉が対となって何度も繰り返される。「保存と修復（Preservation and Restoration）」という表現も登場するが、保全（Conservation）と保存（Preservation）の違いについては特に定義されておらず、その明確な差異は不明である。訳語としても、ここでは引用文献にあわせて保全と保存というように区別しているが、定まった訳語があるわけではない。ひとまずここではいずれも「保存」に類する言葉と捉えておこう。むしろここで考えたいのは、語の厳密な定義よりも、「保存と修復」の組合せがいかなる時間概念を示しているか、という点である。

一九三一年のアテネ憲章までは、修復と保存は、時間という尺度において明確に異なる行為であり、時には対立しあう概念であった。時間を巻き戻す修復は、時間の巻き戻しが完了した後で時間を止めること（保存）を暗に意図していたとしても、反修復論者の「保存」は、時間を前に進めることも後ろに巻き戻すことも、破壊・改変として認めず、ただ時間を止めることを要求してきた。したがって、保存が修復を容認することは、できようはずがなかった。

ところが、一九六四年のヴェニス憲章は、いわば両者の和解となったといえる。二つの概念は並列の関係となり、あたかも相互補完しながら役割分担するもののように説明された。ヴィオレ＝ル＝デュクが「新しい言葉」として定義した時間の巻き戻しとしての「修復」の尖鋭性はその矛を収め、修復は「修理」とあまり変わらないどこか曖昧な概念に戻ったように思われる。

さらに重要なのは、ヴェニス憲章が保存と修復の目的を明確に定義した点である。これ以前の議論では、主として修復や保存の実践方法の模索、いうなればhowの問題が論じられてきた。それに対してヴェニス憲章では、なぜ歴史的建築の時間を止めて保存するのかという、whyの問題が憲章の冒頭で定義された。

幾世代もの人々が残した歴史的に重要な記念建造物は、過去からのメッセージを豊かに含んでおり、長期にわたる伝統の生きた証拠として現在に伝えられている。今日、人々はますます人間的な諸価値は一つであると意識するようになり、古い記念建造物を人類共有の財産とみなすようになってきた。未来の世代のために、これらの記念建造物を守っていこうという共同の責任も認識されるようになった。こうした記念建造物の真正な価値を完全に守りながら後世に伝えていくことが、われわれの義務となっている。(44)

むろん、ヴェニス憲章以前にも、歴史的建築はなぜ重要なのかという議論がなかったわけではない。しかし、修復や保存の方法が模索されている段階、修復か反修復かで揺れている段階では、歴史的建築が重要であるということはこの問題に取り組む人々に共有される大前提であり、なぜ重要かという真剣な議論は棚上げされてきた。しかし、ヴェニス憲章では冒頭の定義に続き、第三条でも「記念建造物の保全と修復の目的は、それらを芸術作品として保護するのと同時に、それらを歴史的な証拠として保護することである(45)」と宣言されたのである。

こうして「保存」された歴史的な建物は、本来の建物としての機能に加え（あるいはそれに代わり?）、歴史的な証拠として「記念建造物の真正な価値を完全に守りながら後世に伝えていく」という役割が求められることになった。ここで「真正な価値」と訳されたのが"Authenticity"という概念である。そして、この「オーセンティシティ」こそ、二〇世紀後半の文化財的建築観の、もっとも重要な概念に育っていくことになる。

オーセンティシティとは何か？

一九七二年には、ユネスコの総会で世界遺産条約が採択される。一九七七年には第一回の世界遺産委員会が開催され、世界遺産の選定、登録のための「作業指針」が定められた。このなかで、オーセンティシティは重要なクライテリアとして登場する。

くわえて、文化遺産は意匠と材料と技術と環境のオーセンティシティのテストに合格すべきである。オーセンティシティとはオリジナルの形態や構造だけを配慮すべきものではなく、それに続く時間の経過のなかで起こる、それ自身も芸術的あるいは歴史的な価値を有する改変や付加も含むものである。(46)

オーセンティシティとは、いったい何なのであろうか。フランスにおける建築史・都市史の大家フランソワーズ・ショエは、オーセンティシティは時間の概念と関係するものではないと断言する。

オーセンティシティは、身分の証明と、原典との欠けることなき一致とを証明するものとなる。この意味で、オーセンティシティは、時間の作用も意味も考慮していない。(47)

ショエによれば、オーセンティシティとは本来「おびただしい偽文書のあった中世において」それが真正なものであることを「証明するしるしを持った原文通りの証書」のことを示す概念であったという。(48)すなわち、ヴェニス憲章以降、歴史的な証拠としての役割を求められるようになった歴史的建築は、オリジナルとまったく同じであることを証明するオーセンティシティを要求されるようになったのだ。

しかし、少し立ち止まってみよう。建築にも、文書と同じような「原典」が存在するのだろうか。（少なくとも前近代までの）建築には、オリジナルという瞬間など存在しないということを、ここまで議論してきたのではなかっただろうか。ヴィオレ゠ル゠デュクは「時間の巻き戻し」という新しいコンセプトを、建築に導入した。しかし、中世の建築にはオリジナルなど存在しないからこそ、彼は仮想のオリジナルを想定しなければならなかったのではなかったか。オリジナルを重視するか、後世の改変を重視するのかを判断することができないから、時間の巻き戻しは難しいわけではない。そもそも時間のなかで変化する建築には、オリジナルも完成形もないからこそ(49)難しいのである。時間の巻き戻しを実践しようとする「修復」は、その点に解決不能の矛盾をはらんでいるために、全面的な修復が否定されたのではなかっただろうか。

「作業指針」では、オーセンティシティとは、オリジナルだけでなく時間変化のなかで起こる（歴史的価値のある）改変や付加も含むものである、とされている。しかしオリジナルとの一致をオーセンティックと呼ぶならばともかく、オリジナルから改変されたものをオーセンティックと呼ぶのは、そもそも語義矛盾ではなかろうか。結局のところ、時間の巻き戻しにおいて戻すべき一点を選ぶことができないということと同じ問題が、オーセンティシティという概念にもまったくそのまま継承されているといえそうである。一九世紀の修復理論において歴史上のどの時点に時間を巻き戻すかという問題だったものが、オーセンティシティの概念では歴史上のどの時点を後世に継承するか、という観点にシフトしたに過ぎないのである。

ただし、「時間の巻き戻し」という観点を「オーセンティシティ」という別の観点へと変移させたことは、文化財の考え方を推進するうえでは、優れた戦略だったといえるかもしれない。建築の時間をある年代まで巻き戻すと考える限り、ある固定された一点を選ばざるを得ない。しかし、意匠のオーセンティシティ、技術のオーセンティシティ、材料のオーセンティシティなどと使い分けることによって、建築のある部分をこの時代に巻き戻し、また別の部分は他の時代に巻き戻すといったことも、時間の観点からではなくオーセンティシティの観点から説明することで、さほど大きな矛盾なしに説明可能になったからである。

約二〇〇〇年という歴史のなかで、文化財の修理は、修理技術そのものと、修理に先立つ歴史的調査の手法を、きわめて精緻なものへと高めてきた。しかしながら建築の時間論から考える限り、時間のなかで変化し続ける建築の時間をある一点に戻すという解決不能な問題は、いまなお残り続けているといえるだろう。じつはこの点は時間を止める「保存」についても、本質的には同じである。いまこの瞬間で建築の時間を止め、未来の時間変化を拒否する「保存」もまた、建築に流れる時間軸のなかから現在という瞬間を選びとっているに過ぎないからだ。

そして変化し続ける建築の時間を止める理由は、もともとその歴史的な建物が持っていた役割に加えて（あるいはそれに代えて）、その建物の芸術的価値、歴史的価値を後世に伝える芸術作品／歴史資料としての役割を強調することで、説明されるようになった。文化財として時間を止められた建築は、博物館の展示品のような存在へと変貌し、同時にその建物の機能そのものも博物館的なものへと変貌することになったのだった[50]。

マドリッド宣言とモダニズム

本節の最後にもう一度、二〇世紀初頭のマドリッド宣言の背景を見ておきたい。

マドリッド宣言というのは通称であり、じつはこれはアテネ憲章やヴェニス憲章のように、歴史的建造物の修復や保存の専門家が集まって、その約束事を定めたものではなかった。修理技術者というよりもむしろ建築家と呼ぶべき人々が集まって、近代の建築と建築家の役割を議論したうちの議題のひとつにすぎないものである。

これは「建築家国際会議」と銘打たれた建築家たちの会合で、当初はフランス人建築家たちのイニシアチブにより進められ、第一回(一八六七年)、第二回(一八七八年)、第三回(一八八九年)は、いずれもパリ万博にあわせて開催された。第四回(一八九七年)は、会場をベルギーへと移し、ブリュッセル万博にあわせて開催されたが、第五回(一九〇〇年)は再び万博開催中のパリに、会場を戻している。

万博と関係なく初めて開催されたのが第六回マドリッド会議(一九〇四年)で、これこそがマドリッド宣言が議論された会議となる。「建築家国際会議」はその後も、第七回のロンドン会議(一九〇六年)から第一五回のワシントン会議(一九三九年)まで続いたようだ[51]。

第一回のパリ会議から第七回のロンドン会議あたりまでの議事録を見ると、一連の会議は、一九世紀から二〇世紀への世紀の変わり目という社会の大変動のなかで、近代の建築家と建築の役割について国境を越えて話し合う場だったことがわかる。会議にはフランス、イギリス、ドイツ、オーストリア、オランダ、ベルギー、イタリア、スペイン、ポルトガルといった西ヨーロッパ諸国とアメリカ合衆国の建築家たちをはじめ、ロシアや北欧、メキシコやトルコなどの建築家も参加している。会議は毎回数日にわたって開催され、総会および幾つかの主題に関するシンポジウム（講演会）、さらには展覧会や建築見学会などが企画され、さながら現代の国際学会のようである。参加建築家たちのリスト、運営委員のメンバー表、プログラム、講演の全文から講演後のディスカッションまで丁寧に記録され、各回の会議はそれぞれ一冊の厚い本《プロシーディングス》にまとめられている。

会議の主要な内容は、毎回数題のテーマが用意されるシンポジウム（あるいは単独の講演）とディスカッションである。これらのテーマに、当時の建築家たちが国境を越えて共有したいと考えていた問題意識を、色濃く見てとることができる。そこにはたとえば、建築教育の問題、社会における建築家の役割といった、現代まで続く本質的な問題がある。また、いよいよ二〇世紀の幕を開けようとしていたこの時代らしい問題意識もあり、たとえば「建築作品の著作権について」、「新しい建設方法（鉄骨や鉄筋コンクリート）が建築形態に及ぼす影響について」、「建築作品におけるモダン・アートについて」というような主題の講演がなされている。たとえば第六回のマドリッド会議で、新しい建設方法についての講演者にはオランダのH・P・ベルラーへが含まれていたし[52]、モダン・アートについて講演した二人のうちのひとりは、ドイツのヘルマン・ムテジウスであった[53]。その後、モダニズムの名で知られるようになっていく近代建築運動の萌芽的論点が、国際的な場で議論された最初の場こそが、この「建築家国際会議」だったということができるかもしれない。

このような、近代的かつ国際的なモダン・ムーブメントを推進することになる建築家たちの論点のひとつが、歴史的建造物の修復や保存だったことには、少し驚きを覚えるかもしれない[54]。しかし、この時代にはまだ、修復や保存を専門とする修理技術者は、実質的にも制度の上でも育っておらず、建築家と修理技術者の明確な区別はなかったということだろう。一九三一年にアテネで開催された「歴史的記念建造物に関する建築家・技術者国際会議」において、初めて明確に建築家と修理技術者が区別されるまで[55]、修復と保存の問題は、建築家たちが取り組まなければならない、きわめて大きな問題だったのである。

建築家国際会議では、第四回のブリュッセル会議（一八九七年）、第五回のパリ会議（一九〇〇年）を経て、第六回のマドリッド会議（一九〇四年）までの三回にわたって、歴史的建造物の修復と保存の問題が議論された。最初のブリュッセル会議では「記念建造物の修復において何をすべきか[56]」、二番目のパリ会議では「記念建造物の保存について[57]」、そしてマドリッド会議では「記念建造物の保存と修復について[58]」が論じられ、マドリッド宣言に至ることになる。第七回のロンドン会議（一九〇六年）でも「国の記念建造物の保存における政府の責任について[59]」というテーマが論じられているが、ここではもはや、歴史的建造物の修復や保存がどうあるべきかは議論されない。建築家国際会議としては、この問題はマドリッド宣言で一応の決着をみたということであろう。

じつはこの第七回ロンドン会議には、日本から来た建築家が出席していた。議事録《プロシーディングス》には

JAPAN: Chujo S., Tokio と記録されている。[60] おそらくこれは中條精一郎のことだろう。後に曽禰達蔵とともに曽禰中條設計事務所を設立し、二〇世紀初頭の日本で、数々の近代建築の名作を生み出した建築家である。彼は一八九八年に東京帝国大学の建築学科を卒業した後、文部省技師として設計の実務に携わり、一九〇三年から一九〇七年にかけてケンブリッジ大学に留学している。イギリスに留学してヨーロッパの建築を学んでいた彼は、この会議でいかなる刺激を受けたことだろう。

この一〇年前、一八九七年の日本では、古社寺保存法が制定されていた。日本における「近代的な」修復と保存も、この頃、すでにその幕を開けていたのであった。

5 日本の文化財と時間の巻き戻し

復原と復元

ここでは最後に、日本の文化財の修復と保存を概観して本章を終わりにしたい。なぜなら日本の文化財修理は、きわめて明瞭な時間の巻き戻しを基本方針としているように見えるため、時間と建築を論じる本書にとって、重要な事例だからである。

日本の文化財修理における特異性は、「復原」という特別な術語に表れている。専門家のあいだでは、復原/復元というよく似た言葉が、それぞれ異なる行為を示すものとして使い分けられているのだ。

現存する建物が創建以後に手を加えられた場合、それを「原形」に復することを〈復原〉と称し、失われて存在しない建物を復する場合は〈復元〉と称する[61]。

「復原」とはまさに建築の「時間の巻き戻し」である。文字通りには「原形」、すなわちオリジナルに戻すことを意図する言葉だが、ヨーロッパで行われてきた議論とまったく同じように、オリジナルを重視するのか、それとも事後の改変を重視するのかという選択肢の狭間で、オリジナルに戻す「当初復原」や、途中の段階に戻す「中古復原」などの用語も用いられる。しかし、ここまで見てきたように、ヴィオレ＝ル＝デュクの時代に新たな建築行為としてはじまった「修復」は、ヨーロッパでは一九、二〇世紀を通じてあからさまな時間の巻き戻しを主張しないようになってきた。日本の「復原」は、あたかもヴィオレ＝ル＝デュクの「修復」コンセプトを頑として継承し続けているもののようにも見えるが、これは日本の木造伝統建築に固有の考え方なのだろうか。

清水重敦によれば、日本の近代的修理は、ヨーロッパの修復からの影響を受けたものであり、近代以前の修理にはそのような時間の巻き戻しはなかったという[62]。日本の伝統的な修理においては、前近代のヨーロッパとまったく同様に、既存建物の姿が改変される修理の方がむしろ普通だったのである。

近世までの修理においては建築の姿が大きく変えられることが間々あった。そこでは建造物のかつての姿を鮮明にするという姿勢が持たれないままに、無意識のうちにその時代の形式、技法が適用されたり、また建物の意味を刷新するような修理がおこなわれて、意識的に改造が施されたりすることも間々おこなわれた(63)。

すなわち時間を巻き戻す「復原」は、必ずしも日本の伝統的な修理方針ではなかった。日本には伊勢神宮に代表されるような、式年遷宮により社殿を数十年ごとに創建当初の姿に建て替える儀式があるため、ともすると「復原」は日本の木造建築における伝統的な技法であるかのように思われるかもしれない。たしかに式年遷宮の社殿の建て替えは、日本の歴史的建築の特異性を示す例ではあるが、これは日本のなかでも特別な事例と考えるべきであろう。さらにいえば、伊勢の式年遷宮は修理そのものではない。新たに建設される社殿は、古い方の建物と隣り合う「新築」である。古くなった社殿は解体され、木材は別の建物に再利用される。式年遷宮は、建物そのものの時間の巻き戻しではなく、建物のシステムを永続させるサイクルなのである。

ではなぜ現代日本の文化財修理は、時間の巻き戻しという観点において、これほどまでに極端な優等生となったのであろうか。ヴィオレ＝ル＝デュクの修復が「時間の巻き戻し」という新たなコンセプトを獲得した背景には、本章の冒頭で見てきたように、ルネサンスによる野蛮なゴシックに対する干渉があった。しかし偉大なる古代ローマも、暗黒の中世も、そして古代再生のルネサンスもなかった日本の文化財は、なぜ、何を、どのように考えて、時間の巻き戻しを基本方針としたのだろうか。

日本における文化財的価値観のはじまり

一八九七年（明治三〇年）の「古社寺保存法」を契機に、日本でも歴史的建造物の「近代的」な修理工事がはじまることになる。日本における最初期の近代的修理の方針については、辻善之助「古社寺保存の方法についての世評を論ず」(64)に的確にまとめられていることが知られている。(65)そこには甲乙丙丁の四項からなる修理方針が列挙されているが、第一に挙げられるのが時間の巻き戻しに関する方針である。

（甲）若し後世無稽の工を加へて為にその建築の形式を損害するが如きものは、その原形式明瞭なる場合には之を復旧す

建築の原形式を後世の「無稽」が害するという考え方は、西洋における古代ローマの建築形式を中世の「野蛮」が害するという考え方に通じるものかもしれない。しかしながら日本には、古代ギリシアやローマのような絶対的な時代、すなわち「古典古代」は存在しなかった。続く（乙）と（丙）は、安易な時間の巻き戻しを戒めるものである。(66)不明の点があれば後日の研究に委ねてそのままにしておくこと（乙）、想像による復旧（時間の巻き戻し）をしないこと（丙）、という二つの方針が説明されている。両方針が重視しているのは、厳密な調査研究に基づいた正確な復原をすることである。この点からは逆に、ヴィオレ＝ル＝デュクが批判された「想像による修復」が思い起こされるかもしれない。そして本章で論じてきた、時間の巻き戻しそのものの困難に結びつくの

は、最後の（丁）の項目である。

（丁）若し夫れ後世の加工と雖も、特に歴史上美術上等に価値あるものは、之を保存す。然れども形式に関せざる構造の方法は、堅牢の為めには、在来のものを襲用せさることあり。而して古材は能う限り之を応用し、古色は成るべくこれを保存す

ここには、一九世紀を通じてヨーロッパで議論されてきた論点が盛り込まれているようで興味深い。「若し夫れ後世の加工と雖も、特に歴史上美術上等に価値あるものは、之を保存す」という部分は、反修復論者たちが主張してきた論点といえるだろう。「後世無稽の工」は取り除き、時間を巻き戻すことが（甲）では前提として推奨されたが、後世の改変が「歴史上美術上」に価値あるものであればそれを残すという、反修復の観点が（丁）では主張されている。また「古材は能う限り之を応用し、古色は成るべくこれを保存す」という部分は、ラスキンによる「歳月（age）」に対する崇敬を思い起こさせるものである。

歴史的建造物を、過去のあるひとつの時代の姿に修復することは、ヨーロッパでは「様式統一」として批判されてきた。これはすでに見たとおり、一九世紀イギリスの修復において、時間の指標が様式（形態）の指標に読み替えられたことの帰結である。ヴィオレ＝ル＝デュクがはじめた修復は、当初は建築の時間操作であったが、建築史研究が深まり「建築様式」が時間の指標として整理されるとともに、形態操作（様式の操作）へと転じることになった。「修復」が歴史的建築にもたらす改変は、

答えを出すことの難しい「時間」の議論から、明快な「形態」の議論へとシフトしたことによって、大きな方針としては逆に否定されていくことになったのである。

日本の文化財の特異性

しかし、日本ではこの「時間」から「形態」への転換が、スムーズにはいかなかったのではなかろうか。なぜなら、日本の伝統的木造建築の「様式」は、時間の指標ではなかったからである。[67] ヨーロッパでは、古代・中世・近代という歴史の三区分が大前提として存在していた。一六世紀に生まれたこの歴史観こそが、ゴシックとルネサンスという大枠の建築様式を決定付けたのである。したがってヨーロッパにおいて、建築様式とは、当初から時間の表象であった。しかし日本建築史では、たとえば鎌倉時代に中国より伝来したとされる大仏様・禅宗様のような様式は、同時代に併存する異なる形態や手法を区分するための指標であった。そしてこれら中世の建築様式を野蛮と蔑める価値観の転換もなかったため、たとえば江戸時代に火災で焼失した中世の禅宗寺院が、ふたたび禅宗様で建設されるということが、ごく普通に行われたのである。このとき、その再建された禅宗寺院の建築様式は、鎌倉時代（中世）の様式といえるだろうか。それとも江戸時代（近世）の様式というべきであろうか。

結局のところ日本の建築様式には、西洋の建築様式とは異なり、時間と形態の互換性がないのだ。そしておそらくそれゆえに、日本の修復における時間の巻き戻し（復原）は、西洋の修復とは異なり、「様式統一的である」という批判が、当てはまらなかったのだろう。そのため、一九世紀後半の反修復理論を継承して、ヴェニス憲章が「様式の統一は修復の目的ではない」（第一一条）と謳っても、日本の文化財は、西洋のこのテーゼに本質的には共感できなかったのである。

そしてもう一点、日本の伝統構法が、西洋の石造とは異なり木造だったという材料の違いは、西洋の文化財的価値観の導入にあたって、想像以上に大きなハードルだったのであろう。朽ちやすく燃えやすい木材と比較したとき、石材はしばしば万古不易の材料と考えられがちである。実際には石材も風雨の浸食を受けるし、その重量ゆえにひび割れたり砕けたりすることも珍しくなく、そうした破損した石材は、木材と同様、修理の際に部材交換されることになる。しかしそうは言っても、石造建築で交換される部材はごく僅かに過ぎず、その構造物全体はあたかも地盤と一体化した岩山のように不変の印象が強い。それに対して、儚く繊細な木造建築は、建物全体の健全な状態を維持するために状態の悪化した部材を交換することをそのシステムに組み込んでおり、むしろ古い材料そのものはあまり残っていないと考えられがちである。そのため、日本の文化財建造物の分野では、少なくとも西洋の建造物ほどには、材料そのものの古さを主張することができなかった。代わりに日本では、日本建築の形式性とその不変の形式を訴えたのである。そして、まさに伊勢神宮の式年遷宮のように、材料は新しくなってもその形式はオリジナルから変化しないことを体現するようになっていく。そのことが翻って、日本の文化財における復原（時間の巻き戻し）の助長につながったように思われるのである。

オリジナルを重視する態度

結果として日本の修復は、時間操作であり続けた。修理工事の基本方針は、あくまでオリジナルに時間を巻き戻す当初復原であった。そしてそのようなオリジナルを重視する姿勢は、日本の伝統的建築観よりもむしろ、二〇世紀のモダニズム的建築観と結びつくこととなった。

明治三十年に古建築の保存が始まってから四分の三世紀がすぎた。この間、修理方針として一貫して持ち続けられてきたのは、できるだけ建立当初の姿に復原するということである（……）芸術作品はそれができた時、そのままの形が一番重んじられる。そこに、そこにだけ作者の個性がもっともよく示されているからだ。修理されれば、修理されただけ価値が減少すると考えるのが常識である。[68]

なぜ復原が改善かといえば、それは建築はすべて設計者の意図がよくあらわれた当初の姿がいちばん美しく、かつ歴史的意義があると認められるからである。日本建築の場合は、後世の修理は（……）おおむねその場あたりの改悪であったといえるのである。[69]

これらの発言は、建築の竣工の瞬間を重視して、その後の時間変化を否定するものだったということができるだろう。そして本書がここまで見てきたとおり、そのような建築観は、西洋における古代以来の再利用的建築観とはまったく異なるものである。むしろそれは、既存の建物を取り壊し更地となった敷地に新築するような、再開発的建築観と密接に結びつくものといえよう。一六世紀のヨーロッパに端を発する再開発的建築観は、二〇世紀のモダニズムにおいて、究極的な段階へと昇華した。建築は必ず、何もない敷地で、建築家が設計した通りに作られるものとなった。その建設期間はきわめて短く、建設中の時間変化は限りなくゼロに近い。建築家の構想通りに完成された建築作品はある種の芸術作品として事後の改変から守られ、あるいはメンテナンスフリーの考え方によって事後の改変は不要なものとなった。一六世紀以来の（トラクテンバーグによればアルベルティ以来の）「時間殺し」の考え方は、二〇世紀を迎えて極端なまでの完成形に至ったのである。

建築の時間を止めること、それは文化財の「保存」にも、二〇世紀建築の「新築」にも共通する建築の時間感覚となった。建築家国際会議を最後に、文化財と新築はそれぞれ別の道を歩むようになったかに見えるが、両者の建築の時間性はじつは互いに支え合う関係にあったといえるかもしれない。

しかし二〇世紀後半になると、止められてしまった建築の時間を、少しずつ、再び流れるようにしようとする試みが登場しはじめる。それは新築の領域にも文化財の領域にも共通する新たな価値観の登場、あるいは再利用的建築観の復活であった。

（1）柴田三千雄・樺山紘一・福井憲彦編『世界歴史大系　フランス史1』山川出版社、一九九五年、一三七頁。

（2）泉美知子『文化遺産としての中世——近代フランスの知・制度・完成に見る過去の保存』三元社、二〇一三年、一五頁。

（3）Henri Grégoire, "Rapport sur les destructions opérées par le Vandalisme, et sur les moyens de le réprimer", *Séance du 14 Fructidor, l'an second de la République une et indivisible suivi du décret de la Convention nationale.*

(4) *ibid.*, p. 27.

(5) Victor Hugo, "Guerre aux démolisseur!" (1825), *Oeuvres complètes de Victor Hugo*, Paris, 1934, p. 154.

(6) *ibid.*, pp. 153-154より抄訳。

(7) クリュニーの第三聖堂の全長は一七一メートル、クリュニー系の重要な大修道院であったヴェズレーのマドレーヌ聖堂が全長一二〇・八五メートル、同じくクリュニー系の重要な聖堂で、失われたクリュニーの聖堂のデザインとよく似ていることで知られているパレ＝ル＝モニアルのサクレ＝クール聖堂は六三・五メートルである。対してシャリテ＝シュル＝ロワールのノートル＝ダム聖堂の全長は、一二二メートルに達しており、ヴェズレーとほぼ同規模であった（E. Roger, *La Charité-sur-Loire*, Bernadat, 1967, p. 55）。

(8) Paul Barnoud, "La Charité-sur-Loire, un monastère dans la ville", *Bulletin du centre d'études médiévales d'Auxerre: BUCEMA*, Hors-série no. 3, 2010, p. 3.

(9) E. Roger, *op. cit.*, p. 23.

(10) Louis Réau, *Histoire du Vandalisme: Les monuments détruits de l'art français*, Paris, Hachette, 1959, tome 2, p. 31.

(11) ヴィクトル・ユゴー『ノートル＝ダム・ド・パリ』一一三―一一四頁。

(12) 彼がここで用いた「公平」という言葉からは、別の箇所に登場する以下の一文を思い起こさせる。「ルネサンスの精神は公平ではなかった。建設するだけでは足りず、破壊もやりたがったのだ。」――前掲書、一三七頁。ルネサンスの破壊は公平ではなく、時と革命の破壊は公平だったと論じる点からも、彼の真の敵は不公平な「野蛮に対する干渉」であることが理解できる。

(13) 羽生修二『ヴィオレ・ル・デュク――歴史再生のラショナリスト』鹿島出版会、一九九二年、五九頁。

(14) ユッカ・ヨキレット『建築遺産の保存――その歴史と現在』増田兼房監修、秋枝ユミ・イザベル訳、アルヒーフ、二〇〇五年、二一〇頁。

(15) E. E. Viollet-le-Duc, *Dictionnaire raisonné de l'architecture française du XIe au XVIe siècle*, t. VIII, p. 14.

(16) *ibid.*

(17) 羽生修二、前掲書、一六三頁。

(18) 「ヴェニス憲章」（記念建造物および遺跡の保全と修復のための国際憲章）一九六四年、第九条より。

(19) M. Trachtenberg, *Building-in-Time: From Giotto to Alberti and Modern Oblivion*, Yale University Press, 2010, p. xix.

(20) Viollet-le-Duc, *op. cit.*, tome VIII, p. 23.

(21) Viollet-le-Duc, *op. cit.*, tome II, p. 323.

(22) Viollet-le-Duc, *op. cit.*, tome VIII, p. 23.

(23) *ibid.*, pp. 23-24.

(24) 本節で見る、イギリスにおける修復と反修復の論争の歴史については、鈴木博之『ヴィクトリアン・ゴシックの崩壊』（中央公論美術出版、一九九六年）の、とくに第二章「過去への意識」に詳しく、本書もこの研究成果に多くを負っている。

(25) クリス・ブルックス『ゴシック・リヴァイヴァル』鈴木博之、豊口真衣子訳、岩波書店、二〇〇三年、五二頁、ハリー・フランシス・マルグレイヴ『近代建築理論全史』加藤耕一監訳、丸善出版、二〇一六年、一〇四―一〇五頁。

(26) 今井宏編『世界歴史大系　イギリス史2』山川出版社、一九九〇年、三九―四四頁。

(27) 一般に、ラスキンの“Age”は「年代」と訳されることが多い。しかし、建築史のなかで「年代」という言葉は「建設年代」などの場面でよく用いられ、それは年代記的な時間感覚を想起させるように思われるため、ここでは敢えて「歳月」という訳語をあてた。

(28) John Ruskin, "Aphorism 30" *Seven Lampes of Architecture*, Dover, 1989, pp. 186-187.

(29) *ibid.*, p. 193.

(30) *ibid.*, p. 193.

(31) *ibid.*, p. 194.

(32) George Gilbert Scott, *A Plea for the Faithful Restoration of Our Ancient Churches*, London, 1850, p. 13.

(33) Thomas Rickman, *An Attempt to Discriminate the Styles of English Architecture, from the Conquest to the Reformation*, London, 1817, p. 44.

(34) Robert de Lasteyrie, *L'architecture religieuse en France à l'égoque gothique*, vol. 2, Picard, 1927. 彼は、「過渡的様式」、「ランセオレ式」、「レヨナン式（一三世紀後半から一四世紀）」、「フランボワイヤン式（一五世紀から一六世紀初頭）」と、ゴシック様式の段階的発展を位置付けた。

(35) 鈴木博之は、ヴィオレ＝ル＝デュクとスコットの修復理論の違いを次のように説明する。「ここで特に注目されるのは、ヴィオレ・ル・デュクが修復論を展開するにあたって、各様式に対する価値評価を極力抑えていることである。歴史的変化の例証として各様式の推移を見ることはあっても、各様式間に完成度の序列をつけ、あるいは価値の差を与えることをしないのが、ヴィオレ・ル・デュクの修理理論の特徴に数えられるのである。この点が、同時代の英国における修復論と比較したときに、著しい違いになっている。」——鈴木博之、前掲書、二一六頁。

(36) 鈴木博之の訳による。前掲書、二三八頁。

(37) アナトール・フランス『昔がたり（ピエール・ノジエール）』杉捷夫訳、岩波文庫、一九三五年、一九二―一九四頁（傍点引用者）。

(38)「マドリッド宣言」第一項、伊藤延男訳、『新建築学大系五〇　歴史的建造物の保存』彰国社、一九九九年、八九頁。

(39)「マドリッド宣言」第三項（前掲書）

(40)「マドリッド宣言」第四項（前掲書）

(41)「アテネ憲章」第一条（前掲書、八九頁）、伊藤延男訳による。

(42)「アテネ憲章」第四条（前掲書、九〇頁）

(43)「ヴェニス憲章」前文（前掲書、九〇頁）、日本イコモス国内委員会訳による。

(44)「ヴェニス憲章」前文（前掲書、九一頁）

(45)「ヴェニス憲章」第三条（前掲書、九二頁）

(46)「世界遺産委員会による作業指針」第九項。(http://whc.unesco.org/archive/opguide77b.pdf)

(47)フランソワーズ・ショエ「建築と都市の歴史的資産についての省察とその資産の管理において、オーセンティシティーの概念を今日どう扱うか」『建築史学』第二四号、一九九五年三月、七三頁。

(48)前掲書。

(49)Marvin Trachtenberg, *op. cit.*, p. xix.

(50)フランス語では、「博物館的機能（fonction muséale）」と呼ばれ、揶揄されることがあるようだ。Jacques Rigaud, "Patrimoine, évolution culturelle", *Monument historique*, no. 5, 1978, pp. 3-8.

(51)田村央貴「マドリッド宣言（一九〇四年）の成立過程に関する研究」一二頁。（横浜国立大学学術リポジトリ、博士論文、二〇一五年三月）(http://hdl.handle.net/10131/9)

(52)「第四主題——新しい建設方法が芸術形態に及ぼす影響について」*VIe Congrès international des architectes, Madrid, Avril 1904*, Madrid, 1906, pp. 174-198.

（53）「第一主題——建築作品における、所謂モダン・アートについて」*ibid.*, pp. 148–154.

（54）モダニズムを牽引したと言われる「近代建築国際会議（CIAM）」は、一九二八年に第一回の会議を開催する。この会議と、「建築家国際会議」の関係については、研究の余地があるかもしれない。

（55）歴史的建築の修復と保存に関する議論は、これ以降、建築家から専門の技術者たちの領域へと移された。一方、この区別がなされた直後にCIAMが開催した第四回会議（一九三三年）で採択され、近代建築運動の理念をまとめた憲章も「アテネ憲章」と命名されたため、同時期にまったく内容の異なる同名の憲章が生まれることになった。

（56）*Congrès international des architectes: compte-rendu de la quatrième session tenue à Bruxelles du 28 août au 2 septembre 1897 à l'occasion du XXVe anniversaire de la fondation de la Société centrale d'architecture de Belgique*, Lyon-Claesen, 1897, pp. 63–92. ここでは三つの論点があげられている。（1）古い建造物の過ちや欠陥を尊重すべきか、修正すべきか？（2）作品の未完の部分を完成させるべきか？（3）様式の統一のために建物や調度品の一部を除去すべきか？

（57）*Congrès international des architectes, cinquième session tenue à Paris du 29 juillet au 4 août 1900*, Paris, 1906, pp. 161–182.

（58）*VIe Congrès international des architectes, Madrid, Avril 1904*, pp. 154–167.

（59）*International Congress of Architects, Seventh Session held in London 16–21 July 1906*, London, 1908, pp. 454–494.

（60）*ibid.*, p. 44.

（61）山岸常人「文化財『復原』無用論」『建築史学』第二三号、一九九四年九月、九三頁。

（62）清水重敦『建築保存概念の生成史』中央公論美術出版、二〇一三年、とくに第九章を参照。

(63) 前掲書、二〇九頁。
(64) 『歴史地理』第三巻第弐号、明治三四年二月に所収。
(65) 岡田英男「建造物修理初期の批判と現在の施工上の問題点」『文化財学報』第一三号、一九九五年、六一頁、清水重敦、前掲書、三七〇頁。
(66) 乙と丙の全文は次の通り。
(乙) 若し後世の加工なるか、はた創立の際における手法なるか疑わしきものは姑く疑を存して漫に取捨せず、その儘になしおきて後日の研究に資す
(丙) 若しまた後世の附加なることを知るも、原形如何を詳にせさるときは、漫に想像に由りて復旧を試みす
(67) この論点については、JSPS科研費20246093基盤研究(A)「日本建築様式史の再構築」(研究代表者・藤井恵介)の連続シンポジウムへの参加によって着想した。特に「シンポジウム八　中世建築における様式研究の再考」(二〇一一年一二月)、「シンポジウム一〇　「建築様式史研究」を超えて——西欧・日本・アジア」(二〇一二年一一月)での議論が関係している。
(68) 太田博太郎「修理と復原」『重要文化財　付録12』毎日新聞社、一九七三年。
(69) 伊藤延男「建造物の保存」『文化財保護の実務　上』児玉幸多・仲野浩編、柏書房、一九七九年、六七二—六七三頁。

5章　二〇世紀の建築時間論

1　モダニズムからリノベーション時代へ

技術革新と工期短縮

建築の歴史のなかで、モダニズムの登場は、しばしば過去との完全なる断絶とみなされてきた。しかし本書の「再利用」「再開発」「文化財」という枠組みのなかでは、モダニズムは一六世紀以来の再開発的建築観が純化したものであり、必ずしも二〇世紀になって登場した、まったく新しい建築観というわけではなかったように思われる。だがたしかに、一六世紀以来の再開発的建築理論は、しばしば古代以来の再利用的建築実践と歩みを共にしてきており、理論と実践の両面で、再開発的な建築行為が主流となったのは、モダニズムが登場した頃のことだった。

二〇世紀の建築革新の技術的背景のひとつとして、建設システムの問題がある。一九世紀末のシカゴでは鉄骨フレーム構法という新しい建設システムによって、高層ビルの建設ラッシュが起こった。地面からひとつひとつ石材やレンガを積み上げて建物を建設する組積造という西洋の伝統的な建設方法に代わり、まず鉄骨のスケルトンでジャングルジムのような骨組みを組み立て、そのフレームの隙間を埋めるように壁や床を作るこの新しい建設システムは、建設という行為を根本から革新した。組積造で一〇階建てのビルを建設するならば、一階の壁から順番に立ち上げていかなければならない。一〇階の壁が建設されるのは当然ながら最後のことである。しかし鉄骨フレーム構法によれば、最初に骨組みさえ完成させてしまえば、一階と一〇階の壁を同時に建設することができるのだ。(1) さらに、二〇世紀の幕が上がると鉄筋コンクリート造も登場する。こうした新しい構法の登場によって、建物の建設にかかる時間は飛躍的に短縮されることになったのである。

建設スピードの上昇、工期短縮は、人口増加や経済成長といった当時の社会背景と密接に結びついていたといえるだろう。また、二度にわたる大戦終結後の戦災復興、日本でいえば関東大震災後の震災復興では、特に早期の住宅供給が必須であった。この人口増加時代の住宅供給は、規格化や標準化によるローコストな大量生産によって実現されたわけである。

建築の時間をゼロにしたモダニズム

こうした方針に基づいた建築生産は、むろん「再開発的建築観」の延長上にあった。「再利用的建築観」のように、それぞれの既存建物に応じた個別解を探すのではなく、何もない敷地で規格化、標準化された要素を使って普遍解を求めることが、ここでは重要だった。たとえば一九二五年、ル・コルビュジエはパリ右岸の広大な歴史的街区を大規模に再開発して、そこにグリッド状の新たな街路を設定し高層の集合住宅群を並べるという「ヴォワザン計画」を発表している（後掲図5-3）。パリという歴史的都市を根こそぎ破壊して作り変えるようなこの計画はむろん実現しなかったが、こうした乱暴な提案がなされたことの背景には、これ以上の人口増加に対応できない歴史的都市の人口密度を上げるという目的があったはずであり、そのために選択されたのが再開発という手法だったわけである。

モダニズムの時代に加速した再開発的建築観は、こうした新しい建設技術による工期短縮に裏打ちされていた。そして着工から竣工までの時間が短縮されたことにより、建築はますます建築家の「作品」という位置付けを強く獲得していくことになる。マリオ・カルポは、アルベルティが設計と施工を原理的に分離したことによって、原作者としての建築家という現代的な定義が生まれたと看破した。②しかし、設計と施工の分離がなぜ「原作者としての建築家」に結びつくのかといえば、それは前近代の建物が建設に長い時間を要したからであった。建築家が構想段階のイデアを図面のなかに凝縮したとしても、実際の建築は長い建設の過程で生活世界《ライフワールド》の変化に応じて変化していく。そのためカルポは、アルベルティの理論においては図面《デザイン》がオリジナルであり建物はそのコピーに過ぎないという、ある意味極端な見解を披露することになったのである。

しかし工期が圧倒的に短縮された二〇世紀の建築においては、建物が建築家のデザインの通りに建設されるのは当然こととなった。デザインから建設までのプロセスが一体化し、建築家の作品としての完成は、デザインの完成時ではなく、建物が竣工した瞬間とみなされるようになったのである。

こうして建物そのものが建築家の作品として認識されるようになったことは、建築を絵画のような芸術作品に接近させることになった。アーティストのサインの入った絵画作品が、完成後に変化しないのと同じように、建築家のサインの入った建築作品もまたハイアートの仲間入りを果たし、完成後の時間変化を容認できなくなったのである。建物にとって不可避の時間変化であったはずの「風化」すら、建築家たちは忌避するようになる。建築作品は博物館の美術作品のように、そのままの姿で守られ続けなければならなくなったのだ。

すなわちモダニズムの建築における時間感覚は、前近代の建築と大きく変化した。建設にかかっていた長い時間が驚くほど短縮され、建設後の時間変化もほとんどなくなった。トラクテンバーグのいう building-in-time は、限りなくゼロに近づいていったのである。

形態は機能に従う

また、建物が建設された後の時間変化としては、機能転用による変化があることは、ここまでの歴史上の建築の多くの事例からも明らかである。しかしモダニズムを支えたもうひとつの理念は、それと相反するものであった。すなわち「形態は機能に従う」というアフォリズムによって知られる機能主義の理念である。機能が形態の先に立つのだとすれば、既存の形態を再利用して別の機能に転用することは、建築行為として正しくないことになってしまう。一九〇四年の「マドリッド宣言」でも、

「当初から意図された目的に役立ち続けているもの」だけが「生きたモニュメント」と定義された。当初の目的と異なる機能に転用された建物は「死んだ建築」ということになってしまうのである。

しかし二〇世紀後半の建築家たちは再び、少しずつ建築の時間変化に対する関心を深めていく。そしてついにはリノベーション時代あるいはコンバージョン時代とも呼ぶべき、現代における再利用的建築観の再燃に至るのである。第5章では建築家たちによる建築の時間変化への関心を、段階的に見ていくこととする。だがその前に、現代の建築の再利用的建築観が、建築の時間を止めようとしたモダニズムの建築観とどのように異なるものだったのかを、ある一冊の書籍を参照しながら確認しておきたい。

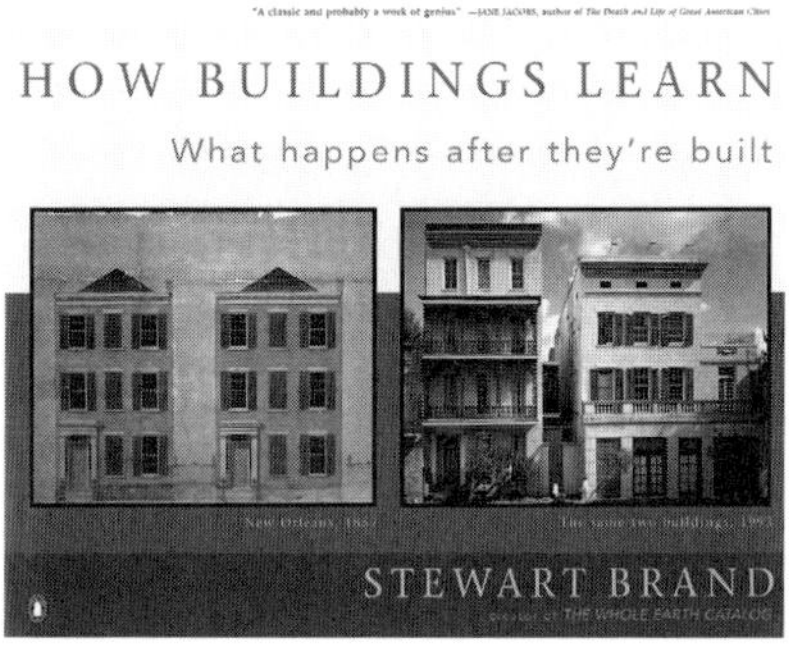

図5-1　スチュアート・ブランド『建物はいかに学ぶか――建てられた後に何が起こるのか？』

表紙に描かれているのは，1857年のオリジナルのデザインと，同じ2軒の住宅の1993年の姿．

建物はいかに学ぶか――建てられた後に何が起こるのか？

一九九四年、建築の再利用という現象に人々の関心を引き寄せた重要な書籍が刊行された。スチュアート・ブランドが著した『建物はいかに学ぶか――建てられた後に何が起こるのか？』である（図5-1）。一九九七年には、同書はイギリスの放送局BBCでとりあげられ、ブランド自身がナビゲートする全六回のテレビ番組としても放映されている。

ブランドは、同書執筆の背景となったアメリカの建築業界における変化を説明している(3)。まず一九八〇年代の十年間で、住宅のリノベーションは倍増したという。また商業施設の分野では、同じ一〇年間で、改築のための支出額は新築の四分の三倍から二分の三倍へと増加した。また一九八九年の一年間で、リノベーションのために費やされたアメリカ国内総額(二〇〇〇億ドル)はGNPの五パーセントに達しようとしていた。さらに、ほとんどすべて(九六パーセント)の建築家は、何らかのリノベーションに関わっており、建築家たちの収入の四分の一はリノベーションからの収入となったのだという。

日本では同じようなリノベーションの流行は、九〇年代後半以降、特に二一世紀になってから顕著にあらわれてくる。二〇世紀はモダニズムという建築の時間変化を否定する建築観とともに始まったが、世紀末までにリノベーションという建築の時間変化が、じわじわと浸透してきたわけである。二〇世紀のはじまりと終わりにおける二つの建築観に見られる時間感覚の違いを、ブランドは建築(architecture)と建物(building)という言葉の違いによって説明している。

広く使われている"architecture"という術語は常に「変化することのない深淵な構造」を意味している。

しかしそれは幻想である。新たな用途は建物を繰り返し放棄させ、あるいは変形させ続ける。古い教会堂は、それがいかに愛らしいものであっても、教区民たちがいなくなり、新たな用途を見つけることができなければ、取り壊される。古い工場というものは、もっとも簡素な建物だが、幾度も復活を繰り返す。当初は軽工業の集積所であったものが、次にはアーティストたちの工房となる。続いて（地上階にブティックやレストランの入った）オフィスとなり、さらに別の何かがそれに続こうとしている。最初に図面が描かれてから、ついには取り壊されるまで、文化的動向の変化にしたがい、不動産価値の変化にしたがい、用途の変化にしたがい、建物は何度も変形を繰り返すのである。

“building”という単語は二つの現実を含んでいる。それは「建てるという行為」であると同時に「建てられた物」であり、動詞であり名詞であり、行為であり結果である。「建築」が永遠であろうとする一方で、「建物」は建てることを繰り返し続けているのだ[4]。

ブランドによる“building”という語の解釈は、説得力のあるものである。本書のタイトルも『時がつくる建築』ではなく、『時が建物をつくる』などとすべきだったかもしれない。本書で何度もとりあげたトラクテンバーグの書籍も『時間のなかの建築』ではなく『時間のなかの建物（*Building-in-Time*）』だった。おそらく時間のなかで変化していくのは、実体としての建物であり、建築家の構想段階のイデアこそが、建築と呼ぶべきものなのかもしれない。ただ、本書はそうしたすべてを含めた「建築観」を問題としているため、最終的に「建築」という語をタイトルに選んだ。

機能は建物を変形させ続ける

ブランドはもう一点、機能主義というモダニズムの理念と、建物の時間変化を、次のように整合させて説明している。

建物とその利用の相互関係を理解するための象徴として、もっとも多く参照されてきた二つの引用文がある。第一は、二〇世紀全体を通じて響き渡ってきた「形態はいつも機能に従う」である。これは一八九六年にシカゴの高層ビル・デザイナー、ルイス・サリヴァンによって書かれたもので、モダニスト建築の創立時のイデアであった。これとまったく正反対のコンセプトが、ウィンストン・チャーチルによる「我々は建物の型をつくり、その後、建物が我々をその型にはめる」というものである。これらはいずれも千里眼的な洞察であり、正しい方向を示していた。ただ、いずれもその射程が短すぎたのだ。

サリヴァンの「形態は機能に従う」は、この一世紀のあいだ、建築家たちをミスリードしてきた。すなわち建築家たちに、あらかじめ機能を想定することが可能であると信じ込ませてしまったのである。チャーチルの断固とした「建物が我々をその型にはめる」は、現実のサイクル全体を途中で切断してしまっている。最初に我々は建物の型をつくり、すると建物が我々をその型にはめる。続いて我々は建物を変形する——これが永久に繰り返されるのだ。機能は永久に形態を変形させ続けるのである(5)。

モダニズムの理念は誤りだ！　と居丈高に批判するのでなく、サリヴァンのアフォリズムを取り込んだうえで「機能は永久に形態を変形させ続ける」と建物の時間変化を説明するあたりは、さすが機知に富んだブランドである。しかし二〇世紀の建築観は、モダニズムから一足飛びにこの段階に至っ

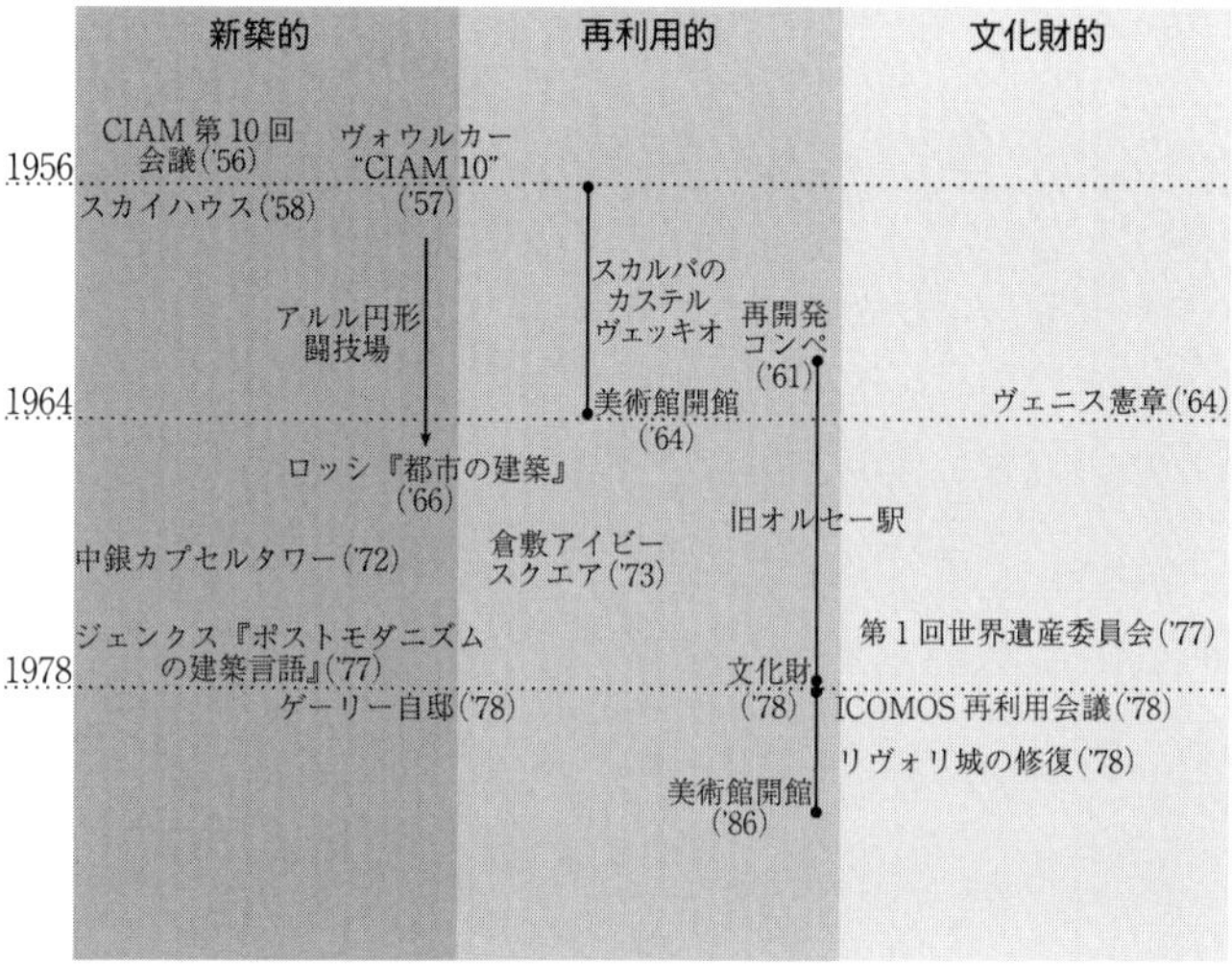

図 5-2　20 世紀後半の建築時間論にかかわる出来事

たわけではない。ブランド自身の有名な『全地球カタログ』は、一九七〇年前後のアメリカでＤＩＹやセルフビルドに脚光を当てた革新的な雑誌であった。おそらく二〇世紀後半のＤＩＹの流行も「変化することのない深淵な構造」だった建築に、時間変化をもたらした要因のひとつであろう。

二〇世紀後半にはブランドの『全地球カタログ』以外にも、建築時間論に関連するいくつかの変化の段階を見出せそうである。以下では図５－２のように、一九五六年、一九六四年、一九七八年に建築時間論の変化の象徴的な出来事を見出し、その変化を段階的に追っていきたい。

2 時間変化する建築の模索（一九五六年）

チームX

二〇世紀前半のモダニズムの理念を国際的な共通意識として高めていった組織として、近代建築国際会議（CIAM）が果たした役割は大きい。一九二八年の第一回会議以来、数年に一度ずつ世界中の建築家たちが集結し、近代建築のあり方が議論されてきた。しかしその第一〇回会議、一九五六年にユーゴスラヴィアのドブロヴニクで開催された会議では、若い世代の建築家たちが二〇世紀前半のモダニズムを牽引してきた巨匠たちを批判し、モダニズムに代わる新たな建築を模索しはじめる。実際には一九五九年の第一一回会議が最後の会議となるが、一九五六年の会議こそ、実質的なCIAMの崩壊だったと言われるのはそのためである。

第一〇回会議をリードした若手建築家グループ、チームXがこの会議での論点として挙げたのは「クラスター」「モビリティ」「成長と変化」「都市計画と居住」であった。なかでも建築時間論の観点から重要なのが「成長と変化」であろう。チームXの建築家たちは、成長し変化する建築と都市を模索したのである。

チームXの創設メンバーの一員であるスミッソン夫妻（ピーター・スミッソン　一九二三―二〇〇三年、アリソン・スミッソン　一九二八―一九九三年）は、すでに一九五二年から取り組んでいた「ゴールデンレーン・プロジェクト」（図5-4）において、これらの問題に対する解決策を具体化させ始めていた。

「ゴールデンレーン・プロジェクト」あるいはその概念モデルともいうべき「クラスター・シティ」の提案は、既存の都市組織の隙間を縫うように集合住宅を建て、それらを空中回廊で連結していくというものであった。それは都市的な規模を持つ提案であったが、例えば二〇世紀前半にル・コルビュジエが提案した都市計画「三〇〇万人の現代都市」や、それをパリに適用しようとした「ヴォワザン計画」(図5-3)のような、大規模な面的再開発を伴うものではなかった。むしろ既存の都市構造を残しながら、その上空を新たなネットワークで繋いでいくという点で、都市のリノベーションともいえるものだったのである。ル・コルビュジエの都市計画が破壊と新築に基づく厳格なグリッド構造の上に計画されたのに対し、クラスター・シティにおける都市の隙間に想定される新たな建物は、それ

図 5-3　ル・コルビュジエ「ヴォワザン計画」(模型) パリ，1925 年

図 5-4　スミッソン夫妻「ゴールデンレーン・プロジェクト」(フォトモンタージュ) ロンドン，1952 年

ぞれ勝手な方向を向いて建てられることになるのだ。

クラスター・シティが既存の都市組織を破壊するのでなく、その上に新たなレイヤーを重ねるような提案だったのは確かである。だがその一方で、それぞれの建物に注目する限り、それは新築プロジェクトであった。その提案はまだ、既存再利用ではなかった。

変化の美学

スミッソン夫妻はCIAMの第一〇回会議の翌年、「変化の美学」と題する論考を発表している。チームXのメンバーたちが「変化と成長」という新たなコンセプトによって何を意図していたのか、この論文から読み取ることができる。

新しい建物は「変化の尺度」によって、その建物群全体の「変化の規模」を示すべきである。そしてその美学は、いまだ存在せず想像すらできないような何かとの結びつきを仮定する「変化の美学」とならなければならない。その形状も、変化「する」ことができるばかりでなく、変化を「示唆する」ものでなければならない。[6]

スミッソン夫妻は、建築の時間変化というコンセプトによって、二〇世紀の建築時間論に新たな局面をもたらした。しかしながらそれは、「いまだ存在せず想像すらできない」未来の時間変化であったという点が重要である。彼らは、過去から継承されてきた既存建物を変化させることで建築に流れる時間を未来へと継続させようとしたのではなく、彼らが新たに設計した新築建物の未来における変化の可能性を夢見たのである。

同じ頃、日本でもまた、未来の時間変化を設計に取り入れた建築家たちが登場する。菊竹清訓（一九二八―二〇一一年）の自邸「スカイハウス」は一九五七年から一九五八年にかけて建設されたもので、まさに海の向こうでスミッソン夫妻が「変化の美学」を模索していた時期に実現された、変化する建築であった。菊竹による時間変化する建築のコンセプトは、一九六〇年の有名な「メタボリズム宣言」へと結実する。川添登、大高正人、槇文彦、黒川紀章らとともに発表された『METABOLISM/1960――都市への提案』の冒頭を飾った菊竹は、「我々が提案するのではない。都市の混乱と麻痺が、そして建築の停滞と矛盾が提案させるのだ(7)」と、高らかに宣言している。ここには、チームXとまったく同様に、第二次世界大戦後にはじまる圧倒的な成長時代における人口と自動車交通の激増という、都市と建築の問題に対峙しようとした建築家たちの姿勢があらわれていた。

菊竹清訓の自邸「スカイハウス」は、都市問題というマクロな観点に直接的に取り組もうとしたものではない。むしろ、家族と住宅というミクロな建築の問題に対して、「時間変化する住宅」というコンセプトで応えようとしたものであった。子供の誕生からその巣立ちに至るまで、変化する家族の状況に応じて変化する建築を、彼は新陳代謝という生命のメタファーによって実現した。四基の巨大な壁状の柱が正方形の住宅を宙に浮かべ、ムーブネットと命名されたボックス状のユニットが必要に応じてこの住宅から吊り下げられ、不要になれば取り除かれる。それはまさに、建築の時間変化を体現する住宅であった。

同様に取り外し可能なユニットによって構成される究極的な建築デザインは、メタボリズム・グループの一員、黒川紀章（一九三四―二〇〇七年）によって、少し遅れて一九七二年に登場する。カプセル状の最小限住宅ユニットの集合としてデザインされた「中銀カプセルタワー」である。ここでは住宅ユニットそのものが取り外し可能なものとして設計され、タワーからこのカプセルを取り外せば、部屋まるごと引っ越すことができるというSF的な建築であった。

実現しなかった未来の時間変化

一方、チームXやメタボリストたちといった若手の建築家たちが闘いを挑んだCIAMの中心人物ル・コルビユジエもまた、この時期、未来の時間変化を組み込んだ建築を実現する。日本における唯一のル・コルビユジエ作品として知られる国立西洋美術館（一九五九年開館）をはじめとする、無限成長美術館というコンセプトをもとに設計された一連の美術館で、美術館の収蔵品の増加に合わせて、螺旋状平面を持つ建物が拡大していくというものであった。

もともとこのアイディアは、彼が、一九三一年の「パリ現代美術館」の計画案から一九三九年の「無限成長美術館」にかけて考えていたものであり、二〇世紀前半という早い段階で時間変化する建築のシステムが検討されていたことには、感嘆せずにいられない。しかしその彼が一九五〇年代半ばになって、すなわち約二〇年の時を経て、この無限成長美術館のコンセプトを実現へと移していったことには、同時代の建築時間論からの影響がなかっただろうか。一八八七年生まれのル・コルビユジエが、四〇ほども歳の離れた若手建築家たちに対して、自分はとっくにそんなことは検討済みだと誇示するかのように、彼は一九五二年から五八年にかけてインドのアーメダバードにてサンスカル・ケンドラ美術館を、一九五八年から五九年には東京の国立西洋美術館を、そして五〇年代から六〇年代にかけて、インドのチャンディーガル市立美術館の建設を進めている。たしかにこれらの美術館は、チームXやメタボリストたちが問題視した、超成長時代の都市と建築の問題に直接的に応えるものではない。しかし、一九五〇年代の建築時間論という点において、両者は同じ問題意識を共有していたといえるだろう。

しかし建築時間論という観点から真に興味深い点は、ル・コルビュジエの国立西洋美術館も、黒川紀章の中銀カプセルタワーも、結局は想定通りの時間変化を遂げなかったという事実である。建築家の手を離れた建物は、建築家が想定したようには変化しなかったのだ。菊竹清訓のスカイハウスは、彼の自邸であったためか、たしかに時間変化する建築となった。しかし半世紀にわたる変化のなかで、設計段階には想定されていなかった変化を遂げることとなった。宙に浮かんでいた「空の家」は、完全に地面に根を下ろし、「陸の家」となったのである。

スカイハウスから学ぶことは二点ありそうだ。ひとつは、建築家の自邸という条件が、建物の時間変化を容易にしたということ。もうひとつは、たとえ建築家の自邸といえども、構想段階に想定した通りには、建物は時間変化しなかったということである。

アルルの円形闘技場

彼ら一九三〇年前後生まれの建築家たちは、こうして建築の時間変化に大きな関心を抱きながら、自身が設計した建築作品の未来の時間変化を夢想し、そしてそれは、後から見ればなかなか想定通りにはいかなかったということになる。それは本書が見てきたように、建築再利用の歴史を考えれば容易に理解できるだろう。建築の再利用は、建築家の構想段階のイデアにあらかじめ組み込まれるような類のものではなく、大きな社会変動のなかでまったく予想しなかったような変化をもたらすものだからだ。だがじつは、彼らの世代の建築家たちも、本書と同様に歴史上の建物の時間変化のリサーチに着手していた。

たとえば、イギリスの建築家ジョン・ヴォウルカー（一九二七―一九七二年）はＣＩＡＭ第一〇回会議の翌年、この会議の報告論文を著しているが、その論文のなかには唐突に、住宅群に寄生されて都市化したアルルの円形闘技場を描いた一七世紀の図（2章、図2-2）が掲載されている。ヴォウルカーは明らかにここに建築の時間変化の可能性を見出していた。論文中にはアルルの円形闘技場の直接的な説明はない。しかし彼が説明する「先行する建物群から生じる空間と時間の連続体」という表現は、円形闘技場の転生《アフターライフ》を建築家らしい言葉で見事に表したものといえるだろう。

建物要素《ビルディング・エレメント》は、見事なまでに何らかの明確な最終形に向かって、形の上で融合されていく（……）柱が現れ出たかと思えば、それは僅かずつ壁から切り離されて行き、そしてまた再び壁に還るのだ。板状の囲いは、状況に応じて、フレーム構造の中へと消え去って行く。そこにあるのはもはや、建物それ自体ではなく、先行する建物群から生じる空間と時間の連続体であり、その展開である。(8)

同じアルルの円形闘技場を描いた図版は、アルド・ロッシ（一九三一―一九九七年）の『都市の建築』（一九六六年）のなかにも登場し、さらに有名になった。彼はこの有名な書籍のなかで、数々の歴史上の建物をとりあげ、それらの機能が歴史のなかで変転してきたことを強調する。モダニズムの素朴な機能主義は誤りで、建築の機能と形態の関係はそれほど単純に定まるわけではないというのが彼の主要な論点のひとつであった。

円形闘技場はきっちりとした形態を備え、その機能を明確に体現した形となっている。それはもともと、無雑作な容れ物として考えられたものではなかったのであって、それどころか綿密に考え尽くされた構造、建築表現、形態をそなえていたはずである。しかしそれを取り巻く外的状況変化は、それは人類の歴史上最もドラマチックな瞬間の一つであったのだが、その機能をくつがえし、円形劇場が都市になってしまったのだ。この劇場＝都市はその上、城塞でもあった。それが囲い込み守っていたのは、一つの都市まるごとだったのである。(9)

この点においてロッシは、アルルの円形闘技場の例に、建築の機能転用の可能性を見出していたといえそうである。ロッシを含め五〇年代半ば以降の建築家たちは、たしかに建築の時間変化や機能転用の可能性に気づいていた。しかし恐るべきスピードで社会が「成長」する時代において、彼らは既存建物の再利用にほとんど目を向けることはなかった。未来の時間変化を組み込んだ新築の建物。これが一九五〇年代の建築時間論の中心であり、超成長時代に直面した建築家たちの出した解答だったのである。

3　歴史的建築に対する態度（一九六四年）

カステルヴェッキオ美術館

一九五六年が、必ずしも何か特別な年だったわけではなかったのと同様に、一九六四年も必ずしも過去との断絶を示すわけではない。しかし、この年は「文化財的建築観」のひとつの集大成というべきヴェニス憲章が制定された年であると同時に、「再利用的建築観」のリヴァイヴァルともいうべき重要な建築が登場した年でもある。イタリアの建築家カルロ・スカルパ（一九〇六―一九七八年）が手掛けた、ヴェローナのカステルヴェッキオ美術館が開館したのが、一九六四年のことであった。

本書がここまで見てきたように、建築にははじまりの瞬間も完成の瞬間もないのだとすれば、この美術館が開館した一九六四年を、殊更に重要視してとりあげて見せるべきではないかもしれない。この美術館の開館もまた、この建築の長い時間変化の歴史のひとつの過程に過ぎないからだ。しかしそれでもなお、スカルパがデザインして一九六四年にオープンしたカステルヴェッキオ美術館は、既存建物の再利用、歴史的建物の再利用という点において、きわめて重要な出来事として広く知られている。

この古城《カステルヴェッキオ》の歴史は中世まで遡る。そして近代になると、アディジェ川沿いに建設されたこの城郭は、ナポレオン時代の再利用建築の実例となった。フランスにおいて、多くの中世の城郭建築が近代的軍隊の兵舎に転用されたのと同様に、ヴェローナのカステルヴェッキオもまた、ナポレオンの占領下で兵舎に転用されたのである。城壁で囲まれたこの城の中庭は、もともとは川に向かって開いていた。しかしこのとき中庭に面して兵舎が増築され、中庭は川に向かって開くのではなく、閉ざされたものへと変貌した⑩（図5-5・図5-6）。

このとき建設された兵舎のファサードは、当然のことながら美的にデザインされたというよりは、合理的で即物的なデザインであり、当時の写真を見ると、幾何学的なパターンの窓が繰り返される、

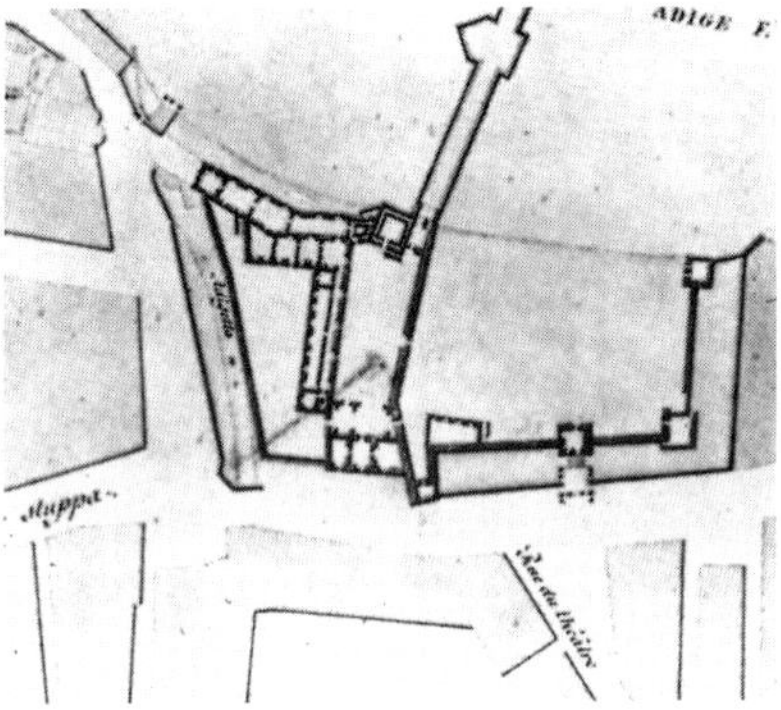

図 5-5　1801 年のカステルヴェッキオ平面図

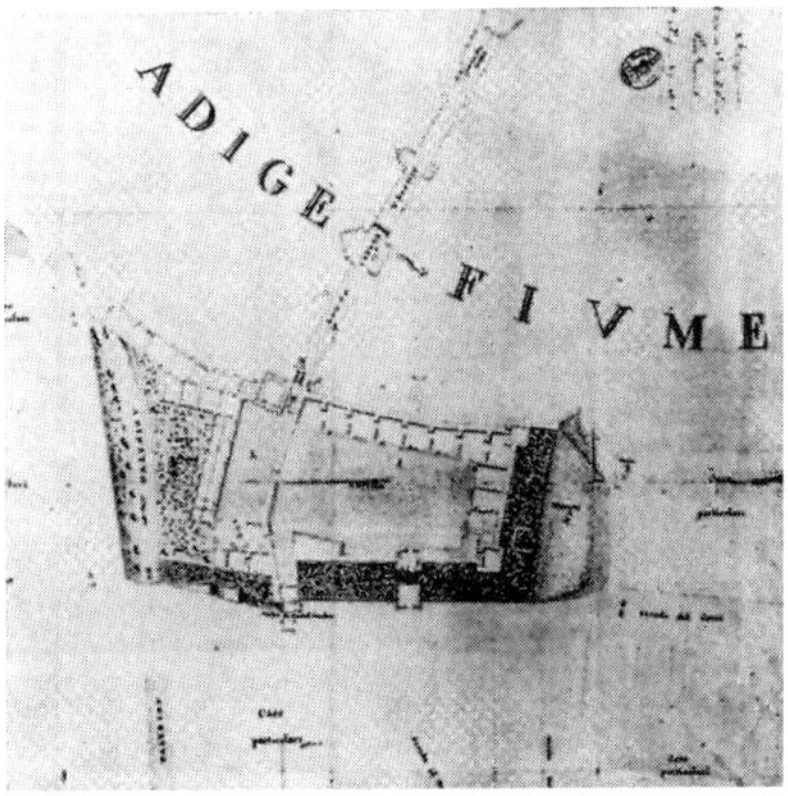

図 5-6　1806 年のカステルヴェッキオ平面図
中庭北側の川沿いと東側に兵舎が増築されている.

図 5-7　中庭に増築された兵舎
左手が川沿いに増築された部分.

あまり愛想のないものである（図5－7）。

次にこの建物が大きく変貌するのは、一九二〇年代のことである。じつはカステルヴェッキオは、カルロ・スカルパによって一九六〇年代に初めて美術館に転用されたわけではない。それより四〇年も前にアントニオ・アヴェーナの監修に基づく大改修によって、この中世の城郭、近代の兵舎は美術館に転用され、一九二六年に開館していたのだ⑾。

したがって、単に既存建物の再利用という点、あるいは軍事施設から文化施設への機能転用という点では、スカルパの仕事は新しいものではなかった。彼の仕事が二〇世紀の建築に新たな地平を切り拓くことになったのは、建築時間論の観点からすると、建築家としての創造性と文化財的建築観を融合させた点にあったといえそうである。

アントニオ・アヴェーナによる歴史的幻想

スカルパがこの仕事の依頼を受けた一九五六年当時、一九二〇年代のアヴェーナの仕事はじつは大きな批判の対象となっていた。アヴェーナの改修の、いったいなにが問題だったのであろうか。

アヴェーナは一九世紀初頭以来ナポレオン軍、そしてウィーン体制下のオーストリア軍の兵舎として使われてきたカステルヴェッキオを美術館に転用するにあたって、つまらない兵舎のデザインを取り除き、中世の華やかなデザインを取り戻したいと考えた。アヴェーナの仕事は、ナポレオン時代の乱暴な再利用と機能転用を否定し、中世の在りし日の姿を取り戻したいと考えた点で、一九世紀前半のフランスで「時間の巻き戻し」を行った修復建築家の仕事と、まったく同じ背景を持つものである。しかし彼は、一九世紀に増築された兵舎の建物すべてを取り壊すのではなく、そのファサードのみを建て替えた。したがってそれは厳密な意味での時間の巻き戻しではなかった。それどころか彼が行ったのは、「修復」というよりはむしろ「再利用」と呼ぶべきものだったのである。

アヴェーナの仕事は文字通り、既存建物の再利用であった。ナポレオン時代の兵舎のファサードは、すでに見た通り、中世らしさのかけらもない四角い窓が配列されたものだった。そこで彼はこのファサードを中世風のものに変えるために、スポリアを行ったのである。ちょうどその少し前、一八八二年に起こったアディジェ川の氾濫によりヴェローナの街は洪水の被害に遭い、一軒の中世の屋敷が取り壊された。この建物のファサードにはゴシック風の華やかな窓が並んでおり（図5-9）、取り壊しに際してこれらのゴシック風の窓枠は、その美しい装飾もろとも保管されていたのだが、アヴェーナはそれらをカステルヴェッキオのかつての兵舎のファサードに再利用したのである[12]（図5-8）。結果として、中庭に面したこの大きな壁面にはゴシック風の窓がいくつも並べられ、たいへん美しい中世風のデザインとなった。しかしこれは修復でも復原でもない。歴史上、この建物がこのような姿だったことは、一度もなかったからである。むしろ既存建物の構造と空間の再利用、そして歴史上の精巧な装飾や建築部材を他所から移設するスポリアという点で、アヴェーナの仕事は前近代の再利用と類似したものだった。

しかしその一方で彼の仕事は、近代の干渉（ナポレオン時代の兵舎）を剝ぎ取り、中世のデザインに統一するという、様式的な時間の巻き戻し行為であったため、その仕事は文化財の観点から評価された。そして文化財の観点から見る限り、彼の仕事は歴史の捏造であり、まったく正しくないものと評価されることになったのである。

ちなみにアヴェーナは、ヴェローナの歴史的建物を修復し（図5－10）、美しいバルコニーを増築して「ジュリエットの家」として知られる観光名所をつくり出したことでも知られている（図5－11）。シェイクスピアの名作『ロミオとジュリエット』の舞台となったこの街を訪れた観光客が、かの有名なバルコニーを写真に収めて満足して家路につくことができるのは、アヴェーナのおかげなのである。

図5-8　アントニオ・アヴェーナにより中世風に改修されたファサード
右手が川沿いの部分.

図5-9　1882年の洪水で取り壊されたヴェローナのパラッツォ・ディ・カメルレンギ

むろん、ロミオもジュリエットも架空の人物であり、「ジュリエットの家」は歴史的事実ではない。アヴェーナは、実体としての歴史的建造物に刻まれた時間性をうまく利用することで、ある種の歴史的幻想を生み出した人物といえるだろう。それは、カステルヴェッキオで彼がつくり出した中世風のファサードとも、どこか通じる手法であったように思われるのである。

スカルパのカステルヴェッキオ

一九六四年に開館したスカルパのカステルヴェッキオもまた、この建物を文化財に指定するための仕事というわけではなく、美術館としての質を高めることを目的とした建築家としての仕事であった。

図 5-10　アヴェーナによる「修復」前の「ジュリエットの家」

図 5-11　アヴェーナによって「修復」された「ジュリエットの家」

しかし、スカルパの仕事にはむしろ、二〇世紀の文化財的建築観との親和性を見出すことができる。二〇世紀の文化財的建築観は、ともするとオリジナルを過大に評価しがちな価値観とせめぎ合いながら、「過去の歴史的芸術的作品は、どの時代の様式をも除外せず尊重されねばならない」（一九三一年、アテネ憲章）、「ある記念建造物に寄与したすべての時代の正当な貢献を尊重すべきである」（一九六四年、ヴェニス憲章）と謳ってきた。スカルパはこうした文化財の態度を受け入れ、中世の城郭の部分も、近代の兵舎の部分も、さらには一九二〇年代のアヴェーナの時代にデザインされた擬似中世風のファサードすらも、すべての既存部分を生かしながらこの美術館を整備したのである。

ヴェニス憲章によって文化財的建築観がその完成形に達しようとしていた時代に、建築家の側からこうした考え方に歩み寄りながら、歴史的建物を再生することに成功したこの建築は、建築時間論を新たなフェーズに進める重要な事例となった。この頃から、たとえその建物が文化財に指定されたものではなかったとしても、歴史的な既存建物を再利用する場合には、文化財のルールを参照すべきと考えられるようになっていったのである。

4　歴史的建物の再利用という可能性（一九七八年）

世界遺産の誕生

一九六四年のヴェニス憲章、そして一九六五年のイコモスの設立は、国際的な取り決めとしての文化財のルールを定めたばかりでなく、既存の（歴史的な）建物に対峙する上での「正しい」態度を定めたということができそうである。この文化財的建築観は、ある種の倫理的態度として、建築に携わるすべての人々に迫ってくることになった。これが適用されないのはただ、再開発によってすべてを破壊し尽くす場合のみで、この場合には倫理性よりも経済性が勝ることになる。建物を残そうとすると文化財のモラリティが立ち現われてくるため、それを避けるために早急に壊してしまおうという態度すらも、散見されるように思われる。

一九世紀に登場した文化財的建築観は、こうして二〇世紀後半にはきわめて強い理念に昇華していくことになり、その究極の姿が「世界遺産」であった。一九七二年に批准された世界遺産条約をもとに第一回世界遺産委員会が開催され、その実際の作業指針が定められたのは一九七七年のことである。そしてついに、一九七八年の第二回世界遺産委員会にて、最初の世界遺産（文化遺産八件、自然遺産四件）が登録された。こうして文化財はそれぞれの国の遺産という位置付けから、全世界人類の遺産という存在へと格上げされることになったのである。

再利用の可能性

「文化財」という理念が、このようにますますの純化を遂げていった一方で、その文化財の側から、歴史的建物の再利用の可能性に対する関心が提起されたのも、同じ一九七八年のことであった。この年の一月三一日から二月四日にかけて、アヴィニョンの旧教皇宮殿のなかでイコモス・フランス文部主催による大規模なシンポジウムが開催された。それは「歴史的記念物を使う」ことに関する討論会であり、そこでは「創造と伝統を和解させ、歴史的記念物に生命の息吹を取り戻す」可能性が議論された。

これに先立って実施されたのが、『建築遺産の再利用』という調査であった。出版された書籍の表紙には、またもアルルの円形闘技場が登場している（図5-12）。これはフランスの環境省建築局（当時）と歴史的記念物局の共催事業として実施された調査研究で、実際に調査を担当したのは都市・建築研究協会（ARUA）という組織である。

ARUAに与えられた使命は、主としてフランス国内の近年の既存建物の再利用の事例について、最初の総括となるものをまとめることだった。本書の研究対象は、指定や登録によって保護されているという意味における「歴史的」建造物には限定されていない（……）再利用のプロセス、オリジナルの用途と新しい用途の性格、手つかずで残された建物の部分、いかなる工事がなされたのか、そこで生じた問題（それは解決されたか否か）（……）美学的、技術的、財務的、そして機能的に、その建物になされた計画について、記録がなされた。[13]

この研究成果は、アヴィニョンのイコモス・シンポジウムで発表されたものであり、当初からこのイコモスの企画に合わせて立案された調査だったようである。そしてそのことを考え合わせると、一九七八年にイコモスが「歴史的モニュメントを使う」というテーマで検討しようとしたことは、ヴェニス憲章で謳われたような、単に「モニュメントを社会的に有用な機能に当てはめる[14]」という意味で

図5-12　都市・建築研究協会（A. R. U. A.）『建築遺産の再利用』（右）
図5-13　イコモス『歴史的記念物を使う』（中）
図5-14　ポンピドゥー・センター，CCI『古い建物――新しい用途』（左）

の「活用」ではなかった。むしろ「建物の設計と装飾を変更」する可能性を積極的に検討し、すなわち建築家による創造的な行為と文化財の理念による歴史と伝統の保護とを融合させることで、積極的に「こうした制約の範囲を逸脱」する可能性を探ろうとしたものと考えられる。

一九七八年のイコモスのシンポジウムは、同年、フランス歴史的記念物局発行の雑誌 *Monuments historiques* の特集号「歴史的記念物を使う」で、詳細に報告された（図5-13）。シンポジウムでの数々の報告は、改めて論文としてこの雑誌に掲載されている。じつは筆者が、本書のとくに2章「再利用的建築観」でとりあげた事例のいくつかは、これらの論文で紹介されていたものであった。一九七八年の時点でイコモスは、文化財的建築観とは異なる、再利用的建築観の事例研究をはじめていたのだ。

同じ一九七八年には、もうひとつ注目すべき出版物が刊行されている。パリのポンピドゥー・センターと産業創造センター（CCI: Centre de Création Industrielle）の協力編集による『古い建物――新しい用途』である（図5-14）。この冊子の目的は「ある場合には相補的で、ある場合には相反的なそれぞれ異なるプロセスを経ながら、リノベーション、修復、再活性化、コンバージョンなどの操作によって、放棄された建物の再利用を実現した」[15]さまざまな事例を紹介することだった。一九七七年に設立されたばかりのポンピドゥー・センターに組み込まれていたCCIは、ポンピドゥーにおける展覧会の企画や書籍の刊行など、この組織における企画立案の重要な役割を担っていた。本書はポンピドゥーの展覧会にまでは発展しなかったようだが、この時期、建物の再利用という行為に対して、アートと建築の観点からも強い関心が注がれていたことを示しているといえるだろう。本書に掲載されているのは、工場、市場、倉庫や修道院から文化センターや展覧会場、図書館や住宅へのコンバージョン、住宅のリノベーションなどで、近年のコンバージョンやリノベーションの事例研究の草分け的な書籍と見ることができるものになっている[16]。

旧オルセー駅

イコモスが文化財の側から歴史的建築の再利用に関心を抱き、ポンピドゥー・センターがアートと建築の側から既存建物の再利用に関心を抱いたのが、同じ一九七八年だったことには何か理由があるのだろうか。その直接的な理由を何かひとつの出来事に求めるのは難しいだろう。もしかすると、その六年前の一九七二年に「ストックホルム人間環境宣言」が採択され、また同年にローマクラブによる『成長の限界』が発表されるなどしたことが、にわかに環境問題に対する人々の関心を高め、その結果として建築リサイクルの模索がはじまったということなのかもしれない。あるいは、ここで挙げた例がいずれもフランスの出来事だったことを鑑みると、ある重要な歴史的建物の再利用がこの時期のパリで進められていたことが、直接的な契機となっていたのかもしれない。

その建物とは、旧オルセー駅である。オルセー駅は一九〇〇年のパリ万博にあわせて、ホテルを併設する新駅として開業した。この駅からセーヌ川沿いに西へ一〇分ほど歩くと同年に建造されたアレクサンドル三世橋があり、この橋を渡ったところに、この年のパリ万博主会場となったグラン・パレとプティ・パレがある。一九世紀後半を通じて何度も開催されたパリ万博では、鉄とガラスの大空間が好まれた。いまも残るグラン・パレも、こうした鉄とガラスの大空間の好例である。オルセー駅もまた、鉄とガラスの大空間であった。オルセー駅のガラスのヴォールト天井は、高さ三二メートル、幅四〇メートル、長さ一三八メートルという巨大な空間を覆っており、その鉄の骨組みが、美しく彫刻された石灰岩のパネルで被覆された。オルセー駅は、近代の鉄という技術による革新的な大空間と、伝統的な石材による優雅さを兼ね備えた美しい建築として、人々から称賛をもって迎えられたのだった⑰。

しかし祝祭的な華やかさを持っていたはずのこの駅は、すぐに時代遅れなものになっていく。主要な原因のひとつは、より多くの乗客に対応するために鉄道車両が延伸したことに、この駅舎が対応できなかったことである。一九世紀半ばの鉄道黎明期に建設されたパリの主要駅は、いずれもターミナル駅だったため、駅舎とは線路そのものの終着点であった。したがって鉄道車両が延伸された際には、駅舎のファサードとは反対側に、ただプラットホームを伸ばしていけばよかった。しかしオルセー駅はパリの中心部につくられた通過駅だったため、駅舎は当初の鉄道の長さによって規定されていた。そして車両の長さがオルセー駅の大ホールの長さを超えたとき、この大空間と鉄道との関係は分断されてしまったのである。一九三九年には長距離幹線鉄道の駅としての使用が停止され、地下部分だけがパリと郊外をつなぐ近郊路線の駅として使われ続けたのだった[18]。

再開発計画から文化財＋再利用へ

こうしてオルセー駅の大ホールは役割を失ってしまった。第二次世界大戦中には捕虜収容所や物資の輸送センターなどにも使われたようだが[19]、戦後になると不要になった駅舎の再開発計画が持ち上がる。一九五五年には駅舎を建て替え、ここに会議場やオフィスなどからなる複合施設を新築する最初の計画が登場する。その後幾つかの計画の変転を経て、一九六一年にはフランス国鉄ＳＮＣＦが、ここに巨大ホテルを新築することを計画し、設計コンペを開催した。この再開発計画にはル・コルビュジエをはじめとする建築家たちがホテルのデザインを提案したが、コンペで採択されたのはギヨーム・ジレとルネ・クロンによる提案だった[20]。

二人の建築家はコンペ案をもとに、その後の約一〇年間で実施設計を進めていったようである。しかし一九七一年になって、文化相ジャック・デュアメルの意見などにより、突如として建設計画が停止される。いまにして思えばこの時点に至ってなお、古い駅舎が取り壊されていなかったことは僥倖だったといえるだろう。この頃の旧オルセー駅の大ホールの写真を見ると、天井の被覆材は剝げ落ちて鉄骨の骨組みが露出しており、瓦礫が床に散乱している（図5‐15）。見るからに危険な廃墟そのものである。しかしフランス政府は一九七三年にこの建物を歴史的記念物の追加リストに登録し、この建物の保護を決めたのだった。コンペで正式に選ばれ、設計を進めていた二人の建築家と、事業主であるＳＮＣＦは、工事停止の撤回を求め訴訟を起こし、それが無駄とわかると今度は損害賠償を求めて訴訟を起こした[21]。しかしこの決定が覆ることはなかったのである。

この古い駅舎の取り壊しが回避されるとすぐに、フランスの博物館局はこの建物を美術館として再利用する計画の検討をはじめる。工事停止が決定した一九七一年という年は、ジョルジュ・ポンピドゥー大統領のもとで現代美術の新しい美術館の設計コンペが開催され、レンゾ・ピアノとリチャード・ロジャースの斬新な提案が採択された年でもあった。博物館局は、この一九七七年に開館する予定のポンピドゥー・センターに収蔵される現代美術よりも古く、ルーヴル美術館に収蔵されている前近代の美術作品よりは新しい、一九世紀から二〇世紀初頭の美術を収蔵するもうひとつの美術館を提案したのである。この提案が大統領ポンピドゥーによって承認され、オルセー美術館構想がスタートすることになった。一九七八年、この建物は正式にフランスの歴史的記念物に指定された。そして同年、旧駅舎を美術館にコンバージョンする設計コンペが開催され、若手建築家グループＡＣＴの提案が採用されたのだった[22]。

図 5-15　1970 年頃の旧オルセー駅大ホール内観

オルセー美術館が開館したのは、それから八年後の一九八六年のことである。しかしこの建物の転生《アフターライフ》は一九七八年までに決定されていた。それはまさに文化財的価値観と再利用的価値観のハイブリッドであった。建設当初の美しい部分は修復され、その優美さが際立たされた。その一方で、必要な変更は大胆になされることになった。この年に、イコモスとポンピドゥー・センターが相次いで歴史的建築再利用の可能性に関するリサーチをはじめたことは、やはり偶然ではなかったように思われるのである。

オルセーから現在まで

一九七八年に新たな転生《アフターライフ》を運命づけられたオルセーは、当時としてはまだ例外的な試みだったといえるだろう。しかし、一九九〇年代半ばになると類似の事例が次々に登場し、現在に至るまで増え続けている㉓。

たとえばロンドンでは、テムズ河畔のバンクサイド発電所を美術館へと転用する計画のため、一九九四年に設計競技が開催され、これに勝利した建築家ヘルツォーク&ド・ムーロンが二〇〇〇年にテート・モダンを開館させた。もともとこの発電所は、4章でとりあげたイギリスの修復建築家ジョージ・ギルバート・スコット卿の孫にあたるジャイルズ・ギルバート・スコット卿が二〇世紀半ばに設計したものであり、近代の産業遺産と呼ぶべきものであった。

ウィーンにも一九世紀末に建造されたガスタンク（ガソメーター）があったが、一九九五年に再利用されることが決まる。四棟の円筒形の構造体が、ジャン・ヌーヴェルやコープ・ヒンメルブラウといった建築家たちによってリノベーションされ、二〇〇一年に学生寮やショッピングセンターなどとして生まれ変わった。

ドイツではケルン大司教区美術館の事例が有名である。この美術館は一八五三年に設立された後、第二次世界大戦の空爆の被害などもあり移転を繰り返していたが、一九九六年に聖コロンバ聖堂の跡地への移転を決める。聖コロンバ聖堂は古代まで遡る歴史を有する教会堂で、歴史上何度も改築されてきたものだったが、これも第二次大戦の空爆によって大きな被害を受け、廃墟となっていた。戦後、部分的に修復され、また発掘調査により地下からは古代や中世の建物の基礎が発見されていたこの廃墟を敷地として、一九九七年に新たな大司教区美術館のための設計競技が行われ、これに勝利したのが建築家ピーター・ズントーだった。二〇〇七年に完成した聖コロンバ・ケルン大司教区美術館は、現代における廃墟再利用の傑作である。

パリでは、一九世紀半ばに建設された旧バスティーユ線の鉄道高架橋が、並行して走る地下鉄に取って代わられて廃線となり、そこが再利用の舞台となった。建築家パトリック・ベルジェの協力のもと、一九九〇年頃から一九九七年にかけて、かつての高架は植栽豊かな散歩道へと生まれ変わった。高架下の巨大なアーチの連なりは、大きなガラスが填められて室内空間へと変貌し、そこにはアート・ギャラリーや工房、カフェなどが入居した。ヴィアデュク・デ・ザール（芸術の高架橋）という命名とそのコンセプトは、さすがはパリというべきだろう。

廃線となった鉄道高架の再利用は、ニューヨークでも行われた。閉鎖されていたハイ・ラインの線路跡を緑道公園として甦らせるための工事が二〇〇六年からはじめられ、マンハッタンのビル群の谷間を通り抜け街を見下ろす空中緑道公園として、みごとに再生された。

二〇一三年には、東京でも同じような都心の高架緑道公園が誕生するチャンスがあった、といえるかもしれない。東急東横線渋谷駅が地下鉄と一体化され、渋谷と代官山のあいだの高架線路が廃線となったからである。しかし東京は、パリ、ニューヨークに続くことはできなかった。かまぼこ屋根と呼ばれて親しまれてきた旧東横線渋谷駅プラットホームは、閉業から次の開発工事が始まるまでの僅かな期間、商業施設やビアホールなどの一時的なイベント空間として再利用された後、すぐに取り壊されてしまった。このイベントを企画した人たちは、東京では珍しい複数のホームを持つターミナル駅として、どこか欧米の駅のような雰囲気を持っていたこの駅舎空間を再利用する可能性を感じ取っていたのだろう。しかし東京では近年ますます、駅ビルを高層化して経済利益を生むことが至上命題となっており、「再利用」の可能性は、「再開発」の経済性に道を譲ったのである。

現代社会における再利用の意義

渋谷駅の事例では、たしかに欧米のような既存建物の再利用は実現しなかった。だが日本でも、欧米に引けをとらない魅力的な再利用事例が次々に登場しはじめている。建築家が主体的に関与して歴史的な建物を創造的に再利用する事例は、世界中でますます増えていくことになるだろう。こうした既存建物の「再利用」という現象を評価するうえでは、「再開発」と「文化財」という両極のあいだでバランスをとるだけの、妥協的な解決策として捉えないように注意すべきである。

本書が見てきたとおり「再利用」は、一六世紀に活発になる「再開発」や、一九世紀に誕生する「文化財」よりも、遥かに古くから行われてきた建築行為であった。いま世界中で見られる建築の「再利用」は、カステルヴェッキオやオルセーで初めて登場し一九九〇年代以降に花開いたかのように語られがちである。二〇世紀という驚異的な成長の時代から次の時代へと移行しようとしている、過渡的なフェーズのなかで生まれてきた社会現象としては、そのように語ることもできよう。しかしもっと長い歴史のスパンを考えたとき、「再利用」とは決して、「再開発」と「文化財」のあいだの妥協案などではなかったことが理解できるはずだ。

実際、本章で見てきたように、二〇世紀後半の建築時間論のなかにも、再開発（新築）と文化財（保存）と再利用（改変）の三つ巴のような関係性の萌芽を見てとることができた。チームXやメタボリズム・グループの建築家たちは、再開発して新築した建築の未来の再利用の可能性を考えた。ヴェニス憲章以降、建築家たちは歴史的建築を文化財的な理念に基づいて創造的に再生する可能性を模索するようになった。そして旧オルセー駅の再利用プロジェクトの頃からは、文化財的で歴史的な価値を持つと考えられてきた建物を、積極的に改変しながら再利用する可能性が検討されてきたのである。これらの議論のなかでは、「再開発」の経済性と「文化財」の倫理性に対して、ただ「再利用」だけを一段低いヒエラルキーに位置付けたわけではなかったはずである。

経済的発展を唯一無二の正答としてきた「再開発」の価値観と、人類の歴史的遺産を保存することをモラルある正しい態度と評価してきた「文化財」の価値観。おそらくこれらは、近代という成長時代のなかでこそ生まれ、育まれてきた価値観だったといえるだろう。近代的価値観のなかでは、「再利用」はむしろ野蛮な行為として沈潜していくことになった。しかしいま、社会そのものが「近代」から次の時代へと移り変わる歴史的な転換点を迎えているのだとすれば、建築再利用という行為を近代的価値観によって低く見積もるのではなく、三つの建築行為を等価に評価していくことこそが重要なのではないだろうか。

(1) シカゴにおける初期の鉄骨フレームの高層ビルが人々にもたらした驚きについては以下を参照。高山正実「企業活動へのクリエイティヴな対応　シカゴ派の建築」『PROCESS ARCHITECTURE　プロセス No. 35　シカゴ派の建築』一九八三年、一三頁。

(2) マリオ・カルポ、前掲書、四頁。

(3) Stewart Brand, *How Buildings Learn: What Happens After They're Built*, Penguin Books, 1995, p. 5.

(4) *ibid.*, p. 2.

(5) *ibid.*, pp. 2-3.

(6) A. and P. Smithson, "The Aesthetic of Change", *Architect's Year Book*, vol. 8, 1957, p. 17.

(7) 『METABOLISM 1960――都市への提案』美術出版社、一九六〇年。

(8) John Voelcker, «CIAM 10, Dubrovnik, 1956», *Architect's Year Book*, vol. 8, 1957, p. 50.

(9) アルド・ロッシ『都市の建築』大島哲蔵、福田晴虔訳、大龍堂書店、一九九一年、一一八頁。

(10) Richard Murphy, *Carlo Scarpa & Castelvecchio*, Butterworth Architecture, 1990, p. 6

(11) *ibid.*, p. 7.

(12) *ibid.*

(13) A. R. U. A., *Réutiliser les patrimoine architectural*, tome 1, 1978, p. 4.

(14) ヴェニス憲章フランス語原文第五条より筆者訳。原文は、"l'affectation de ceux-ci à une fonction utile à la société"。日本イコモス国内委員会の翻訳によるヴェニス憲章第五条は次の通り。「記念建造物の保全は、建造物を社会的に有用な目的のために利用すれば、常に容易になる。それゆえ、そうした社会的活用は望ましいことであるが、建物の設計と装飾を変更してはならない。機能の変更によって必要となる改造を検討し、認可する場合も、こうした制約の範囲を逸脱してはならない。」――『新建築学大系五〇　歴史的建造物の保存』九二頁。

（15） Centre national d'art et de culture Georges Pompidou, Centre de Création Industrielle, *Bâtiments anciens... Usages nouveaux: Images du possible*, 1978, p. 2.

（16） 一九七八年のフランスにおける三冊の刊行物（図5－12〜図5－14）に筆者の注意を向けてくれたのは、フランスの建築家で建築史家のドミニク・ルイヤールによる論文であった（Dominique Rouillard, "Le monument à l'ère de l'événement", *Monumental*, semestriel 1, 2013, pp. 6-11）。彼女はこの論文の中で、一九七八年に起こった四つの出来事に着目している。一つめはアヴィニョンで開催されたイコモスのシンポジウム。二つめはポンピドゥー・センターとＣＣＩの出版企画。三つめは、アメリカの建築家フランク・ゲーリーが一九二〇年代のヴァナキュラーな住宅を改築して自邸としたこと。そして四つめは、（カルロ・スカルパがこの世を去ったこの年に）イタリア、トリノ近郊のリヴォリ城を、修復建築家アンドレア・ブルーノがきわめて現代的な手法で修復したことである。

（17） Caroline Mathieu, *Musée d'Orsay*, Scala, 2013, pp. 19, 24.

（18） *ibid.*, p. 29.

（19） *ibid.*

（20） ArchiWebture: inventaires d'archives d'architectes en ligne, «Fonds Gillet, Guillaume（1912-1987）», 152 Ifa, Cité de l'architecture et du patrimoine.

（21） *ibid.*

（22） C. Mathieu, *op. cit.*, pp. 35-36.

（23） 近年の既存建物再利用の事例を「コンバージョン」という観点から収集、分析した研究としては、次の二冊があげられる。小林克弘、三田村哲哉、橘高義典、鳥海基樹『世界のコンバージョン建築』鹿島出版会、二〇〇八年、小林克弘、三田村哲哉、角野渉編著『建築転生　世界のコンバージョン建築Ⅱ』鹿島出版会、二〇一三年。

おわりに

本書は、古代から二〇世紀までの建築観の変化を、主として西洋の歴史を中心に概観してきた。建築の専門領域の内側に閉じた議論に終始するばかりでなく、本書の議論が広く一般に波及してくれれば、これに勝る喜びはない。なぜなら建築の再利用は、建物の所有者の希望があってこそ実現されるものだからである。建物に住み、建物を利用する人々が、建物に対して抱く価値観を再考する一助に、本書がなってくれればと強く願っている。

筆者が大学の講義などでこうした話をしていて感じるのは、建築を学んでいる学生たちは、少しずつ既存建物を再利用する可能性や重要性に気づきはじめているということである。一方、建築を専門としない「一般の」学生たちに建築再利用の話をすると、約半数の学生は素直に共感してくれるのだが、残りの半数の学生は「日本では再利用は難しいのではないか」という感想を抱くようだ。彼らから必ず出てくる反論が二つある。ひとつは「日本は西洋の石造とは違って木造だから……」というもの、もうひとつは「日本は地震国だから……」というものである。

だがじつは木造の建物は、石造の建物よりも部材交換が容易であり、傷んだ材木を交換しながら建物を長持ちさせる技術と伝統が、日本にはあった。傷んだ部材の交換をするついでに、庭側に一部屋増築しようという改築工事は、おそらく石造よりも木造の方がずっと簡単なのである。こうした建築行為はいずれも、西洋における再利用的建築観と、おそらく同じ感覚だったといえるだろう。近所の大工に頼んで木造の住宅の補修や改築をするという行為は、日本ではまったく普通の光景だったのだ。また何らかの事情で解体された建物の立派な部材を、他の建物で再利用するということもしばしばなされてきた。すなわちスポリアもまた、日本の建築の伝統のなかで、ごく一般的な行為だったといえるだろう。

地震についていえば、「日本は地震国で災害国だから、すぐに建て直すことのできる木造文化を作り上げてきたのではないか」と考える者がいるかと思えば、「既存建物の再利用よりも新築の方が技術的に安心安全であるから、建物の再利用は日本では普及しないのではないか」と主張する者もいるようだ。だが壊れることが前提の木造が日本人の精神的伝統であるかのように語るのは、コンクリート文明以降の近代的価値観に毒されているからではないだろうか。木造は必ずしも地震に弱いわけではない。伝統的には、地震で建物が歪んでしまったとしても、エイっと立て起こして使い続けることができるのが、木造の利点だったのである。メンテナンス・フリーが当たり前になってしまった現代人からすれば、地震で建物が歪むと聞いただけで、野蛮で技術力の低い構造だと思うかもしれない。しかし、少し傷がついただけですべてを捨ててしまう「使い捨て」こそが近代文明的で、補修して使い続ける再利用の感覚が野蛮で前近代的と感じる価値観には、きわめて素朴な近代信仰が隠れていないだろうか。むろん技術革新は大切である。そして再利用で建物を改修する際に、最新技術の耐震補強で安全を確保し、最新設備で快適な生活を実現することは可能なのである。新築こそがもっとも優れていると盲信するのは、じつは思考停止でしかない。

さらに近代になると、鉄筋コンクリート造や鉄骨造の建物が普及するが、これは西洋でも日本でも共通の建築構造である。鉄骨造のオルセー駅の再利用は、日本でもできるはずなのだ。日本は木造の国だから、西洋的な建物の再利用という価値観とは相容れないのだ、などと訳知り顔に語ることはやめようではないか。欧米では石造の建物ばかりでなく、鉄筋コンクリート造や鉄骨造の建物を上手に再利用している例も数多い。そうした事例を素直に学ぶことに損はないだろう。日本は一九世紀末に西洋の「建築」を学んだ。しかしその頃の西洋は、ちょうど文化財的価値観の台頭により、再利用的建築観が下火になっていた時期だった。そのため日本は、建築が有している価値観のうち「再開発的建築観」と「文化財的建築観」だけを、西洋の「建築」の本質として学び、「建築再利用」の価値観を学び損ねてしまったのである。現代の日本人が建築再利用に不慣れなのは、日本が木造文化だからでも地震国だからでもないのだ。

経済行為としての建築を考えても、建築の再利用には高いポテンシャルがある。パリの中心部で不要になって長年打ち捨てられていた駅舎を、ただ解体して新築の高層ビルに建て替えるのではない、別のやり方を選択した結果、オルセー美術館は世界中の観光客を集める比類なき美術館となったのだ。経済的成功をもたらすものは新築のビル以外にもあるのだという選択肢を、日本人はもっと知っておくべきだろう。

この点において、建築再利用は建物のオーナーの判断にかかっている。文化財の保護は、どちらかというと第三者の判断に委ねられていた。国や自治体など行政が上から指定することを考えても、取り壊しの危機に瀕した歴史的建物に対する保存運動が有志の市民団体や学会などのイニシアチブによってなされることを考えても、文化財の保護は、建物の所有者とは別の人々によって推進されることが多い。それを嫌って所有者が建物の取り壊しを早めることもしばしばである。歴史的建物は人類共通の公共財産であるとする考え方が文化財の理念であるため、市民団体が当事者として保存を要望することが可能になるわけである。

そして文化財は公共財産であるという考え方の結果、開発と保存の妥協案として多く登場するのがファサード保存である。建物の外観は公益に資する部分であり、街並みとの調和、景観の保護という観点から特に重要とされてきた。それゆえに外観は保存するが、建物の内部は所有者のものであるからオーナーの自由にしてもよいという考え方に行きつく。その究極的な帰結が、歴史的な建物の皮一枚を残し、内側に超高層ビルを新築するような、都市部で見られる手法であった。

だが、既存建物に対する人々の態度がこうしたものであり続ける限り、建物を創造的に再利用する豊潤な建築文化を獲得するのは難しいだろう。歴史的建物の素晴らしさは、外観だけにあるわけではない。たとえば企業のビルの最上階には、荘厳な装飾を備えた社長室や役員室が隠されているかもしれない。* そうした、公共に属するのでなく、むしろ限りなくプライベートな空間や装飾を再利用することができるのは、建物の持ち主の特権なのである。その社長室をパブリックに開放して博物館のように維持する手法が文化財的であるとすれば、それを自社ビルの建て替えの際に新社屋にも継承して会社の歴史と伝統をアピールする方法をとれば、それは再利用的といえるだろう。

＊ フィリップ・デイヴィース『芸術の都 ロンドン大図鑑――英国文化遺産と建築・インテリア・デザイン』（加藤耕一監訳、西村書店、二〇一七年）はロンドンにおける一八〇もの歴史的建築をとりあげ、一般にはあまり公開されていないその「隠された」インテリアを、膨大なカラー写真を用いて紹介する試みである。それらの建物はイングリッシュ・ヘリテージに登録されており、パブリックな文化財修復と、プライベートなリノベーションとコンバージョンの繰り返しによって、その豊かな歴史性を現代に継承している。

社長室のようなエグゼクティブな空間でなくてもいい。亡き祖父が愛してやまなかった古い住宅でも、それは同じことである。公共財産である必要はない。個人の思い入れこそ、再利用の出発点である。

そのためには、「更地から考える」「取り敢えず壊してから考える」という態度を改めてみてはどうだろう。既存建物がそこにある、という状態を思考の出発点とするのだ。それは、古代末期の人々が、無用の長物となった円形闘技場を自然地形のように捉えたのと同じ態度である。そのうえで、「再開発」と「文化財」と「再利用」の可能性を検討すれば、可能性は大きく広がるだろう。役立てられる強い構造を再利用し、美しい装飾や空間を再利用し、どうしようもない部分は取り壊せばいい。廃墟となったオルセー駅は、コンペで再開発案が選ばれても、すぐには取り壊されなかったからこそ、オルセー美術館へと転生を遂げることができたのだ。「敷地」が建築のスタート地点なのではない。「既存建物」が新しい建築のスタート地点なのである。

本書の執筆は、筆者にとって大きな挑戦であり、未知の領域への冒険であった。筆者の研究対象は、これまでゴシック建築を中心としてきたが、本書は古代末期から現代にまでいたる「通史」と呼べるような長い時間のスパンを扱うことになった。むろん、本書を通史と捉えるならば、さらに多くの事例を詳細に論じるべきだっただろう。さらなる詳細な研究は今後の課題である。しかし本書においては、様式史に基づいた「点の建築史」にかわって、長く持続する時間という観点から建築の歴史を捉え直し「線の建築史」によって書き換える可能性とその枠組を示すことはできたのではないかと思う。

筆者がゴシック建築研究という自身の核となる研究領域の垣根を越え、この挑戦に踏み出すことができたのは、多くの先生方や僚友たちのおかげである。ここにすべての方々のお名前を記すことはできないが、心からの感謝を申し上げたい。

なかでも伊藤毅先生と藤井恵介先生には格別の感謝を捧げたい。お二人がそれぞれに主催されている研究会に参加させていただいたこと、また日常的にも先生方の研究に触れさせていただいたことは、私の視野を大きく広げてくれた。とくに伊藤先生には、大きな時間軸のなかでは都市のモニュメントすらも変化していくのだということに、そして藤井先生には、建築様式史という枠組そのものを再構築する可能性に気づかせていただいた。

またAUSMIPという日欧の交換留学制度の責任教員として、幾たびもヨーロッパ出張にご一緒させていただいた大野秀敏先生と松村秀一先生には、ヨーロッパの街を歩きながら、現代日本が直面する建築と都市の問題に改めて目を開かせていただいた。またお二人の先生方ばかりでなく、AUSMIPに関わるすべての日欧の先生方から多様な観点による刺激をいただき、パリに短期滞在してフィリップ・オーギュストの市壁に関する研究を進める機会もいただいた。

二〇一四年に開催したシンポジウム「時間のなかの建築――リノベーション時代の西洋建築史」で、それぞれに素晴らしい論考を発表してくださった松本裕氏、黒田泰介氏、中島智章氏、伊藤喜彦氏、岡北一孝氏、また的確かつ刺激的なコメントで応じてくださった島原万丈氏、横手義洋氏、宮部浩幸氏、そしてシンポジウムを見事に総括してくださった三宅理一先生にもお礼申し上げたい。このシンポジウムこそ、本書の原点であった。

そして本書が一冊の書籍として刊行できたのは、編集者の神部政文氏のおかげである。二年前の金沢二一世紀美術館で声をかけてもらったことが、本書執筆のスタート地点だった。以来、時に筆者を励まし、時に冷静なアドバイスで、本書を完成まで導いていただいた。

最後に、いつも筆者を支え続けてくれる妻と娘にも感謝を伝え、この冒険を終わりにしたい。

二〇一七年三月

加藤　耕一

付記

本書は、以下のような研究助成の成果である。記して感謝申し上げる。

JSPS 科研費 24560780 基盤研究（C）「西洋建築史学の現代性に関する基盤的研究」（研究代表者・加藤耕一、二〇一二—二〇一四年度）

JSPS 科研費 15K06395 基盤研究（C）「構築と再利用の観点による西洋建築史学の再構築のための基礎研究」（研究代表者・加藤耕一、二〇一五—二〇一八年度）

JSPS 科研費 20246093 基盤研究（A）「日本建築様式史の再構築」（研究代表者・藤井恵介、二〇一一—二〇一二年度に研究分担）

JSPS 科研費 25249083 基盤研究（A）「被災・破損を起因とする建設の技術革新と建築様式に関する歴史的研究」（研究代表者・藤井恵介、二〇一三—二〇一七年度に研究分担）

JSPS 科研費 25630257 挑戦的萌芽研究「建築の図化の技術に関する歴史的研究」（研究代表者・藤井恵介、二〇一三—二〇一五年度に研究分担）

EACEA, Erasmus Mundus Action 2 - Strand 2 - Lot 2 Asia-Pacific “AUSMIP +”（二〇一三、二〇一四年にパリ短期滞在）

第1章第1節、第2節は、以下にて発表した内容を含む。

シンポジウム「時間のなかの建築——リノベーション時代の西洋建築史」（二〇一四年一一月二九日、於東京大学）

第3章3節は、以下にて発表した内容を含む。

JSPS 二国間交流セミナー「伝統都市のイデア・インフラと分節的な社会＝空間構造」（セミナー代表者・伊藤毅）（二〇一三年一一月二二、二三日、於パリ第Ⅳ大学（Paris-Sorbonne））

加藤耕一（かとう・こういち）

1973年東京生まれ．東京大学大学院工学系研究科建築学専攻准教授．

2001年東京大学大学院工学系研究科建築学専攻博士課程修了．博士（工学）．

東京理科大学理工学部助手，パリ第4大学客員研究員（日本学術振興会海外特別研究員），近畿大学工学部講師を経て2011年より現職．

主な著書に『ゴシック様式成立史論』（中央公論美術出版，2012年），『「幽霊屋敷」の文化史』（講談社現代新書，2009年）ほか．訳書にH. F. マルグレイヴ『近代建築理論全史 1673-1968』（監訳，丸善出版，2016年），S. ウダール・港千尋『小さなリズム――人類学者による「隈研吾」論』（監訳，鹿島出版会，2016年），J.-M. ペルーズ・ド・モンクロ『芸術の都パリ大図鑑――建築・美術・デザイン・歴史』（共訳，西村書店，2012年）などがある．

時がつくる建築
リノベーションの西洋建築史

2017年 4月21日　初　版
2024年10月25日　第5刷

［検印廃止］

著　者　加藤耕一

発行所　一般財団法人　東京大学出版会

代表者　吉見俊哉

153-0041 東京都目黒区駒場 4-5-29
https://www.utp.or.jp/
電話 03-6407-1069　Fax 03-6407-1991
振替 00160-6-59964

印刷所　株式会社三陽社
製本所　牧製本印刷株式会社

ISBN 978-4-13-061135-0　Printed in Japan

人名索引

［あ行］
アヴェーナ，アントニオ　Avena, Antonio　312-316
アウグストゥス　Augustus　106
アウレリアヌス　Aurelianus　49
アルカディウス　Arcadius　61, 62, 69, 70
アルベルティ　Alberti, Leon Battista　34, 37-43, 191, 200, 201, 207-209, 285, 295
アントニヌス・ピヌス　Antoninus Pius　49, 137
アンドレア，ジョヴァンニ　Andrea, Giovanni　136, 137
アンリ四世　Henri IV　17, 156, 157
ヴァザーリ，ジョルジョ　Vasari, Giorgio　71, 72, 111, 113, 137, 209, 210
ウァレンス　Valens　68, 69
ウァレンティニアヌス一世　Valentinianus I　60, 68
ヴァンヴィテッリ，ルイージ　Vanvitelli, Luigi　106
ヴィオレ＝ル＝デュク　Viollet-le-Duc, Eugène Emmanuel　114, 116, 224, 236, 239, 242-251, 254, 256, 260-263, 267, 269, 272, 278-281
ヴィスコンティ，ルイ　Visconti, Louis　26, 27
ウィトルウィウス　Vitruvius　197, 204, 234, 235
ヴィンケルマン，ヨハン・ヨアヒム　Winckelmann, Johann Joachim　139, 140, 238
ウェスパシアヌス　Vespasianus　137
ヴォウルカー，ジョン　Voelcker, John　308
ウォーラーステイン，イマニュエル　Wallerstein, Immanuel　16, 43, 102, 141-143
ヴォルフ，フリードリヒ・アウグスト　Wolf, Friedrich August　140
ウォルポール，ホレス　Walpole, Horace　194, 195, 254
エドワード黒太子　Edward, the Black Prince　99, 166
大高正人　305
オルレアン公ルイ（ルイ・ド・ヴァロワ）　Louis Ire d'Orléans　167

［か行］
カール大帝（シャルルマーニュ）　Charlemagne　51, 73, 102, 135
カウフマン，エミール　Kaufmann, Emil　25
カルポ，マリオ　Carpo, Mario　39-42, 197, 295
川添登　305
ガン，ウィリアム　Gunn, William　19
キケロー　Cicero　200, 201

ギャンペル，ジャン　Gimpel, Jean　77
菊竹清訓　305, 307
グラティアヌス　Gratianus　60
グリーンハルシュ，マイケル　Greenhalgh, Michael　74
グレゴワール，アンリ　Grégoire, Henri　227
クロヴィス一世　Clovis 1er　220
黒川紀章　305-307
黒田泰介　52, 56
クロン，ルネ　Coulon, René　322
ゲーテ　Goethe　138, 139, 140, 194, 226
ケント，ウィリアム　Kent, William　252
コープ・ヒンメルブラウ　COOP HIMMELB（L）AU　324
コールハース，レム　Koolhaas, Rem　169
コット，ロベール・ド　Cotte, Robert de　115, 222, 223, 241
コンスタンティヌス一世　Constantius I　49, 58, 59, 70-72, 137, 206, 210
コンスタンティウス二世　Constantinus II　59, 60

［さ行］
サリヴァン，ルイス　Sullivan, Louis　300
サンガッロ，ジュリアーノ・ダ　104, 210
ジェルヴィル，シャルル・ド　Gerville, Charles de　19
シクストゥス五世　Sixtus V　17, 156
シャトーブリアン，フランソワ＝ルネ・ド　Chateaubriand, François-René de　194
シャルル五世　Charles V　167
シャルル六世　Charles VI　167, 221
シャルル七世　Charles VII　221
ジャン二世　Jean II　99, 166, 167
ジャンヌ・ダルク　Jeanne d'Arc　221, 228
ジャン無怖公　Jean Ier de Bourgogne　167, 173
シュジェール　Suger　20, 74-76, 82-85, 102, 104
ショエ，フランソワーズ　Choay, Françoise　271
ジョーンズ，イニゴ　Jones, Inigo　191, 193, 252
ジョコンド，フラ・ジョヴァンニ　Giocondo, Fra Giovanni　210
ジレ，ギヨーム　Gillet, Guillaume　322
スカルパ，カルロ　Scarpa, Carlo　123, 310, 312, 315, 316
スコット，ギルバート　Scott, Gilbert　250, 251, 254, 256, 257, 258, 260, 324, 324
スチュワート，ジェームズ　Stewart, James　238
スフロ，ジャック＝ジェルマン　Soufflot, Jacques-Germain　241
スミッソン夫妻　Smithson, Peter / Smithson, Alison　39, 302, 304, 305
ズントー，ピーター　Zumthor, Peter　325
セプルベダ，フアン・ヒネス・デ　Sepúlveda, Juan Ginés de　141
セルリオ，セバスティアーノ　Serlio,

Sebastiano　42, 43, 103, 108, 146-149, 153, 154, 156, 160, 162, 186, 187, 191, 193, 197, 202, 237

［た行］
ダヴィッド，ジャック＝ルイ　David, Jacques-Louis　219-223
ダゴベルト一世　Dagobert I　75, 84
辰野金吾　246
チャーチル，ウィンストン　Churchill, Winston　300
ディオクレティアヌス　Diocletianus　75, 84, 103, 109
テオドシウス一世　Theodosius I　60-63
テオドシウス二世　Theodosius II　58
デュアメル，ジャック　Duhamel, Jacques　322
デル・ドゥカ，アントニオ　del Duca, Antonio　104, 105
ドミティアヌス　Domitianus　107
トラクテンバーグ，マーヴィン　Trachtenberg, Marvin　34-39, 41, 42, 191, 245, 285, 296, 299
トラヤヌス　Trajanus　49, 71, 137

［な行］
中條精一郎　277
ナポレオン　Napoléon Bonaparte　121-125, 181, 235, 312
ナポレオン三世　Napoléon III　122
ヌーヴェル，ジャン　Nouvel, Jean　324
ネルウァ　Nerva　49
ネロ　Nero　137

［は行］
ハディド，ザハ　Hadid, Zaha　10
ハドリアヌス　Hadrianus　49, 54, 71, 137, 211
パラーディオ，アンドレア　Palladio, Andrea　42, 184, 185-197, 201, 202, 247, 252-254
バロッツィ・ダ・ヴィニョーラ，ジャコモ　Barozzi da Vignola, Giacomo　43, 148, 197, 234, 235
ピアノ，レンゾ　Piano, Renzo　323
ピウス七世　Pius VII　221, 235
ピノン，ピエール　Pinon, Pierre　155, 156
ピラネージ，ピエトロ　Piranesi, Pietro　155
フィリップ・オーギュスト　Philip Augustus　165, 177
フィリップ豪胆公　Philippe II de Bourgogne　167, 173
フィリップ四世　Philippe IV　88
フォルメントン，トンマーゾ　Formenton, Tommaso　189, 192
福田晴虔　193
ブラウン，ピーター　Brown, Peter　51
ブラマンテ，ドナト　Bramante, Donato　110, 207, 209, 210
フランス，アナトール　France, Anatole　262, 263
フランソワ一世　François Ier　100, 101, 147, 170-173, 252
ブランド，スチュワート　Brand, Stewart

297-301
ブルネレスキ，フィリッポ　Brunelleschi, Filippo　199
ブレ，エティエンヌ・ルイ　Boullée, Etienne Louis　24, 25, 28
フレアール・ド・シャンブレ，ロラン　Fréart de Chambray, Roland　203
ブロス，サロモン・ド　119
ブローデル，フェルナン　Braudel, Fernand　16, 20
ペルーズ・ド・モンクロ，ジャン＝マリー　Pérouse de Montclos, Jean-Marie　89
ベルジェ，パトリック　Berger, Patrick　325
ヘルツォーク＆ド・ムーロン　Herzog & de Meuron　324
ペルッツィ，バルダッサーレ　Peruzzi, Baldassarre　103, 104, 106-108, 146, 148, 193
ベルラーヘ，ヘンドリク・ペトルス　Berlage, Hendrik Petrus　275
ヘンリー八世　Henry VIII　254
ボイル，リチャード　Boyle, Richard　252
ホークスムア，ニコラス　Hawksmoor, Nicholas　253
ボニファティウス四世　Boniface IV　63
ホノリウス　Honorius　61-63, 69, 70
ポンピドゥー，ジョルジュ　Pompidou, Georges　323

［ま行］

槇文彦　29, 305
マネッティ，アントニオ　Manetti, Antonio　52
マルクス・アウレリウス　Marcus Aurelius Antoninus　49, 71
マルセル，エティエンヌ　Marcel, Étienne　167
マンサール，フランソワ　Mansart, François　22
ミケランジェロ　Michelangelo Buonarroti　103-105, 108, 109, 207
ムスタファヴィ，モーセン　Mostafavi, Mohsen　32
ムテジウス，ヘルマン　Muthesius, Hermann　275
モリス，ウィリアム　Morris, William　260
デジデリウス（モンテ・カッシーノの）　Desiderius　76

［ゆ］

ユゴー，ヴィクトル　Hugo, Victor　115, 119, 154, 155, 224, 228-230, 232, 234-237, 240, 242, 243, 249, 254, 255, 261
ユリウス二世　Julius II　209

［ら行］

ラシュス，ジャン＝バティスト　Lassus, Jean-Baptiste　224, 239
ラス・カサス，バルトロメ・デ　las Casas, Bartolomé de　141
ラスキン，ジョン　Ruskin, John　30, 31, 251, 255-257, 260, 281
ラブルースト，アンリ　Labrouste, Henri　26-28

リックマン，トマス　Rickman, Thomas　259, 260
ル・コルビュジエ　Le Corbusier　29, 196, 295, 303, 306, 307, 322
ル・ミュエ，ピエール　Le Muet, Pierre　182-184
ル・ロワ，ジュリアン＝ダヴィッド　Le Roy, Julien-David　238
ルイ九世　Louis IX　88
ルイ一四世　Louis XIV　168
ルイ一五世　Louis XV　228, 234
ルイ一六世　Louis XVI　168
ルドゥー，クロード＝ニコラ　Ledoux, Claude Nicolas　168
レヴェット，ニコラス　Revett, Nicholas　238
レオニ，ジャコモ　Leoni, Giacomo　252
レザボロー，デイヴィッド　Leatherbarrow, David　32
レン，クリストファー　Wren, Christopher　253
ロウ，コーリン　Rowe, Colin　196, 247
ロジャース，リチャード　Rogers, Richard　323
ロッシ，アルド　Rossi, Aldo　309

事項索引

［た行］

［な行］

［は行］

［ま行］

［や行］

参考文献

【1 章】

建築に関するもの

BLOSZIES, Charles, *Old Buildings, New Designs: Architectural Transformations,* Princeton Architectural Press, 2012.

BOLLACK, Françoise Astorg, *Old Buildings New Forms, New Directions in Architectural Transformations,* The Monacelli Press, 2013.

BRUSSELLE, Bruno et MELET-SANSON, Jacqueline, *La Bibliothèque nationale de France,* Gallimard, 1990.

TRACHTENBERG, Marvin, *Building-in-Time: From Giotto to Alberti and Modern Oblivion,* Yale University Press, 2010.

マリオ・カルポ『アルファベットそしてアルゴリズム：表記法による建築――ルネサンスからデジタル革命へ』美濃部幸郎訳，鹿島出版会，2014 年

モーセン・ムスタファヴィ，デイヴィッド・レザボロー『時間のなかの建築』黒石いずみ訳，鹿島出版会，1999 年

デヴィッド・ワトキン『モラリティと建築』榎本弘之訳，鹿島出版会，1981 年

大野秀敏＋MPF『ファイバーシティ――縮小の時代の都市像』東京大学出版会，2016 年

後藤治＋オフィスビル総合研究所『都市の記憶を失う前に　建築保存待ったなし！』白揚社新書，2008 年

中谷礼仁『セヴェラルネス＋（プラス）――事物連鎖と都市・建築・人間』鹿島出版会，2011 年

松村秀一『建築――新しい仕事のかたち―箱の産業から場の産業へ』彰国社，2013 年

その他

イマニュエル・ウォーラーステイン『近代世界システムⅠ　農業資本主義と「ヨーロッパ世界経済」の成立』川北稔訳，名古屋大学出版会，2013 年

イマニュエル・ウォーラーステイン『史的システムとしての資本主義』川北稔訳，岩波現代選書，1985 年

パミラ・カイル・クロスリー『グローバル・ヒストリーとは何か』佐藤彰一訳，岩波書店，2012 年

フェルナン・ブローデル『ブローデル歴史集成Ⅱ　歴史学の野心』浜名優美監訳，藤原書店，2005 年

フェルナン・ブローデル『歴史入門』金塚貞文訳，太田出版，1995 年

セルジュ・ラトゥーシュ『経済成長なき社会発展は可能か？――〈脱成長〉と〈ポスト開発〉の経済学』中野佳裕訳，作品社，2010年
橋爪大三郎・大澤真幸『ふしぎなキリスト教』講談社現代新書，2011年
水島司編『グローバル・ヒストリーの挑戦』山川出版社，2008年
水野和夫『人々はなぜグローバル経済の本質を見誤るのか』日本経済新聞社，2007年
水野和夫・大澤真幸『資本主義という謎 「成長なき時代」をどう生きるか』NHK出版新書，2013年

【2章】

建築に関するもの

ACKERMAN, James S., *The Architecture of Michelangelo: Catalogue,* Zwemmer, 1964.
ALIBERT, Chantal, Narbonne, *Regards d'hier et d'aujour'hui,* Le Presses du Languedoc, 2005.
AUBERT, Marcel, *L'architecture cistercienne en France,* Paris, 1943.
ARNAUD, François et FABRE, Xavier, *Réutiliser le patrimoine architectural,* Caisse nationale des monuments historiques et des sites, 2 vols., 1978.
BAYROU, Lucien, *Languedoc-Roussillon Gothique,* Picard, 2013.
BIDEAULT, Maryse, Claudine Lautier, *Ile-de-France gothique,* Picard, 1987.
BOIRET, Yves, "Les données de l'architecture: Les contraintes fonctionnelles et techniques", *Monuments historiques,* no. 5, 1978, pp. 27–31.
BRANKOVIC, Branislav, *La Basilique de Saint-Denis, Les étapes de sa construction,* Éditions du Castelet, 1990.
BRILLIANT, Richard and KINNEY, Dale, *Reuse Value: Spolia and Appropriation in Art and Architecture from Constantine to Sherrie Levine,* Ashgate, 2011.
CONANT, Kenneth John, *Carolingian Romanesque Architecture 800–1200,* Yale University Press, 1993.
Dictionnaire des églises de France, Vb, Champagne, Flandre, Artois, Picardie, Éditions Robert Laffont, 1969.
ENAUD, François, "Du bon et du mauvais usage des monuments anciens, essai d'interprétation historique", *MH: Monuments historiques,* no. 5, 1978, pp. 9–20.
ERLANDE-BRANDENBURG, Alain, "Le Palais neuf des archevêques de Narbonne", *Bulletin monumental,* tome 131, no. 4, 1973, p. 373.
ESPERANDIEU, Emile, *L'amphithéatre de Nîmes,* Petites Monographes des Grands Édifices, Paris: Henri Laurens, 1933.
GERSON, Paula Lieber (ed.), *Abbot Suger and Saint-Denis,* The Metropolitan Museum of Art, New York, 1986.
GREENHALGH, Michael, *The Survival of Roman Antiquities in the Middle Ages,*

Duckworth: London, 1989.
KIMPEL, Dieter, "L'apparition des éléments de série dans les grands ouvrages", *Dossiers histoire et archéologie,* n. 47, nov. 1980, pp. 40-59.
KINNEY, Dale, "Spoliation in Medieval Rome", Stefan Altekamp, Carmen Marcks-Jacobs and Peter Seiler (eds.), *Perspektiven der Spolienforschung 1,* Berlin, Boston: De Gruyter, 2013, pp. 261-286.
KINNEY, Dale, "The Concept of Spolia", Conrad Rudolph (ed.), *A Companion to Medieval Art,* Blackwell, 2010, pp. 233-252.
PANOFSKY, Erwin, *Abbot Suger on the Abby Church of St.-Denis and Its Art Treasures,* Princeton University Press, Second Edition, 1979.
PARENT, Michel, "Le sens du patrimoine, l'architecture est-elle utile?", *MH: Monuments historiques,* no. 5, 1978, pp. 21-26.
PINON, Pierre, "Construire sur les ruines", *Faut-il restaurer les ruines? Actes des colloques de la Direction du Patrimoine,* 1990, pp. 234-239.
RÉAU, Louis, *Histoire du Vandalisme: Les monuments détruits de l'art français,* 2 vols., Paris, Hachette, 1959.
RIGAUD, Jacques, "Patrimoine, évolution culturelle", *MH: Monuments historiques,* no. 5, 1978, pp. 3-8.
ROUSTEAU Hélène "La nef inachevée de la cathédrale de Narbonne: un exemple de construction en style gothique au XVIIIe siècle", *Bulletin monumental,* tome 153, no. 2, 1995, pp. 143-165.
SIEBENHÜNER, Herbert, "S. Maria Degli Angeli in Rom", *Münchner Jahrbuch der Bildenden Kunst,* 1955, ser. VI, pp. 179-206.
TIMBERT, Arnaud (dir.), *L'homme et la matière, l'emploi du plomb et du fer dans l'architecture gothique,* Actes du colloque Noyon, 16-17 novembre 2006, Picard, 2009.
WARD-PERKINS, Bryan, "Re-using the Architectural Legacy of the Past, *entre idéologie et pragmatisme*", G. P. Brogiolo and Bryan Ward-Perkins (eds.), *The Idea and Ideal of the Town between Late Antiquity and the Early Middle Ages,* Brill, 1999, pp. 225-244.
WOLFF, Arnold, *Cologne Cathedral,* Greven Verlag Koln, 2012.
ジェームズ・アッカーマン『ミケランジェロの建築』中森義宗訳，彰国社，1976年
ジャン・ギャンペル『中世の産業革命』坂本賢三訳，岩波書店，1978年
リチャード・クラウトハイマー『ローマ——ある都市の肖像312～1308年』中山典夫訳，中央公論美術出版，2013年
W．ブラウンフェルス『図説　西欧の修道院建築』渡辺鴻訳，八坂書房，2009年
アントニオ・マネッティ『ブルネレスキ伝』浅井朋子訳，中央公論美術出版，1989年
伊藤毅編『バスティード——フランス中世新都市と建築』中央公論美術出版，2009年
加藤耕一『ゴシック様式成立史論』中央公論美術出版，2012年

黒田泰介『ルッカ一八三八年――古代ローマ円形闘技場遺構の再生』アセテート，2006年
森洋訳・編『サン・ドニ修道院長シュジェール』中央公論美術出版，2002年（GASPARRI, Françoise, *Suger: œuvre I,* Paris, 1996）

その他

BOWSKY, William M., "The Impact of the Black Death upon Sienese Government and Society", *Speculum,* vol. 39 no. 1, Jan. 1964, pp. 1–34.
LUCAS, Henry S., "The Great European Famine of 1315, 1316, and 1317", *Speculum, A Journal of Medieval Studies,* vol. 5, no. 4, Oct. 1930, pp. 343–377.
PHARR, Clyde (trans.), *The Theodosian Code,* The Lawbook Exchange, 2001.
PETIT, Jacques-Guy, *Ces peines obscures: la prison pénale en France (1780–1875),* Fayard, 1990.
WARD-PERKINS, Bryan, *From Classical Antiquity to the Middle Ages. Urban Public Building in Northern and Central Italy AD 300–850,* Oxford University Press, 2002.
ブライアン・ウォード＝パーキンズ『ローマ帝国の崩壊――文明が終わるということ』南雲泰輔訳，白水社，2014年
ジリアン・クラーク『古代末期のローマ帝国――多文化の織りなす世界』足立広明訳，白水社，2015年
ブライアン・フェイガン『歴史を変えた気候大変動』東郷えりか，桃井緑美子訳，河出文庫，2009年
ピーター・ブラウン『古代末期の世界――ローマ帝国はなぜキリスト教化したか？』宮島直機訳，刀水書房，2006年
ピーター・ブラウン『古代末期の形成』足立広明訳，慶應義塾大学出版会，2006年
ジャック・ル・ゴフ『中世西欧文明』桐村泰次訳，論創社，2007年

【3章】

建築に関するもの

BRAUN, Georg and HOGENBERG, Franz, *Cities of the World: 230 Colour Engravings Which Transformed Urban Cartography 1572–1617,* Taschen, 2015.
DE CHAMBRAY, Roland Fréart, trans. by John Evelyn, *A Parallel of the Ancient Architecture with the Modern,* 1664.
Sebastiano Serlio on Architecture, Volume I, trans. by Vaughan Hart and Peter Hicks, Yale University Press, 1996.
Sebastiano Serlio on Architecture, Volume II, trans. by Vaughan Hart and Peter Hicks, Yale University Press, 2001.
SERLIO, Sebastiano, *Tutte l'opere d'architettura di Sebastiano Serlio Bolognese,* Venetia,

1584.
アルベルティ『建築論』相川浩訳，中央公論美術出版，1982年（ALBERTI, Leon Battista, *De re aedificatoria,* Argentorati: Strasbourg, 1541）
『ウィトルーウィウス建築書』森田慶一訳註，東海大学出版会，1979年
ジョルジョ・ヴァザーリ『美術家列伝』第1巻，森田義之・越川倫明・甲斐教行・宮下規久朗・高梨光正　監修，中央公論美術出版，2014年
ジョルジョ・ヴァザーリ『美術家列伝』第3巻，森田義之・越川倫明・甲斐教行・宮下規久朗・高梨光正　監修，中央公論美術出版，2015年
『ヴァザーリの芸術論　「芸術家列伝」における技法論と美学』ヴァザーリ研究会編訳，平凡社，1980年（VASARI, Giorgio, *Le vite de' più eccellenti pittori scultori e architettori: nelle redazioni del 1550 e 1568,* Sansoni, Firenze, 1966-87）
『パラーディオ「建築四書」注解』桐敷真次郎編著，中央公論美術出版，1986年（PALLADIO, Andrea, *I quattro libri dell'architettura,* Venezia, 1570）
『ピエール・ル・ミュエ「万人のための建築技法」注解』鈴木隆訳・解説，中央公論美術出版，2003年
コーリン・ロウ「理想的ヴィラの数学」『マニエリスムと近代建築』伊東豊雄・松永安光訳，彰国社，1981年
稲川直樹・桑木野幸司・岡北一孝『ブラマンテ――盛期ルネサンス建築の構築者』NTT出版，2014年
陣内秀信・大坂彰『都市を読む＊イタリア』法政大学出版局，1988年
福田晴虔『パッラーディオ』鹿島出版会，1979年
渡辺真弓『イタリア建築紀行――ゲーテと旅する七つの都市』平凡社，2015年

パリの歴史

Académie des Sciences Morales et Politiques, Collection des ordonnances des rois de France, *Catalogue des actes de François Ier,* tome deuxième, 1er Janvier 1531-31 Décembre 1534, Paris, Imprimerie Nationale, 1888.
Académie des Sciences Morales et Politiques, Collection des ordonnances des rois de France, *Catalogue des actes de François Ier,* tome troisième, 1er Janvier 1535-Avril 1539, Paris, Imprimerie Nationale, 1889.
Académie des Sciences Morales et Politiques, Collection des ordonnances des rois de France, *Catalogue des actes de François Ier,* tome quatrième, 7 Mai 1539-30 Décembre 1545, Paris, Imprimerie Nationale, 1890.
BABELON, Jean-Pierre, *Nouvelle histoire de Paris: Paris au XVIe siècle,* Hachette, 1986.
BALLON, Hilary, *The Paris of Henri IV, Architecture and Urbanism,* MIT Press, 1991.
CHADYCH, Danielle et LEBORGNE, Dominique, *Atlas de Paris,* Parigramme, 1999.
DE ANDIA, Béatrice, *Les enceintes de Paris,* Délégation à l'Action artistique de la Ville de

Paris, 2001.
FLEURY, Michel et BERRY Maurice, *L'enceinte et le Louvre de Philippe Auguste,* Délégation à l'Action artistique de la Ville de Paris, 1988.
GAGNEUX, Renaud et PROUVOST, Denis, *Sur les traces des enceintes de Paris, promenades au long des murs disparus,* Parigramme, 2004.
Histoire général de Paris, Registres des délibérations du Bureau de la Ville de Paris, tome première, 1499-1526, Paris, 1883.
Histoire général de Paris, Registres des délibérations du Bureau de la Ville de Paris, tome deuxème, 1527-1539, Paris, 1886.
Histoire général de Paris, Registres des délibérations du Bureau de la Ville de Paris, tome troisième, 1539-1552, Paris, 1886.
LORENTZ, Philippe et SANDRON, Dany, *Atlas de Paris au Moyen Âge, espace urbain, habitat, société, religion, lieux de pouvoir,* Parigramme, 2006.
PINON, Pierre, LE BOUDEC, Bertland, *Les Plans de Paris, Histoire d'une capitale,* éditions Le Passage, 2004.
PINON, Pierre, *Paris détruit,* Parigramme, 2011.
PLEYBERT, Frédéric, *Paris et Charles V, arts et architecture,* Délégation à l'Action artistique de la Ville de Paris, 2001.
ジャン＝マリー・ペルーズ・ド・モンクロ『芸術の都パリ大図鑑――建築・美術・デザイン・歴史』三宅理一監訳，西村書店，2012年
シモーヌ・ルー『中世パリの生活史』杉崎泰一郎監修，吉田春美訳，原書房，2004年
高澤紀恵『近世パリに生きる――ソシアビリテと秩序』岩波書店，2008年
宮下志朗『パリ歴史探偵術』講談社現代新書，2002年

その他

GRAFTON, Anthony, *et al.* (eds.), *The Classical Tradition,* Harvard University Press Reference Library, Belknap Press, 2010.
イマニュエル・ウォーラーステイン『ヨーロッパ的普遍主義――近代世界システムにおける構造的暴力と権力の修辞学』山下範久訳，明石書店，2008年
「ゲーテ　文学論　美術論」小栗浩訳『世界の名著　続7　ヘルダー　ゲーテ』中央公論社，1975年
カール・シュミット『陸と海――世界史的一考察』生松敬三・前野光弘訳，福村出版，1971年
セプールベダ『征服戦争は是か非か』柴田秀藤訳，岩波書店，1992年
朝治敬三・渡辺節夫・加藤玄編著『中世英仏関係史 1066-1500――ノルマン征服から百年戦争終結まで』創元社，2012年
鷲田哲夫「〈中世〉を意味する語の用法とその範囲について」『早稲田大学大学院文学研究

科紀要．文学・芸術学編』1993年，37-53頁

【4章】

建築に関するもの

BARNOUD, Paul, "La Charité-sur-Loire, un monastère dans la ville", *Bulletin du centre d'études médiévales d'Auxerre: BUCEMA,* Hors-série n. 3, 2010.

Congrès international des architectes: compte-rendu de la quatrième session tenue à Bruxelles du 28 août au 2 septembre 1897 à l'occasion du XXVe anniversaire de la fondation de la Société centrale d'architecture de Belgique, Lyon-Claesen, 1897.

Congrès international des architectes, cinquième session tenue à Paris du 29 juillet au 4 août 1900, Paris, 1906.

VIe Congrès international des architectes, Madrid, Avril 1904, Madrid, 1906.

International Congress of Architects, Seventh Session held in London 16-21 July 1906, London, 1908.

DE FINANCE, Laurence et LENIAUD, Jean-Michel (dir.), *Viollet-le-Duc. Les visions d'un architecture,* Éditions Norma, 2014.

DE LASTEYRIE, Robert, *L'architecture religieuse en France à l'époque gothique,* 2vols., Picard, 1927.

ERLANDE-BRANDENBURG, Alain, *Notre-Dame de Paris,* trans. by Caroline Rose, Harry N. Abrams, 1998.

GRÉGOIRE, Henri, "Rapport sur les destructions opérées par le Vandalisme, et sur les moyens de le réprimer", *Séance du 14 Fructidor, l'an second de la République une et indivisible suivi du décret de la Convention nationale.*

HUGO, Victor, "Guerre aux démolisseur!" (1825), *Oeuvres complètes de Victor Hugo,* Paris, 1934, pp. 153-156.

HUGO, Victor, "Guerre aux démolisseur!" (1832), *Oeuvres complètes de Victor Hugo,* Paris, 1934, pp. 156-166.

RICKMAN, Thomas, *An Attempt to Discriminate the Styles of English Architecture, from the Conquest to the Reformation,* London, 1817.

ROGER, E., *La Charité-sur-Loire,* Bernadat, 1967.

RUSKIN, John, *The Seven Lamps of Architecture,* Dover Publications, 1989.

SCOTT, George Gilbert, *A Plea for the Faithful Restoration of our Ancient Churches,* London, 1850.

VIOLLET-LE-DUC, E. E., *Dictionnaire raisonné de l'architecture française du XIe au XVIe siècle,* t. I-X, Paris, pp. 1854-1868.

フランソワーズ・ショエ「建築と都市の歴史的資産についての省察とその資産の管理において，オーセンティシティーの概念を今日どう扱うか」『建築史学』第24号，1995年3

月，72-74頁
クリス・ブルックス『ゴシック・リヴァイヴァル』鈴木博之，豊口真衣子訳，岩波書店，2003年
ハリー・フランシス・マルグレイヴ『近代建築理論全史　1673-1968』加藤耕一監訳，丸善出版，2016年
ヴィクトル・ユゴー『ノートル＝ダム・ド・パリ』辻昶・松下和則訳，潮出版社，2000年（HUGO, Victor, *Notre-Dame de Paris,* deuxième édition, définitive, Renduel, 1832.）
ユッカ・ヨキレット『建築遺産の保存――その歴史と現在』増田兼房監修，秋枝ユミ・イザベル訳，アルヒーフ，2005年
泉美知子『文化遺産としての中世――近代フランスの知・制度・完成に見る過去の保存』三元社，2013年
清水重敦『建築保存概念の生成史』中央公論美術出版，2013年
鈴木博之『ヴィクトリアン・ゴシックの崩壊』中央公論美術出版，1996年
辻善之助「古社寺保存の方法についての世評を論ず」『歴史地理』第参巻第弐号，1901年2月，7-16頁
羽生修二『ヴィオレ・ル・デュク――歴史再生のラショナリスト』鹿島出版会，1992年
山岸常人「文化財『復原』無用論」『建築史学』第23号，1994年9月，92-107頁

【5章】

建築に関するもの

Archi Webture: inventaires d'archives d'architectes en ligne, "Fonds Gillet, Guillaume (1912-1987)", 152 Ifa, Cité de l'architecture et du patrimoine.
A. R. U. A., *Réutiliser les patrimoine architectural,* 2 vols., 1978.
BRAND, Stewart, *How Buildings Learn: What Happens After They're Built,* Penguin Books, 1995.
Centre national d'art et de culture Georges Pompidou, Centre de Création Industrielle, *Bâtiments anciens... Usages nouveaux: Images du possible,* 1978.
DI LIETO, Alba, MARINI, Paola e CARULLO, Valeria, Carlo Scarpa. Museo di Castelvecchio Verona, Edition Axel Menges, 2016.
MARINI, Paola (ed.), *Medioevo ideale e medioevo reale nella cultura urbana, Antonio Avena e la Verona del primo Novecento,* Verona, 2003.
MATHIEU, Caroline, *Musée d'Orsay,* Scala, 2013.
MH: Monuments historiques, no. 5, 1978.
MUMFORD, Eric, *The CIAM Discourse on Urbanism, 1928-1960,* The Mit Press, 2002.
MURPHY, Richard, *Carlo Scarpa & Castelvecchio,* Butterworth Architecture, 1990.
ROUILLARD, Dominique, "Le monument à l'ère de l'événement", *Monumental,* semestriel 1, 2013, pp. 6-11.

SMITHSON, A. and SMITHSON, P., "The Aesthetic of Change", *Architect's Year Book,* 8, 1957.
SMITHSON, A. and P., "The Theme of CIAM 10", *Architect's Year Book,* 7, 1956, pp. 28–31.
SMITHSON, A. and P., *The Charged Void: Urbanism,* The Monacelli Press, 2005.
VOELCKER, John, "CIAM 10, Dubrovnik, 1956", *Architect's Year Book,* vol. 8, 1957, pp. 43–52.
アルド・ロッシ『都市の建築』大島哲蔵，福田晴虔訳，大龍堂書店，1991 年
五十嵐太郎＋リノベーション・スタディーズ編『リノベーション・スタディーズ』INAX 出版，2003 年
川添登編『METABOLISM ／ 1960——都市への提案』美術出版社，1960 年
小林克弘・三田村哲哉・橘高義典・鳥海基樹編『世界のコンバージョン建築』鹿島出版会，2008 年
小林克弘・三田村哲哉・角野渉編『建築転生——世界のコンバージョン建築 II』鹿島出版会，2013 年
SSC 監修，フリックスタジオ編『東京リノベーション——建物を転用する 93 のストーリー』廣済堂出版，2001 年

図版出典

【1章】

図1-1　既存建物に対する3つの態度（筆者作成）
図1-2　「3つの態度」とその歴史的枠組（筆者作成）
図1-3　教皇シクストゥス5世によるローマの都市計画（ヴァティカン宮殿図書館，システィーナ大広間のフレスコ画）
図1-4　旧テュブフ館（J. ティリオ設計，1635年）（筆者撮影）
図1-5　マンサールによる増築部分（1649年以降）（筆者撮影）
図1-6　《テュルゴの地図》（1739年）より，「王立図書館」部分の詳細（planche 14）
図1-7　《王立図書館第4計画図》（1734年）「街区内の建物群」に加筆（フランス国立図書館（BnF）蔵）
図1-8　エティエンヌ＝ルイ・ブレ，王立図書館計画，内観パース（1785-88年）（フランス国立図書館（BnF）蔵）
図1-9　エティエンヌ＝ルイ・ブレ，王立図書館計画，平面図（1785-88年）（フランス国立図書館（BnF）蔵）
図1-10　アンリ・ラブルースト，既存建物群，1階平面図（フランス国立図書館（BnF）蔵）
図1-11　アンリ・ラブルースト，帝国図書館計画，1階平面図（フランス国立図書館（BnF）蔵）
図1-12　アンリ・ラブルースト，閲覧室の内観（筆者撮影）
図1-13　本書の時間的枠組（筆者作成）

【2章】

図2-1　《ブラウンとホーヘンベルフの地図》より，16世紀のニームの都市地図（ハイデルベルク大学図書館蔵）
図2-2　ジャック・ペトレの版画《アルルの円形闘技場，1666年の様子》（フランス国立図書館（BnF）蔵）
図2-3　ニームの円形闘技場と住宅の取り壊し計画（1809年）（Emile Esperandieu, *L'amphithéatre de Nîmes, Petites Monographes des Grands Édifices,* Paris: Henri Laurens, 1933, p. 55）
図2-4　アテネのパルテノン神殿から聖母マリア聖堂への転用（筆者作成）
図2-5　シラクーザのアテナ神殿からシラクーザ大聖堂への転用（筆者作成）
図2-6　アフロディーテ神殿からアフロディシアス大聖堂への転用（筆者作成）

図 2-7　コンスタンティヌスの凱旋門とスポリア（Bryan Ward-Perkins, “Re-using the Architectural Legacy of the Past, Entre Idéologie et Pragmatisme”, Fig. 4）
図 2-8　クリュニー大修道院，第二クリュニーから第三クリュニーへの改築（2014 年度東京大学建築学科「建築設計製図第四」スタジオ課題，川崎裕太作図）
図 2-9　8 世紀，修道院長フルラによって建設されたサン＝ドニ大修道院（Branislav Brankovic, La Basilique de Saint-Denis, Les étapes de sa construction, Éditions du Castelet, 1990, p. 15）
図 2-10　12 世紀，修道院長シュジェールによって建設されたサン＝ドニ大修道院（*ibid.*, p. 25）
図 2-11　シエナ大聖堂，1263 年の段階（M. Trachtenberg, *Building-in-Time,* Yale Univ. Press, p. 254）
図 2-12　シエナ大聖堂，1339 年の段階（*ibid.*, p. 254）
図 2-13　シエナ大聖堂，1355 年の段階（*ibid.*, p. 255）
図 2-14　ケルン大聖堂，1322 年の段階（Arnold Wolff, *Cologne Cathedral,* Greven Verlag Koln, 2012）
図 2-15　ケルン大聖堂，1530 年頃の段階（前掲書）
図 2-16　ナルボンヌ大聖堂，大司教館，古代末期の市壁の位置関係（C. Alibert, *Narbonne, Regards d'hier et d'aujour'hui,* Le Presses du Languedoc, 2005, p. 49）
図 2-17　ナルボンヌ大司教館の主塔（筆者撮影）
図 2-18　市壁を取り込んだナルボンヌ大司教館（筆者撮影）
図 2-19　16 世紀に建設されたナルボンヌの市門（Voyages pittoresques et romantiques dans l'ancienne France, Deuxième volume. Première partie, 1835）
図 2-20　16 世紀前半のディオクレティアヌス大浴場の廃墟（Du Pérac, Etienne, I Vestigi Dell'Antichità Di Roma: Raccolti Et Ritratti In Perspettiva Con Ogni Diligentia, Roma, 1575）（ハイデルベルク大学図書館蔵，1621 年版）
図 2-21　サンタ・マリア・デリ・アンジェリ聖堂の平面図（ジェームズ・アッカーマン『ミケランジェロの建築』，201 頁）
図 2-22　エティエンヌ・デュペラック『古代ローマの遺跡』（1575 年）より 16 世紀のパラッツォ・サヴェッリ（Du Pérac, Etienne, I Vestigi Dell'Antichità Di Roma: Raccolti Et Ritratti In Perspettiva Con Ogni Diligentia, Roma, 1575）
図 2-23　シャロン＝アン＝シャンパーニュ大聖堂（嶋崎礼撮影）
図 2-24　サン＝ジェルヴェ＝サン＝プロテ聖堂西側ファサード（筆者撮影）
図 2-25　サン＝ジェルヴェ＝サン＝プロテ聖堂東側外観（筆者撮影）
図 2-26　フランス中央刑務所の配置と管轄（Jacques-Guy Petit, *Ces peines obscures: la prison pénale en France（1780–1875）*, Fayard, 1990, p. 152）

【3章】

図 3-1　セルリオ『建築書』第 7 巻，第 62 章「第 8 の提案――古いものの改築について」より（*Sebastiano Serlio on Architecture,* Volume II, trans. by Vaughan Hart and Peter Hicks, Yale University Press, 2001, p. 311）

図 3-2　《バーゼルの地図》（1552）より，トゥルネル館とその庭園（バーゼル大学図書館蔵）

図 3-3　《テュルゴの地図》（1739）より，旧国王広場（Alfred Fierro et Jean-Yves Sarazin, *Le Paris des Lumières, d'après le plan de Turgot* (*1734-1739*), planche 6 より部分抜粋）

図 3-4　《ブラウンとホーヘンベルフの地図》（1572）より，シテ宮殿とその庭園（ハイデルベルク大学図書館蔵，1621 年版）

図 3-5　《テュルゴの地図》（1739）より，ドーフィーヌ広場（Alfred Fierro et Jean-Yves Sarazin, *Le Paris des Lumières, d'après le plan de Turgot* (*1734-1739*), planche 11 より部分抜粋）

図 3-6　《ベリー侯のいとも豪華なる時禱書》より，シテ宮殿とその庭園（Jean Dufournet, *Les très riches heures du Duc de Berry,* Bibliothèque de l'Image, 1995, p. 35）

図 3-7　セルリオ『建築書』第 7 巻，第 41 章「整形でない敷地に対する第 2 の提案」（*Sebastiano Serlio on Architecture,* Volume II, p. 287）

図 3-8　フィリップ・オーギュストの市壁（Philippe Lorentz et Dany Sandron, *Atlas de Paris au Moyen Âge, espace urbain, habitat, société, religion, lieux de pouvoir,* Parigramme, 2006, p. 38）

図 3-9　《ブラウンとホーヘンベルフの地図》より，16 世紀のパリの都市地図（ハイデルベルク大学図書館蔵，1621 年版）

図 3-10　《ブラウンとホーヘンベルフの地図》に描かれた市壁をトレースした図（1813 年）詳細（フランス図書館（BnF）蔵）

図 3-11　《バーゼルの地図》（1552 年）（バーゼル大学図書館蔵）

図 3-12　サントノレ通りに面する建物のファサード（筆者撮影）

図 3-13　ルーヴル通りに面するフィリップ・オーギュストの市壁の塔の痕跡（筆者撮影）

図 3-14　1737 年の開発計画図（Michel Fleury et Maurice Berry, *L'enceinte et le Louvre de Philippe Auguste,* Délégation à l'Action artistique de la Ville de Paris, 1988, p. 27）

図 3-15　19 世紀初頭の「カダストル」地図（Archives de Paris 蔵　F/31/94/17　11e arr. ancien, École de Médicine, îlot no 18）

図 3-16　クール・デュ・コメルス・サンタンドレに面したレストランのインテリア（筆者撮影）

図 3-17　地下駐車場で見られる市壁（筆者撮影）

図 3-18　語学学校の講義室で見られる市壁（筆者撮影）

図 3-19　語学学校の裏側にある住宅の地下 1 階（左）と地上 1 階（右）の平面図（Re-

naud Gagneux et Denis Prouvost, *Sur les traces des enceintes de Paris, promenades au long des murs disparus,* Parigramme, 2004, p. 65）
図 3-20　サン＝ポール・スポーツ公園とフィリップ・オーギュストの市壁（筆者撮影）
図 3-21　サン＝ポール・スポーツ公園にかつて密集していた住宅の「カダストル地図」（Archives de Paris 蔵　F/31/89/12　9e arr. ancien, Arsenal, îlot no 12）
図 3-22　ユダイズム博物館，中庭に面した正面（筆者撮影）
図 3-23　ユダイズム博物館，中庭に面した左手の壁（筆者撮影）
図 3-24　ピエール・ル・ミュエ「アヴォ邸」平面図（『ピエール・ル・ミュエ「万人のための建築技法」注解』鈴木隆訳・解説，中央公論美術出版，2003 年，170 頁）
図 3-25　パラーディオによる様々な敷地に応じた計画の第一案（『パラーディオ「建築四書」注解』桐敷真次郎編著，中央公論美術出版，1986 年，225 頁）
図 3-26　バシリカ・パラディアーナ　1 階平面図（Franco Barbieri, *The Basilica of Andrea Palladio, Corpus Palladianum,* volume II, The Pennsylvania State University Press, 1970, Pl. j）
図 3-27　バシリカ・パラディアーナ　2 階平面図（Franco Barbieri, *The Basilica of Andrea Palladio, Corpus Palladianum,* volume II, The Pennsylvania State University Press, 1970, Pl. k）
図 3-28　パラーディオ自身によるバシリカの平面図（前掲『パラーディオ「建築四書」注解』292 頁）
図 3-29　ユネスコのロゴ
図 3-30　ローマのパラッツォ・ファルネーゼのファサード，1549 年の版画（Nicolas Béatrizet, *Facciata di Palazzo Farnese,* 1549）（James S. Ackerman, *The Architecture of Michelangelo,* Zwemmer, 1961, Pl. 41）
図 3-31　16 世紀に描かれた旧サン＝ピエトロの平面図（1555–70 年頃）（Richard Krautheimer, *Corpus Basilicarum Christianarum Romae, The Early Christian Basilicas of Rome*（*IV-IX Cent.*）, Città del Vaticano, 1977, p. 218）
図 3-32　ミケランジェロによるサン＝ピエトロの「集中式」平面図（James S. Ackerman, *The Architecture of Michelangelo,* Pl. 59b）

【4 章】
図 4-1　ジャック＝ルイ・ダヴィッド作《ナポレオン一世の戴冠式と皇妃ジョゼフィーヌの戴冠》（ルーヴル美術館所蔵）
図 4-2　ロベール・ド・コット《ノートル＝ダム内陣のデザイン》（1715 年）（フランス国立図書館（BnF）所蔵）
図 4-3　フランス革命で破壊され廃墟となった旧クリュニー大修道院の聖堂跡（筆者撮影）
図 4-4　住居化した旧シャリテ＝シュル＝ロワール修道院聖堂の側廊（Dominique Rouil-

lard, "Le monument à l'ère de l'événement", *Monumental,* semestriel 1, 2013, p. 7）
図 4-5　シャリテ＝シュル＝ロワールのノートル＝ダム聖堂，平面図（Pierre Beaussart, *La Charité-sur-Loire, église et prieuré,* Éditions Delayance, 1971, p. 31）
図 4-6　ソワッソンの旧サン＝ジャン＝デ＝ヴィーニュ大修道院聖堂の廃墟（筆者撮影）
図 4-7　修復直前のノートル＝ダム大聖堂（ヴァンサン・シュヴァリエのダゲレオタイプ写真，1841 年）（Alain Erlande-Brandenburg, *Notre-Dame de Paris,* trans. by John Goodman, Abrams, 1999, p. 210）
図 4-8　ヴィオレ＝ル＝デュクとラシュスによるファサード修復案（Alain Erlande-Brandenburg, *op. cit.,* p. 214）
図 4-9　ヴィオレ＝ル＝デュク《理想的大聖堂》（E. E. Viollet-le-Duc, *Dictionnaire raisonné de l'architecture française du XIe au XVIe siècle,* t. II, p. 324.）
図 4-10　ジョージ・ギルバート・スコット，旧ミッドランド・グランドホテル（筆者撮影）
図 4-11　ウェストミンスター・アビーのファサード（筆者撮影）

【5 章】

図 5-1　スチュアート・ブランド『建物はいかに学ぶか――建てられた後に何が起こるのか？』（Stewart Brand, *How Buildings Learn: What Happens After They're Built,* Penguin Books, 1995）
図 5-2　20 世紀後半の建築時間論に関わる出来事（筆者作成）
図 5-3　ル・コルビュジエ「ヴォワザン計画」（模型）パリ，1925 年（Le Corbusier, *La Ville Radieuse: Eléments d'une doctrine d'urbanisme pour l'équipement de la civilisation MacHiniste,* Paris, Editions Vincent, Fréal & Cie, 1964, p. 207）
図 5-4　スミッソン夫妻「ゴールデンレーン・プロジェクト」（フォトモンタージュ）ロンドン，1952 年（Alison and Peter Smithson, *The Charged Void: Urbanism,* The Monacelli Press, 2005, p. 28）
図 5-5　1801 年のカステルヴェッキオ平面図（Richard Murphy, *Carlo Scarpa & Castelvecchio,* Butterworth Architecture, 1990, p. 4）
図 5-6　1806 年のカステルヴェッキオ平面図（*ibid.,* p. 5）
図 5-7　中庭に増築された兵舎（*ibid.,* p. 6）
図 5-8　アントニオ・アヴェーナにより中世風に改修されたファサード（*ibid.,* p. 6）
図 5-9　1882 年の洪水で取り壊されたヴェローナのパラッツォ・ディ・カメルレンギ（*ibid.,* p. 6）
図 5-10　アヴェーナによる「修復」前の「ジュリエットの家」（Paola Marini（ed.）, *Medioevo ideale e medioevo reale nella cultura urbana, Antonio Avena e la Verona del primo Novecento,* Verona, 2003, p. 213）
図 5-11　アヴェーナによって「修復」された「ジュリエットの家」（*ibid.*）

図 5-12　都市・建築研究協会（A. R. U. A.）『建築遺産の再利用』（A. R. U. A., *Réutiliser les patrimoine architectural,* 1978）

図 5-13　イコモス『歴史的記念物を使う』（*Monuments historiques,* no. 5, 1978）

図 5-14　ポンピドゥー・センター，CCI『古い建物――新しい用途』（Centre national d'art et de culture Georges Pompidou, Centre de Création Industrielle, *Bâtiments anciens... Usages nouveaux: Images du possible,* 1978）

図 5-15　1970 年頃の旧オルセー駅大ホール内観（Caroline Mathieu, *Musée d'Orsay,* Scala, 2013, p. 34）